Günter Faltin • Jürgen Zimmer

Reichtum von unten

Günter Faltin • Jürgen Zimmer

Reichtum von unten

Die neuen Chancen der Kleinen

Aufbau-Verlag

ISBN 3-351-02430-4

1. Auflage 1995

Einbandgestaltung Bert Hülpüsch
Typographie Peter Friederici
Wiener Verlag, Himberg
Printed in Austria

INHALT

AUFRISS – ODER: HOCHMUT KOMMT VOR DEM FALL

Im August des Jahres 2010 befindet sich eine Gruppe thailändischer Touristen unter fachkundiger Leitung des Industriehistorikers Suchart Chobpimai auf einer Reise durch Deutschland. Man interessiert sich für die Fossilien des Protektionismus. Unmittelbarer Anlaß der Fahrt ist ein erneuter Sturz der deutschen Währung und die damit verbundene Verlockung, für wenig thailändisches Geld viel zu erleben. Für Besucher aus Asien ist es billig geworden in Europa. Suchart erinnert die Gruppe an jene weltgeschichtliche Marginalie aus dem Jahre 1992, als zum ersten Mal – nachdem eine dänische Baufirma mit dem Namen Christiani & Nielsen in Thailand mit einer Tochterfirma richtig Fuß gefaßt hatte – die Tochter die Mutter aufkaufte und das damals noch existierende deutsche *Handelsblatt* vermerkte, nun würde sich das wirtschaftliche Zentrum dieser Welt endgültig vom Atlantik zum Pazifik verlagern.

Am Morgen des 24. August schlendert die Gruppe durch die Industrieruine Wolfsburg, macht Aufnahmen von alten Fabrikhallen und diskutiert interessiert das Schicksal jener Halle 135, die eigentlich noch ganz modern wirkt, auch wenn Staubschichten die Apparaturen bedecken und vor den Eingängen Brennesseln wuchern. »Wahrscheinlich funktionieren die Maschinen sogar noch«, meint der Ingenieur Pan Sodklarg. »Es sieht aus, wie wenn die Bedienungsmannschaften im

Urlaub geblieben wären«, sinniert Noi Khrae, die sich für die sozialen Folgen des asiatischen Massentourismus in Europa interessiert. »Die Halle 135 war der letzte Versuch, zu rationalisieren und den Anschluß zu schaffen.« Chakrarot Chitrabong schraubt ein kleines Schild von einer Tür ab. »Möglich«, sagt Pairach Diskul, »aber selbst ihre Nachtwächter waren noch zu teuer.«

Gegen Mittag – der Himmel ist inzwischen verhangen und erste dicke Tropfen fallen – zieht sich die Gruppe in ein nahegelegenes Gasthaus zurück. Der Wirt sagt, er heiße Hansi und wolle seinen Gästen jeden Wunsch von den Augen ablesen. Die Speisekarte bietet Internationales. Noi bestellt Nua Namtock, Pairach freut sich, daß es Gai Ob Nam Deng gibt, nur Pan will lieber Döner Kebap, dies, sagt er, sei schließlich das einzige aus der deutschen Küche, was sich weltweit durchgesetzt habe. Bedient wird in Trachten. Chakrarot mokiert sich darüber, daß die Trachten in dieser Gegend nicht so schön seien wie in Hessen oder am Bodensee. Immerhin, meint Suchart, daß die Deutschen wieder so herumliefen, wie man sich Deutsche vorstelle, hätten sie Touristen wie ihnen zu verdanken.

Noi zeigt frisch entwickelte Fotos von den drei letzten Tagen in Berlin: Bilder von Slums, von Deutschen, die ihre Gesichter wegdrehen, Fotos vom traurigen Innenleben der Häuser, rasch durch die Fenster geschossen, und – hier – vom pensionierten Lehrer Robert, der ihnen nach ein paar Schluck Mekong Auskunft über sein karges Leben gab und plausibel erklärte, warum er sich bei einer Rente von 8.150 Mark auch nicht den billigsten aller Wagen, den indischen Tata für 250.000 Mark leisten könne.

»Tourismus ist so ziemlich die letzte Quelle, die ihnen noch Devisen bringt«, sagt Pan und schaut zum Tresen. Dort sitzen Laura und Maike und blinzeln ihm zu. Touristen zahlen besser als Einheimische. Aber weder Pan noch die anderen haben Zeit für ein Schäferstündchen, die Gruppe will heute weiter nach Dortmund und ein Stahlwerk besichtigen, das noch nach dem Siemens-Martin-Verfahren arbeitete. Pairach hofft, dort oder in Kassel alte Dampflokomotiven aufzustöbern. In Pirmasens wollen sie das Schuhmaschinenmuseum besuchen.

Danach wird sich die Gruppe teilen. Chakrarot, Noi und Pairach wollen einen Abstecher nach Travemünde unternehmen, weil dort einem Geheimtip zufolge Reste der Berliner Philharmoniker unter privater Leitung aufspielen. Sie wollen dann den anderen ins neue Neuschwanstein folgen, das Asia Disney knappe vierzig Kilometer vom alten entfernt aufgebaut hat. Das baufällige alte, sagt Suchart, stehe unter Denkmalschutz. Im neuen kann man, darauf freut sich die Gruppe, via Cyberspace mit Ludwig II und Richard Wagner dinieren und zum Abschied Tsing Tao-Bier trinken.

*

In den achtziger und frühen neunziger Jahren des zwanzigsten Jahrhunderts betrachten die Europäer noch von ihren Hochsitzen aus die Welt. Hinten am Horizont – und durchs Fernglas betrachtet – breiten sich Niedriglohnländer aus. Das Okular des deutschen Kugellagerfabrikanten Ludwig Zürn etwa richtet sich 1991 auf den thailändischen Ort Lop Buri nördlich vom Bangkok. In den Blick gerät das Kugellagerunternehmen Minebea. In dieser Fabrik unter japanischer Leitung verdient die Arbeiterin Wen Suntharee umgerechnet 35 Pfennige die Stunde. Das ist für sie eine Menge Geld. Sie kann damit ihre große Familie unterstützen, Kleider kaufen, sich gut ernähren und die

Miete fürs Haus bezahlen. Ludwig Zürn findet, daß es nicht sein Bier sei, was sich da drüben abspiele.

Zwei Jahre später hat die Firma Minebea den deutschen und amerikanischen Markt mit ihren kleinen Kugellagern fast erobert. Ludwig Zürn, oder wie immer er heißen mag, steckt in den roten Zahlen. Drüben in Lop Buri verdient Wen inzwischen 46 Pfennige die Stunde.

*

Im Berliner Hauptzollamt am Prenzlauer Berg brütet im Zimmer 1124 ein junger Beamter mit Fachhochschulabschluß, nennen wir ihn Bernd Heintze, über einem dicken Buch. Er verteilt Nummern an Leute, die Textilien aus anderen Ländern nach Europa einführen wollen. Zeigt man ihm zum Beispiel ein Stück Batik aus Indonesien, gibt er möglicherweise die Nummer 6302-5110-0100, sagt, daß die Ware einer Quotenregelung unterliege, 13 Prozent Einfuhrzoll zu entrichten seien und man sich doch bitte neben dem Formblatt A und vielen anderen Papieren auch eine Einfuhrgenehmigung bei einem anderen Beamten einer anderen Zollbehörde in Eschborn besorgen möge. Fragt man ihn, was denn der Sinn dieser bürokratischen Barriere sei, sagt er: Bei dieser Textilie handele es sich um einen einfuhrpolitisch sensiblen Gegenstand. Was macht der Mann? Er ist ein Wallbauer. Er häufelt am Wall der Festung Europa. Drinnen sitzen wir. In Brüssel lebt ein enormer bürokratischer Wasserkopf davon, bis in kleinste Details festzulegen, was alles nicht oder nur bei Strafe hoher Zölle und Quotenregelungen an Waren nach Europa hereindarf. Schlafanzüge – Gewirke und Gestricke – für Damen zum Beispiel: Ihren Import regelt die Position 6108 der Kombinierten Nomenklatur (KN) des Gemeinsamen Zolltarifs (GZT) in der Fassung der

VO Nr. 2658/87 und der VO Nr. 3174/88. Bernd Heintze, unser Mann am Prenzlauer Beg, häufelt am Festungswall, weil wir Europäer Angst vor dem Weltmarkt haben.

Mal angenommen, die Festung Europa würde nicht nach und nach, sondern von heute auf morgen geschleift, Schutzzölle würden abgeschafft, Importbeschränkungen und Quotenregelungen außer Kraft gesetzt, Waren aus dem Süden frei zugelassen, statt »Markt« hinter dem Wall würde es den allen zugänglichen Markt geben, was dann? In Deutschland ginge es zu wie nach einem Atomblitz. Die Textilindustrie wäre weitgehend verschwunden, Berg und Schiffsbau gäbe es nicht mehr, von der Stahlindustrie blieben kaum Spuren übrig, auch die Auto- und die chemische Industrie wären wir im wesentlichen los, und dort, wo heute subventionierte Landwirte den Boden düngen, würden sich Parklandschaften ausbreiten. Was hätten wir noch auf dem Weltmarkt zu bieten?

Die Europäer häufeln Festungswälle. Ihre Löhne und Lohnnebenkosten stehen zu denen der neu aufstrebenden Länder in einem Verhältnis bis zu 20:1. Zu den krassen Unterschieden gehören nicht nur die Lohnkosten, sondern – weit wichtiger noch – in den angreifenden Ländern eine *culture of entrepreneurship* und in Europa eine marktfeindliche Einstellung. In Europa kommt die Arbeit abhanden, nicht, weil wir im Schlaraffenland leben, sondern weil anderswo mehr und billiger gearbeitet wird. Der Süden muckt auf. Dort haben sich Länder angeschickt, die wettbewerbsfähigere Ökonomie zu betreiben. Nun bröckelt es in der Festung, die Sitten verfallen, wer an die Peripherie gedrückt wird, schlägt zu oder entwickelt Mythen, der Feuerschein näher kommender Schlachten spiegelt sich auf den Dächern. Noch wissen längst nicht alle, woher der Lärm vor den Wällen kommt und wie er zu deuten ist. Heute sind die Schwanengesänge deutscher Unternehmer – im Gegensatz zu früher – echt: Viele von ihnen stehen kurz vor dem Abgrund. Die Schlechtwetterzone, in die die Europäer geraten, fand ihr kleineres Vorspiel in der Bruchlandung der Ex-DDR, deren Kostenrelationen über Nacht um das Vierfache auf das Niveau der Festung Europa hochgeschraubt wurden, womit sie nun schon gar nicht mehr wettbewerbsfähig war und einen großen Teil ihrer industriellen Substanz verlor.

Dieses Buch befaßt sich mit dem Realitätsprinzip Weltmarkt und der Frage, wie wir damit umgehen. Sechs Thesen liegen ihm zugrunde.

Erstens: Europa wird vom Sockel geholt und muß sich den Bedingungen, unter denen die Mehrheit der Menschen dieser Erde leben, langsam anpassen. Die Zeiten, in denen wir oben hockten und unser Hochsitz sicher schien, sind vergangen. Nichts wird mehr wie früher sein. Die Normalität von Löhnen und Preisen wird heute durch die Schwellenländer definiert. Festungswälle können verzögern, aber nicht verhindern, daß wir dem auffrischenden Wind des Weltmarkts ausgesetzt sind.

Man kann sich die stagnierende Entwicklung Europas wie eine Linie vorstellen, um die herum sich der Zyklus von Rezession und Aufschwung rankt. Der gegenwärtige Aufschwung – wir schreiben das Jahr 1995 – sollte uns nicht verleiten, die längerfristige Entwicklungstendenz aus den Augen zu verlieren. Der Schein trügt: Die gegenwärtige Auftragslage von Teilen der deutschen Industrie hängt – auch *nach* den erheblichen Rationalisierungsmaßnahmen der letzten Jahre – mehr mit Kapazitätsengpässen der Konkurrenten als mit der Wettbewerbsfähigkeit der Deutschen zusammen. Die Schwellenländer wachsen so rasch, daß es einen Boom bei den Investitionen, vor allem im Kraftwerksbau, in der Telekommunikation und anderen Infrastrukturbereichen, gibt. Daraus resultieren Aufträge auch für uns. Wie lange? Bis – und das wird nicht mehr lange dauern – Länder wie Taiwan, Südkorea oder Singapur ausreichende Kapazitäten aufbauen, um mit deutlich niedrigeren Preisen die asiatische Region zu bedienen. Und nicht nur diese Region: Der deutsche Export geht schon jetzt zu mehr als 60 Prozent nur noch nach Europa. In den kommenden Jahrzehnten werden wir uns zunehmend als Normalbürger dieser Welt wiederfinden. Wir alle? Schaut man genauer hin, wird die Landschaft gesprenkelter aussehen: Kleine, lernfähige Einheiten in Europa werden von den Wachstumsmärkten der Entwicklungsländer profitieren. Wir Europäer werden dabei mehr und mehr zur Eindrittelgesellschaft. Neben wenigen prosperierenden Bereichen wird viel Unproduktives erhalten und sich Elend ausbreiten.

Zweitens: Hochmut kommt vor dem Fall. Zu den verhängnisvollen Irrtümern der Europäer gehört die jahrzehntelange Unterschätzung des unternehmerischen Potentials der Dritten Welt. Niedriglöhne – die dort Hochlöhne sind – und Billigprodukte wurden verlacht. Nun zeigt sich, daß Niedriglöhne im Verbund mit hoher Qualität der Produkte zur wirksamen Angriffswaffe der Entwicklungsländer geworden sind und die Festung Europa erzittern lassen.

Hernando de Soto, international beachteter Ökonom aus Peru, hat darauf verwiesen, daß im informellen ökonomischen Sektor der Entwicklungsländer ein Millionenheer von Unternehmern bereitsteht, um auf dem Weltmarkt anzutreten. Die Reichen in diesen Ländern suchen sich durch bürokratische Barrieren die kleinen Unternehmer zwar noch vom Leibe zu halten. Viele Regierungen in Asien, Lateinamerika und auch Afrika sind jedoch dabei, das Prinzip Weltmarkt nicht nur in den Außenbeziehungen ihrer Länder, sondern auch auf den Binnenmärkten anzuerkennen. So werden die Unternehmer des informellen Sektors zunächst auf den Binnenmärkten für deutlich mehr Wettbewerb sorgen und von dort aus auf den Weltmarkt vordringen. Weltweit wird es in nicht ferner Zukunft einen enormen Zuwachs an Unternehmern von unten geben: Sie sind schon heute gut trainiert, nicht wehleidig und können mit äußerster Knappheit wirtschaften. Stellen sich die Europäer auf diese Wettbewerber nicht ein, wird sich Europa vollends in eine ökonomische Provinz verwandeln. In jedem Fall erhält die harte Arbeitsleistung der Armen des Südens historisch endlich ihre Chance.

Drittens: Wir halten den relativen ökonomischen Abstieg Europas für keine Katastrophe. Die Krise enthält die Chance der Läuterung. Wer Lebensmittel und Kohle nicht mehr vom Weltmarkt abschirmt, wer Textilien und Schuhe ohne Quotenregelungen und Schutzzölle auf den europäischen Markt läßt, wird bewirken, daß die Preise kräftig fallen; die Waren würden zu Weltmarktpreisen gehandelt. Sinkende Preise für Lebensmittel und Güter des täglichen Bedarfs kämen vor allem den Arbeitslosen und sozial Schwachen zugute.

Viertens: Die Zahl der Arbeitslosen wird langfristig weiter steigen, wenn wir nicht lernen, auf die eigenen Füße zu fallen. Nun zeigt sich, daß die wertvolle Idee des Sozialstaats zum Gutteil verkommen ist, weil vielen Menschen in Deutschland die Grundqualifikation des unternehmerischen Handelns über Jahrzehnte entzogen wurde.

Wir haben die Jahre des hohen Wirtschaftswachstums nicht genutzt. Jetzt, da andere mit neuen Fabriken, niedrigen Löhnen und niedrigen Wechselkursen die Vorteile haben, die einst das deutsche Wirtschaftswunder hervorriefen, leben wir nicht von den angesammelten Rücklagen, sondern sind tief verschuldet, voll hoher Ansprüche und zerstritten.

Die Deutschen seien zu wehleidig, meinte de Soto, als er im Februar 1994 in Berlin über Ökonomie von unten diskutierte. Sie hätten die Fähigkeit, durch unternehmerische Tätigkeiten zu überleben, gründlich verlernt und verhielten sich in Krisen hilflos wie Kleinkinder. Die Latinos und Asiaten seien anders, sie seien so etwas wie *risk takers*. Die meisten von ihnen würden morgens aufwachen und noch nicht wissen, wie sie den Tag über ihren Unterhalt verdienen. Sie schafften es trotzdem. Sechzig Prozent Arbeitslose in Lateinamerika? Nicht doch: Sie alle seien Unternehmer, sonst würden sie verhungern. Die ökonomische Krise Europas, so de Soto, sei eine gute Lehrmeisterin. Lernchancen dieser Art habe es zuletzt in den Nachkriegsjahren gegeben.

So gilt es, wieder mehr als zuvor unternehmerisch handeln zu lernen. Millionen von Arbeitslosen bei uns: Statt darauf zu warten, daß irgendwer – wer denn: die Manager der oberen Etagen mit mangelnden Visionen? – ihnen Arbeit verschafft, statt sie zu Untätigkeit zu verdammen oder ihnen mit Arbeitsbeschaffungsmaßnahmen Brücken zu bauen, die nur selten zum anderen Ufer führen, wäre es eine bessere Möglichkeit, so, wie es etwa der Professor Muhammad Yunus in Bangladesh erfolgreich tut, das unternehmerische Potential der Menschen zu stärken, Investitionsmittel zu wirklich günstigen Bedingungen zu organisieren und vielen den Start in eine unternehmerische Existenz zu erleichtern.

Fünftens: Die Pädagogen sind angehalten, aus den Kaninchenlöchern herauszukommen, ihre antiökonomischen Affekte beiseite zu legen, *entrepreneurship* zum Thema zu machen und ihre Klientel in der Entwicklung unternehmerischer Ideen und Besessenheit zu fördern. Zur gegenwärtigen Bildungskatastophe gehört, daß weder Schulen noch Hochschulen dies tun.

Sechstens: Markt kommt nicht von alleine. Viele reden vom »Markt« und wollen doch den wirklichen Markt verhindern. Markt bedeutet Transparenz, Wettbewerb und die Durchsetzung fairer Regeln. Wer eine Archäologie dieses Marktes versucht, trifft nicht nur auf Gegner, sondern auf Mythen, die den Blick verstellen.

Unser Buch handelt von einer Art Asterix-Prinzip, von den Chancen der Kleinen, der Unternehmer von unten, der Länder der Dritten Welt, auf dem Markt anzutreten, sich gegenüber den Großen und Etablierten zu behaupten und ihnen Terrain abzunehmen. Die Mixtur des Zaubertranks enthält ökonomische Zutaten: Man kann Festungen mit hoher Qualität von Produkten und niedrigen Preisen angreifen. Groß ist nicht allmächtig, *small is more efficient*. Und: Nicht die Höhe des Startkapitals ist entscheidend, sondern die Qualität der unternehmerischen Idee.

Die paradoxe Empfehlung lautet: Schleift möglichst bald die Festung Europa! Denn je höher die Wälle gehäufelt werden, desto tiefer wird später der Fall sein. Träumt nicht mehr von höheren Arbeitslöhnen, sondern drückt – durch Öffnung der Märkte – die Preise herunter! Nehmt Markt als Chance, unternehmerisches Potential freizusetzen! Setzt Markt nicht ständig außer Kraft, sondern stellt ihn erst einmal her – als Chance des Wettbewerbs zu fairen Bedingungen und des verantwortlichen Umgangs mit knappen Ressourcen!

Asterix gegen die Römer: Die Krise könnte zur Einsicht führen und zur Stunde der Unternehmer von unten werden, der Querdenker, Künstler und Visionäre.

DIE SOZIALE FRAGE NEU STELLEN

Am 28. Oktober 1990 erschien in *The Manila Chronicle* ein Artikel der philippinischen Journalistin Maria Avenir - »Putting ›guerilla economics‹ into practice« – darüber, daß zwei Deutsche, wir, mit Armen aus den Slums der Stadt dabei seien, Probeläufe für ökonomische Angriffe auf die Reichen durchzuführen. Ungewohnt sei, schrieb Maria Avenir, daß die Waffen dieses Angriffs aus einem Arsenal stammten, welches die philippinische Öffentlichkeit gemeinhin mit »Kapitalismus« assoziiere. Halb zwischen den Zeilen stand dies: Die New People's Army, die Guerillabewegung der Philippinen, möge nicht länger an Marx und den Sozialismus glauben, sondern sich lieber mit den ökonomischen Waffen des Gegners vertraut machen und sie nutzen. Gewehre seien dann eher hinderlich.

Damals schrieben wir in einem Leserbrief, die Journalistin sei ein bißchen ihren revolutionären Träumen erlegen. Heute finden wir, daß sie zumindest einen richtigen Punkt erwischt hat: Es gilt, die soziale Frage neu zu stellen und auf andere Weise zu beantworten. Der Angriff auf die Reichen dieser Welt muß neu formuliert und anders in die Wege geleitet werden.

Viele haben die soziale Frage gestellt und sind mit ihren Antworten auf halber Strecke zum Stillstand gekommen. Die Weltreligionen unterscheiden sich hier kaum in ihrer Vision: Den Armen soll Gutes getan,

Reichtum geteilt, Ausgleich geschaffen werden. In der Praxis geben Reiche Almosen, und es macht wenig Unterschied, ob sie Buddhisten, Moslems oder Christen sind. In der Praxis sind sich die Reichen der Welt ziemlich ähnlich. Sie sind dagegen, Federn zu lassen.

Die Vision sozialistischer Revolutionen und Guerillabewegungen war, daß alle Menschen gleich sein und alle noch im Diesseits aus Flüssen voll Milch und Honig trinken sollten. In der Praxis, nach dem Sieg über Diktaturen der alten Art, betrieben sie schlechte Ökonomie, erzeugten mehr Armut als vorher und mußten ihre zu Formeln geronnene Theorie mit Staatssicherheitsdiensten verteidigen.

Der Ansatz, über Steuern den Ausgleich zu schaffen, ist gut gemeint. Aber selbst dort, wo progressiv besteuert wird und umfängliche Kontrollen entwickelt wurden, gleicht dieser Versuch der Geschichte vom Hasen und dem Igel. Schlupflöcher werden schneller gefunden und genutzt, als Finanzverwaltungen sie stopfen können. Je komplizierter das Steuerrecht wird, desto mehr gleicht es einem Dschungel mit guten Verstecken. Und: Je reicher einer ist, desto leichter fällt es ihm, die virtuosen – und im Zweifelsfall transnationalen – Versteckspiele seiner Steuerberater zu finanzieren. Der Glaube, durch höhere Steuern die Preisgabe des Reichtums zu erwirken, ist durch die Praxis längst widerlegt. Im übrigen wirken Steuersysteme wenn, dann innerhalb der eigenen Gesellschaft; zur Umverteilung im Weltmaßstab taugen sie nicht. Sie sind darauf auch gar nicht angelegt.

Die europäische Arbeiterbewegung hat die Kapitalisten des 19. und 20. Jahrhunderts zu zähmen versucht. Sie hat ihnen höhere Löhne, bessere Arbeitsbedingungen und ein soziales Netz abgetrotzt. Zugleich hat sie sich domestizieren und einbinden lassen. Europäische Unternehmer und Gewerkschaften sind – im Weltmaßstab gesehen – Teil des feudalen Systems. Sie trachten gemeinsam danach, den Ausgleich zwischen dem reichen Norden und dem armen Süden zu verhindern. Die Gewerkschaften kämpfen wie die Unternehmer dafür, die Privilegien zu sichern und zu erweitern. Im Binnenverhältnis mag es so aussehen, als stritten die Gewerkschaften für die Armen *ihrer* Länder. Von außen betrachtet verteidigen sie eine im Vergleich saturierte Arbeiterschaft gegen die wirklichen Armen dieser Welt. Gemeinsam mit den Arbeitgebern werden Hegemonien aufrechterhalten und Schutzzölle verlangt, wenn der scharfe Wind des Weltmarkts ins Gesicht der Tarifpartner bläst. Gewerkschaftspolitik in Europa ist eurozentrische Politik. Weil dies so ist, weil die Gewerkschaften die soziale Frage nicht im globalen, sondern nur im regionalen Maßstab stellen, ist das Modell Gewerkschaft ambivalent, stets in Gefahr, ständepolitisch vereinnahmt zu werden. Statt internationaler Solidarität hat sich regionales Besitzstandsdenken ausgebreitet.

Wenn nicht die Religionen, wenn nicht die Gewerkschaften: Sind die Staaten des Nordens vom Willen zur Umverteilung des Reichtums geleitet, von der Einsicht bestimmt, daß sich die Welt einen Lebensstandard, wie ihn Europäer oder Nordamerikaner vorführen, schon deshalb nicht leisten kann, weil die Ressourcen dazu fehlen? Ist die Erkenntnis Leitlinie ihrer Politik, daß nicht alle auf dieser Welt Reiche von der Art der Reichen des Nordens werden können, daß dies die rasche ökologische Zerstörung des Planeten bedeuten würde? Handeln sie nach der Maxime, daß – um des vernünftigen Ausgleichs willen – die Reichen des Nordens ärmer werden müssen, daß eine neue Bescheidenheit angesagt ist und neue Entwicklungsparadigmen zu erproben sind, Entwicklungen jenseits einer sich immer schneller drehenden Schraube der Konsumtion von Waren, deren Neuerung sich oft nur mehr durch *public relations*-frisierte Marginalien unterscheiden?

Die soziale Frage neu stellen und mit Entwicklungshilfe beantworten? Diese Hilfe ist Augenwischerei auch dann, wenn europäische Entwicklungsminister eine ganz andere Dimension von Entwicklung fordern und die Armut vor Ort bekämpfen wollen. Gemeint ist damit immer noch die Verfestigung von Privilegien des Nordens. »Jene zwanzig Prozent der Weltbevölkerung«, schreibt die Journalistin Gabriela Simon in der *Zeit*, »deren Pro-Kopf-Konsum von Kohle, Erdöl, Papier, Milch, Fleisch, Schnittholz und Metall fünfmal höher liegt als in der Dritten Welt, fürchten heute den wachsenden Ressourcenverbrauch des Südens. Dabei fürchtet sich der Norden vor den Folgen seines eigenen Fortschrittmodells.«

Also keine Entwicklungshilfe, dafür aber den Wettbewerb zulassen und den Verlust der eigenen Wohlbeleibtheit riskieren? Die Armen zwar nicht einwandern, wohl aber in freier Konkurrenz auf dem Markt antreten lassen? Die Staaten des Nordens müßten dann, das wäre die neue Denkfigur, die Barrieren rings um Europa, rings um die anderen Hegemonien abbauen und den Verlust ökonomischer Privilegien in Kauf nehmen. Dies wäre die wichtigste aller möglichen Entwicklungshilfen, die Öffnung des Marktes für die konkurrenzfähigen Unternehmer des Südens. Zugleich bedeutete dies eine relative Verelendung der europäischen Arbeiter und aller von Ökonomie unmittelbar betroffenen Bevölkerungsgruppen. Ganze Industriezweige würden zusammenbrechen und hinweggefegt werden wie die volkseigenen Betriebe des früheren Ostblocks. Das, was man den realsozialistischen Ländern vorwarf – die Abschottung der eigenen Wirtschaftsräume mit dem Verlust an Wettbewerbsfähigkeit –, würde die Industriestaaten in ihrer Weise ebenfalls treffen.

So, wie es die Matrosen der deutschen Handelsmarine nicht mehr gibt, weil Matrosen aus Billiglohnländern mit ihnen konkurrierten, müßten auch die deutschen Textilarbeiter, die Arbeiter der deutschen Automobilindustrie und viele andere damit rechnen, daß ihre Löhne zu den Bedingungen des Weltmarktes ausgehandelt werden. Die deutsche Landwirtschaft gäbe es nicht mehr, aus überdüngten Äckern und bonseigestutzten Obstplantagen würden schöne Parks – wie damals im England des 19. Jahrhunderts, als der Getreidehandel freigegeben wurde und die Weizenpreise zusammenbrachen. Immerhin: Textilien, Schuhe und andere Artikel, die in Ländern der Dritten Welt leicht hergestellt werden können, würden deutlich billiger. Die Preise für Agrarprodukte würden drastisch fallen. Unter dem Strich stünde die neue Bescheidenheit den Europäern gar nicht so schlecht.

Die Europäer dem Weltmarkt aussetzen? Sie mit den Unternehmern des Südens zu gleichen Bedingungen konkurrieren lassen? Jede Partei, die dies in aller Konsequenz auf ihr Panier schriebe, wäre abgewählt, bevor sie ins Parlament käme. Die Europäer können sich einen freien Markt gar nicht mehr leisten. Die *small tigers* in Asien und ihre Nachfolger führen ihnen vor, daß nicht gute Qualität und hohe Preise, sondern hohe Qualität und kleine Preise zählen. Die träge gewordenen Europäer fürchten den Wettbewerb und machen die Schotten dicht. Dies mag auf mittlere Sicht helfen. Langfristig wird der Dequalifizierungseffekt dadurch verstärkt; das Leben in Scheinsicherheit trügt, beseitigt die Trägheit nicht. Innerhalb des geschlossenen Marktes Europa mag der Verteilungskampf zwischen Unternehmen und Gewerkschaften zu noch höheren Löhnen führen. Im Weltmaßstab sind sie unrealistisch, bieten Angriffsflächen und werden den ökonomischen Niedergang Europas befördern.

Und die Regierungen des Südens? Sie müßten Maßnahmen ergreifen, die den von Wenigen angehäuften Reichtum verflüssigen und umverteilen. Sie müßten der Marktwirtschaft auf breiter Ebene zum Durchbruch verhelfen und damit ihre eigenen Superreichen einer scharfen Konkurrenz aussetzen. Schön wäre es. De facto fahren die neuen Superreichen durch die Straßen von Jakarta, von Delhi, Lagos und Rio und führen vor, daß die Schere zwischen Armen und Reichen auch innerhalb der armen Länder auseinanderklafft. De facto verhindern auch sie den Markt, oft im Schulterschluß mit geldhungrigen Politikern. Das Parlament der Millionäre in Brasilia unterscheidet sich, was das Interesse an der Sicherung eigener Privilegien anbelangt, wenig vom Parlament der Philippinen. Wer mehrere Millionen Dollar investiert, um als Kandidat für einen Senatoren- oder Gouverneursposten Wählerstimmen zu kaufen, versteht seinen Einsatz als Investition und will eine angemessene Rendite. Regierungsmitglieder, in Koalition mit den Mächtigen der nationalen Wirtschaft, beteiligen sich dann an der Vermauerung des Markts, schanzen sich die Aufträge zu und versuchen, das Land in ihren Besitz zu bringen. Die Regierungen der armen Länder haben zwar ein Interesse daran, gegenüber den Industriestaaten Chancengleichheit einzuklagen und aus dem Würgegriff hoher Verschuldung freizukommen, aber mit der Deregulierung im eigenen Land, mit der Herstellung von Markt tun sie sich schwer. Solange die Reichen im

Land die Regierungen stellen, wollen sie nicht den Ast absägen, auf dem sie sitzen.

Immerhin haben die Reichen der armen Länder, wenn sie nicht auf nationale Abschottung drängen und den internationalen Wettbewerb scheuen, gute Chancen, zu den Reichen des Nordens aufzuschließen. Das Muster ist so einfach wie wirksam: Man kaufe die Maschinerie für die Schuhproduktion in Europa, stelle sie in Thailand auf und konkurriere mit hoher Qualität und kleinen Preisen. Zwei wichtige Angriffswaffen kommen hier zusammen: Technologie *und* niedrige Löhne. Da die Unternehmen jetzt gegründet werden, konzentrieren sich die Investitionen auf moderne und effiziente Technologie. Deutsche, vor dreißig oder vierzig Jahren gegründete Unternehmen haben vielfach Patina angesetzt. Damals, nach dem Krieg, waren sie im Vorteil: Der Wechselkurs war günstig, die Löhne waren niedrig, die neuen Fabriken wurden mit modernster Technologie ausgerüstet, die Stimmung in der Bevölkerung war nicht verdrossen, sondern optimistisch. So waren die Unternehmen in der Lage, mit der britischen und der amerikanischen Industrie erfolgreich zu konkurrieren. Später stiegen die Löhne und fehlten die Arbeitskräfte. Statt jedoch Produktionsteile in Niedriglohnländern auszulagern und dort für einen technologischen Schub zu sorgen, wurden Gastarbeiter hereingeholt. Die Praxis der Japaner, Koreaner, Taiwanesen oder Thailänder ist intelligenter: Auslagerung ins Ausland wird nicht verdammt, sondern gefördert und von den Regierungen unterstützt.

The big fish eat the small ones? Vor zwanzig oder dreißig Jahren vielleicht. Heute ist die Vision greifbarer geworden, daß die Umverteilung des gesellschaftlichen Reichtums über den Markt erfolgen kann, dadurch, daß die pfiffigen Kleinen den trägen Großen Marktanteile abjagen.

Bilden dann aber die Reichen des Südens mit den Situierten des Nordens eine neue, weltweite Eindrittelgesellschaft? Nicht, wenn sie ihrerseits angegriffen werden. Den eher klassischen Weg zeigen die Gewerkschaften. Wenn der Lohn südkoreanischer Arbeiter innerhalb von fünf Jahren um sechzig Prozent stieg, ist das ihrer schlagkräftigen Organisation gutzuschreiben. Ein zweiter Weg – schon unternehmerischer – führt über die Imitation: dann, wenn der Angestellte einer indonesischen Firma erst eine Weile lernt, Erfahrungen über Stärken und Schwächen des Betriebes sammelt, eine eigene Firma gründet und das gleiche Sortiment mit gleicher Qualität um zwanzig Prozent billiger anbietet, weil er mit weniger bürokratischem Überbau und geringeren Spannen auskommt. Es ist eine Art *trickle down*-Effekt, der die ökonomischen Chancen der Mittelschichten erhöht, bei dem es aber nicht bleiben muß. Denn weit wirksamer als das Nacheifern ist die Entwicklung eigener unternehmerischer Ideen, die phantasiereiche Deutung und Vorwegnahme langfristiger Entwicklungen, das Querdenken, Erfinden, die Besessenheit. Das beste Kapital ist eine gute Idee. Und der Satz *Small is beautiful* bekommt eine andere Wendung: *Small is more efficient*. Dies ist die Chance der Unternehmer von unten, der besessenen und intelligenten Habenichtse, der kleinen wendigen Fische, die den großen Terrain abjagen.

Am Horizont steht eine Vision: Nur, wenn die Armen massenhaft zum Angriff antreten, sich mit den Waffen ihrer Gegner vertraut machen und sie nutzen, wenn sie ihr Heil nicht erst im Jenseits erwarten, wenn sie aufhören, die Hand hinzuhalten und sich mit kargen milden Gaben zufriedenzugeben, wird Bewegung in die Fronten kommen. Wenn überhaupt eine Chance bestehen soll, die soziale Frage zu beantworten, müßte die Antwort in diese Richtung weisen.

Der Sozialismus setzte auf den Aufstand der Arbeiter. Der Angriff von Millionen kleiner Unternehmer wäre wirksamer. Früher tönte der Schlachtruf: Schafft zwei, drei, viele Vietnams! Nein: Schickt ein, zwei, drei, viele – besser: Millionen von Unternehmern auf den Markt! Setzt die Reichen ihren Bissen aus. Dies wäre der wirksamste Weg, einen gerechten Ausgleich zu schaffen.

Unternehmer – und nicht die Gewerkschaften, der Sozialstaat oder die Religionsgemeinschaften – sind die ärgsten Feinde anderer Unternehmer, dann zumal, wenn die wie fette Karpfen träge geworden sind: Denn je mehr Wettbewerb herrscht, desto geringer wird die Profitrate ausfallen. Mit anderen Worten: Je mehr Menschen zu Unternehmern werden, desto eher besteht die Chance einer dauerhaften und wirksamen Umverteilung des Reichtums. Eine Moral dieses Marktes besteht darin, daß hohe Gewinnspannen angegriffen werden. Denn kaum geht es dem einen zu gut, zieht er wie ein Magnet die Konkurrenz der anderen auf sich. Ökonomischer Darwinismus? Wohl eher: Ein Wettbewerb unter fairen Bedingungen mit gerechterem Ausgang.

Unsere Philosophie heißt nicht: den Armen etwas abgeben, sondern: die Reichen ständig angreifen. Die Truppe, die dieser Bewegung entgegensteht, bevölkert die Vorstandsetagen großer Konzerne, eine oft unfähige, lahme ökonomische Soldateska, die mit der Macht buhlt und historisch nicht selten ohne Verantwortung handelte, die Arbeitsplätze abbaut, ohne hinreichende Ideen zu entwickeln, die Visionen durch

Illusionen von Werbetexten ersetzt und mitunter nur mehr von Zurückgelegtem lebt.

Arme als Unternehmer? In der Dritten Welt sind sie es schon, mit harter Arbeit und hoher Leistung. Sonst wären die meisten von ihnen längst verhungert. Nur: Sie sind es unter unfairen Umständen. Für ihren Befreiungsschlag brauchen sie eine genaue Kenntnis der Waffen. Das Recht, Unternehmer mit gleichen Chancen zu sein, ist allemal auf ihrer Seite, das Recht auch, den größeren Teil des Kuchens zu essen, den ein weitaus kleinerer Teil der Menschheit mit fremden Zutaten für sich selbst gebacken hat.

Gibt es koalierende Kräfte bei der Durchsetzung des Marktes? Ja, es sind die Unternehmer, die selbst auf dem Weltmarkt operieren und nicht daran interessiert sein können, auf regionale Barrieren zu stoßen. Sie wollen sich ihre Partner im anderen Land nach Maßstäben der Qualität und nicht nach deren Zugehörigkeit zu Oligarchien aussuchen. Sie wollen Zulieferteile zu Weltmarktpreisen importieren und Zoll nicht nur deshalb bezahlen, weil qualitativ schlechte oder überteuerte einheimische Industriezweige geschützt werden sollen.

Und auch der aufgeklärte oder weiterhin aufzuklärende Staat ist gefordert, als Garant eines Regelwerks, das niemanden benachteiligt oder bevorzugt. Die Diskussion um die Durchsetzung des wirklichen Marktes, anstelle seiner bisherigen Verformungen, hat seit dem Zusammenbruch des Realsozialismus noch kaum begonnen und ist von Konfusionen geprägt. Die Fronten verlaufen quer durch die Wirtschaftszweige, Parlamente und Beamtenapparate: Zur Dialektik dieser Aufklärung gehört, daß Lernfortschritte oft erst erzielt werden, wenn Katastrophen unmittelbar vor der Tür stehen und die alten Abwehrmaßnahmen nicht mehr fruchten, wenn Wanderungsbewegungen hungernder Armer von ungeahntem Ausmaß einsetzen oder Hegemonien, die sich hinter Schutzwällen sicher fühlten, wie poröser Mörtel auseinanderbrechen.

MARKT GEGEN MACHT

VOM »MARKT« REDEN UND MARKT VERHINDERN

Der Markt ist der natürliche Feind der Unternehmer. Je mehr Unternehmer antreten, je mehr Konkurrenz und Transparenz herrschen, desto weniger Gewinne lassen sich erwirtschaften. Im Modell führen eine vollständige Konkurrenz und eine vollständige Transparenz zu Profitraten von Null. In der Dogmengeschichte der Ökonomie gilt Markt als Gegenkraft zum Gewinninteresse der Unternehmer. Wer Reichen an den Kragen will, muß für mehr Markt sorgen. Wer angehäufte Gewinne umverteilen will, wer von der Vision geleitet ist, daß nicht wenige über große Yachten und Luxusvillen, sondern viele über kleinere Boote und schmucke Häuschen verfügen sollen, muß für mehr Markt eintreten. Mehr Markt meint: mehr Unternehmer, mehr *newcomer*, mehr Transparenz und Wettbewerb.

Nun reden zwar alle vom Markt, aber keiner will ihn. Diejenigen, die in ihm operieren und den Markt beschwören, würden am liebsten ohne ihn leben. Wenn heute und bei uns gerade die Unternehmer Anhänger der »Marktwirtschaft« sind, muß dies sonderbar stimmen. Ihr »Markt« scheint ihrem Gewinninteresse nicht entgegenzulaufen, sondern Rahmenbedingungen zu enthalten, die Gewinne steigen lassen und die Situation der Unternehmen verbessern.

Der Vorgang wirkt auf den ersten Blick widersprüchlich: Unternehmer wollen auf den Markt. Dort angekommen, versuchen sie sogleich, Markt außer Kraft zu setzen. Die Rede von der »Marktwirtschaft« ist, mißt man sie an der Praxis, eher ein Ausdruck des Willens, Markt zu vermeiden. Viele von denen, die als Dr. Jekyll antreten, verwandeln sich in Mr. Hyde. Wären sie für Markt, müßten sie alle Barrieren abräumen, jedem den Zutritt erleichtern. Tatsächlich aber, und diese Tendenz sitzt tief in ihnen, handeln sie in unheiliger Allianz. Sie wollen möglichst wenige sein und unter sich bleiben, und sie wollen einen Staat, der die Konkurrenz der weiten Welt außen vor hält.

Wenn Markt – im Modell – unter anderem bedeutet, daß vollständige Transparenz und Vergleichbarkeit herrschen, daß mithin Konsumenten über ein detailliertes Überblickswissen verfügen und die Qualität der angebotenen Waren prüfen und untereinander vergleichen können, dann müßten Unternehmer – aus freien Stücken oder dazu angehalten – für diese Transparenz und Vergleichbarkeit sorgen. Sie müßten unter der Kontrolle von Schiedsrichtern zu peniblen Garanten dieser Werte werden. Sie dürften keine Nebelwerfer anstellen, sondern müßten über ihre Produkte so informieren, daß Käufer im genauen Bilde über deren Qualität sind. Den wahren, detaillierten Vergleich dürften sie nicht scheuen.

Sie müßten darauf verzichten, Informationsunterschiede auszunutzen, auf das Unwissen von Konsumenten zu setzen und Spuren zu verwischen, die Hinweise auf die wirkliche Qualität der Waren zulassen. Selbst da, wo es so scheint, als seien die Waren vergleichbar, nimmt Dunst die Sicht. Die Anbieter von Kaffee produzieren gemeinsam Lyrik statt Aufklärung. Keiner gibt präzise an, welche

Kaffeequalitäten – etwa Arabica oder Robusta – in seinen Packungen enthalten ist. Stattdessen bieten sie »Gold«, »Edel«, »Krönung«, »Premium« oder »Auslese«. Sachaussagen werden vorgetäuscht, Formeln ersetzen Fakten. Die Belege für die »erlesene Mischung hochwertiger Kaffeebohnen« fehlen, jedenfalls im Begleittext. Gemischt wird oft eher in gegenteiliger Absicht. Ein kleineres Quantum guter Qualität wird, solange der Geschmack es aushält, mit einem größeren Quantum schlechterer Qualität gestreckt.

Alle beschwören die »Marktwirtschaft« und reden von heilenden Kräften der Selbstregulierung, während sie selbst das Geschwür darstellen. Unternehmer der alten Art sind am liebsten Feudalfürsten. Ihr »Markt« gleicht einer territorialen Aufteilung unter wenigen mit der Tendenz zur Vergrößerung oder wenigstens Verfestigung des eigenen Einflußbereichs. Konkurrenten werden, wenn es denn geht, behindert, aus dem Markt gedrückt oder aufgekauft. Wer an die Vielfalt der Waren im Supermarkt glaubt, kann auf den ersten und auch auf den zweiten Blick nicht erkennen, daß Vielfalt der Waren nicht Vielfalt der Wettbewerber bedeuten muß. Der gemeinsame Nenner von becel, Biskin, Langnese Eiskrem, Homann, unox, Norda und Sunlicht heißt Unilever. Langnese Honig, die Schwarzwald-Konditorei Brünz, das Allgäuer Brauhaus, die Dortmunder Aktien Brauerei, Söhnlein Rheingold, Gorbatschow Wodka oder das Bristol Hotel in Paris haben etwas mit Backpulver zu tun, genauer: mit der Oetker-Gruppe. Nestlé als Replicant wie im *Blade Runner* heißt Maggi oder Libby's, Alete oder Bärenmarke, Sarotti oder Vittel. So wuchert es im »Markt«, das Gelände ist durchzogen von lichtscheuen Pflanzengewächsen mit Fangarmen, Gebilde entstehen, deren Verästelungen das eine meinen: andere zu unterwerfen und zu schlucken, sich gegen Dritte abzusichern, den Markt außer Kraft zu setzen. Und dies geschieht nicht im Inneren des porösen und wabernden Planeten Titan eines Stanislaw Lem, sondern vor unserer Haustür.

Man heiratet unter sich, wenn es der Besitzstandswahrung dient und strickt an neuen Machtstrukturen. Deutsche Firmen würden, resümierte die *International Herald Tribune*, nicht privaten Anteilseignern gehören, sondern sich untereinander besitzen. Die Kartellgesetzgebung erweist sich als stumpfe Waffe. Wenn Elefanten heiraten – Daimler Benz und MBB –, mag dies vorübergehend Sorgenfalten auf der Stirn eines freidemokratischen Bundesministers hervorrufen, das Jawort gibt er doch, er, der den Markt beschwört, den Wettbewerb und die Freiheit. Nur Große können überleben? Nur Saurier der japanischen Konkurrenz trotzen?

Statt sich auf dem Binnen- wie dem Weltmarkt dem Wettbewerb zu stellen, ein hartes Training innerhalb dieses Wettbewerbs zu absolvieren und also durch Wettbewerb wettbewerbsfähig zu werden, bilden die Herren in den Leitungsetagen unter steter Beschwörung angreifender äußerer Feinde lieber nationale Zusammenschlüsse. Jeder hängt dann mit jedem zusammen, kontrolliert sich gegenseitig und tritt sich möglichst wenig auf die Füße. Dieses mehrdimensionale Flechtwerk wird, kaum noch durchschau- und durchdringbar, von Banken und Versicherungen gestützt, die durch jeweilige Anteile miteinander verbunden und ihrerseits an vielen Unternehmen direkt oder indirekt beteiligt sind. Die Allianz mischt bei der Dresdner mit, die Dresdner bei der Allianz, beide kontrollieren viele Firmen, diese Firmen kontrollieren sich untereinander, sie über- und unterschichten sich, entwerfen Irrgärten, verbergen sich hinter vorgeschobenen Namen und künstlichen Gebilden. Die Dresdner Bank mutiert dann in ein Stück Allianz und Vermo und Frankfurter Gesellschaft für Finanzwerte mbH und so fort, und irgendwann verliert sich der an Aufklärung interessierte Bürger im Gestrüpp oder kommt dort wieder an, wo er die Spur aufgenommen hatte. Alle zusammen spinnen einen Kokon, innerhalb dessen produktives Ausscheren und scharfe Konkurrenz als unfein geahndet werden.

In diesem Klima der sympathisch-gemilderten Konkurrenz werden ganze Branchen träge. In der Versammlung von Feudalfürsten läßt sich gut leben, solange keine Aufstandsbewegung am Horizont droht. Schläfrigkeit breitet sich aus und Wohlbefinden. Nur: Die Zähne werden kariös und die Muskeln schlaff.

Für Unternehmen mit Patina kommt – nicht nur in Deutschland, sondern überall – die Stunde der Wahrheit. Ihr Verlust an Wettbewerbsfähigkeit drückt sich in roten Zahlen aus. Nun wollen sie Hilfe von außen und reklamieren Schutz beim Staat. Statt durch unternehmerische Intelligenz und vermehrte Anstrengungen im Weltmarkt wieder stark zu werden, rufen sie nach Schutzwällen. Markt soll durch hegemoniales, nunmehr staatliches Handeln eliminiert werden.

Markt oder Nicht-Markt? Bleiben wir im Norden: Zwischen den Industrienationen geht es je nach Opportunität mal so und mal so zu. Solange die Branche des einen Landes international wettbewerbsfähig ist, wird nach Markt verlangt und das gegnerische Land des Protektionismus geziehen. Kränkelt die eigene Branche, wird die Marktfahne auf Halbmast gesetzt. Der Ruf nach willfährigen Politikern wird laut, die kleinere Quoten für Gegner festlegen, Einfuhrzölle erhöhen oder die Grenzen für Konkurrenten am liebsten ganz schließen sollen.

Schöne Beispiele dafür liefern die europäische und amerikanische Automobilindustrie. Die Zeiten, in denen Japaner in ihren Garagen westliche Autos auseinandernahmen und ihre Geheimnisse zu verstehen suchten, in denen das Volkswagenwerk seinen Speckgürtel ansetzte und General Motors, Ford und Chrysler einen Export ihrer Wagen aus Detroit nach Texas dem nach Asien allemal vorzogen, sind längst passé. Inzwischen verkaufen die Japaner weltweit die meisten Autos, wirkt Detroit zerstört wie nach einem Erdbeben und denkt der Vorstandsvorsitzende der Volkswagen AG laut darüber nach, wie man die Japaner aus dem EG-Binnenmarkt möglichst lange heraushalten kann. Geknebelt sind sie ja jetzt schon. Ihre einem erpresserischem Kuhhandel entspringende »freiwillige« Selbstbeschränkung, bis 1999 pro Jahr nach Europa nur 1,23 Millionen PKW und leichte Nutzfahrzeuge einzuführen und ihren Marktanteil bei 16 Prozent einzufrieren, ist ein deutlicher Hinweis auf die Unfähigkeit der europäischen Automobilindustrie, sich dem Wettbewerb des Weltmarktes zu stellen, und auch ein Beispiel dafür, wie man die Wälle der Festung Europa möglichst unauffällig erhöht. Was geschähe, wenn die Japaner dürften, wie sie wollten, kann man an ihren Einfuhrzahlen in Thailand erahnen. Dort lag der Anteil japanischer Fahrzeuge 1993 noch bei 95,3 Prozent, europäische Firmen – BMW 0,6; Peugeot 0,6 – mußte man hinter dem Komma suchen.

Toyota, in den siebziger Jahren den Marktbeteuerungen noch Glauben schenkend, wollte mit seinen Fahrzeugen bei Europäern ausschließlich durch Qualität und niedrige Preise überzeugen. Dann, in den späten achtziger Jahren und schon im Blick auf den 1. Januar 1993, versuchten Toyotas Manager der Schließung des Binnenmarktes vorzubeugen, indem sie Fertigungsbetriebe in Großbritannien und Belgien errichteten: Einmal *in* der Festung, meinten sie, seien sie Teil des Binnenmarktes. Seit sie nun merken, daß eine japanische Firma auch innerhalb Europas interniert und Produktionsbeschränkungen unterworfen werden kann, versuchen sie, sich mit europäischen Firmen zu arrangieren.

Die letzten paar amerikanischen Wagen in Südostasien, empfahl ein Leitartikler in *Asia Week*, könne man in Südvietnam besichtigen, sie stammten aus den fünfziger und sechziger Jahren und seien schrottreife Museumsstücke aus der Kultur sterbender Dinos. Als der amerikanische Präsident Bush im Januar 1992 Tokio besuchte, um dort amerikanische Autos und Autoteile zu verkaufen, wurde ihm immerhin Trost von Japans Mafia, den Yakuza, gespendet. Sie würden US-Straßenkreuzer eigentlich ganz gern fahren, weil sie schön groß seien und nach was aussähen, und wenn Bush sich für eine Lockerung der gerade verschärften Gesetze zur Kontrolle des organisierten Verbrechens in Japan einsetze, könnte dies dem Absatz seiner Autos dienlich sein. Auch die japanische Regierung versprach, mildtätig gestimmt, nicht nur mehr Autoteile zu ordern, sondern auch noch so viele Autos aus Detroit einzuführen, daß jeder japanische Händler pro Jahr einen Wagen unter die Leute bringen muß. Selbst darüber stöhnte der Nissan-Präsident, und sein Kollege von Mitsubishi befand, man könne doch nicht einfach schlechte Autoteile importieren, nur weil Bush so schön gebettelt habe.

Amerikanische Präsidenten können ihrerseits

nicht zulassen, daß sich japanische Autos in den USA ungehindert mehren. Seit 1981 haben die Japaner ihre Autoexporte auch in Richtung USA »freiwillig« begrenzen müssen, auch wenn ihr Zuwachs so ganz nicht aufzuhalten ist. Im Oktober 1990 hielten die *Big Three* – General Motors, Ford und Chrysler – 66 Prozent des Heimatmarktes und lagen damit drei Prozent unter dem Vorjahr, während die Japaner von 25 auf 28 Prozent kletterten und die Europäer bei fünf Prozent steckenblieben. 1991 hatten die Japaner längst die Dreißig-Prozent-Marke überschritten.

Auch die Japaner und ihre Nachbarn sind, was konsequente Öffnung des Weltmarktes nach innen angeht, keine Engel. Auch sie schotten je nach Bedarf ab. Während sie beispielsweise ihre Supercomputer entwickelten, hielt die japanische Regierung Washington in siebenjährigen Verhandlungen hin, bis sie den Amerikanern erlaubte, Produkte des Weltmarktführers Cray Research an Japans öffentlichen Sektor zu verkaufen. Inzwischen hatten die japanischen Computerfirmen den Binnenmarkt zu 95 Prozent aufgeteilt. Da mag der deutsche Vorstandsvorsitzende von Philips mit Blick auf den schleppenden Absatz seiner Unterhaltungselektronik klagen, daß Japaner und Koreaner auf ihren abgeschotteten Binnenmärkten mit hohen Preisen hohe Gewinne erzielten, um dann ihre Produkte in Europa zu sehr viel niedrigeren Preisen auf den Markt zu werfen, aber hilfreich ist der Ruf nach Schutzmaßnahmen der EG nicht, weil sie die Wettbewerbsfähigkeit von Philips langfristig weiter schmälern und den Markt um ein weiteres Mal aushebeln würden.

Wettbewerbspolitik? Der Staat als Garant weltweit gleicher Bedingungen? Nein: Interessenspolitik, die den Wettbewerb außer Kraft setzt. Eine nationale

»Industriepolitik« ist ständig dabei, je nach Bedarf und Branche die Marktfahne zu hissen oder auf Halbmast zu setzen – ein immer wieder wechselnder Fahnenwald der Freude und des Schmerzes. Schmerzt das eigene Versagen? Nein – psychoanalytisch betrachtet ist hier eher der Abwehrmechanismus der Projektion im Spiel: Der Gegner ist schuld. Für diese Schuldzuweisung gibt es einige Zauberformeln: »Dumping« und »fair trade«. Die kränkelnden eigenen Branchen werden »Champions« genannt, was meint, daß sie als Flaggschiffe unter allen Umständen und vor allem mit staatlichen Subventionen über Wasser gehalten werden, mögen auch ihre Takelagen verrottet und ihre Bordwände morsch geworden sein.

Wer in Krisen nach Subventionen oder Schutzwällen ruft, muß sich nicht wundern, wenn die Meinung oft phantasieloser Beamter und Politiker darüber entscheidet, was förderungswürdig ist. Unternehmer dieser Art, es sind die großen, träge gewordenen Fische, verlassen sich im Notfall auf staatliche Intervention. Es sind Interventionen an der falschen Stelle. Richtig wären sie beispielsweise, um einen umweltpolitisch konsequenten Rahmen zu schaffen; verhängnisvoll sind sie dort, wo sie unternehmerisches Unvermögen zu kompensieren trachten oder Marktorientierung durch *clientelismo* ersetzen.

Der Begriff »Dumping« wird mittlerweile fast synonym für den Sachverhalt gebraucht, daß ein Konkurrent von außen bessere und billigere Waren anbietet. Kaum sind wieder mehr Käufer auf die langlebigeren und preiswerteren japanischen Autos umgestiegen, wirft der Präsident des Verbandes der europäischen Autohersteller im Pariser *Le Figaro* den Japanern »ein aggressives Verhalten an der Grenze des Dumping« vor. Mit zahlreichen Antidumping-

Verfahren, die in Wahrheit keine sind, verschaffen sich europäische Produzenten Luft gegenüber ausländischen Wettbewerbern. Nationale oder europäische »Champions«, darunter der Airbus, werden gedopt, um nicht nur eine qualitative, sondern auch eine preisliche Chance zu erhalten. Was im sportlichen Wettkampf geächtet wird, Doping, gilt im wirtschaftlichen Wettbewerb als ehrenhaft, ja unerläßlich.

Die Opfer dieses trüben Spiels der Großen und ihrer politischen Freunde sind – nimmt man nur den Norden – die kleinen Betriebe und vor allem die Verbraucher. Die Steuerzahler und Konsumenten werden betrogen und bezahlen den Betrug obendrein. James Bovard hat den amerikanischen Begriff vom »fair trade« demontiert und als eine der großen intellektuellen Betrügereien des 20. Jahrhunderts bezeichnet. Die USA hätten, glaubt man den Worten der US-Handelsbeauftragten Carla Hills, den freiesten Markt der Welt samt den offensten Grenzen für Importe und mithin das Recht, einen ähnlichen Zugang zu anderen Märkten zu erhalten. Nur, so argumentiert Bovard, mache die gebetsmühlenhafte Wiederholung dieser Behauptung die Sache nicht wahrer. Die durchaus geschützte heimische Industrie würde ihre Wettbewerbsfähigkeit verlieren, der Protektionismus könne mithin direkt in die wirtschaftliche Katastrophe führen, und außerdem müsse der Verbraucher viel zu viel für schlechte einheimische Produkte bezahlen. Der Schutz der eigenen Industrie vor der Konkurrenz schade dem Konsumenten. Mit achtzig Milliarden Dollar bezahlten die amerikanischen Verbraucher jährlich die Handelsbarrieren.

Besonders eklatant zeigt sich dies am Beispiel der gebremsten Textilimporte. Die US-Verbraucher zahlen pro Kopf und pro Jahr 500 Dollar, um amerikanische Unternehmen zu schützen. Durch die Kalkulation »fairer Preise« werden preiswertere ausländische Produkte diffamiert und abgewehrt – »fair trade« nicht als ungehinderter Warenfluß, sondern als Abschottung des eigenen Marktes. Die eigenen Handelsbarrieren, stellte eine Studie des amerikanischen Schatzamtes fest, würden die Verbraucher acht- bis zehnmal mehr kosten, als sie den amerikanischen Produzenten an Vorteilen brächten. Würden die GATT-Vereinbarungen voll verwirklicht, könnten die Textilien um siebzig Prozent billiger werden. Heute wird nach den Recherchen Bovards jeder durch Protektionismus erhaltene Arbeitsplatz von amerikanischen Verbrauchern mit 700.000 Dollar subventioniert.

Das GATT-Sekretariat legte 1993 einen Bericht vor, der sich mit den Opfern des Protektionismus befaßte: Es seien die ärmeren Familien, weil vor allem Produkte des notwendigen täglichen Bedarfs betroffen seien; der Protektionismus wirke wie eine regressive Besteuerung. GATT als Menetekel? »Wenn wir«, so der Generalsekretär der OECD, Jean-Claude Paye, »tatsächlich feststellen sollten, daß es einen massiven und irreversiblen Nettoabfluß in die Schwellenländer gibt, weil verlorene Jobs nicht durch neue kompensiert werden können, müssen wir uns schützen.« Auch der belgische Außenminister warnt vor einem »einseitigen, naiven Handelsliberalismus« und ruft die EG zur Verteidigung im Notfall auf, zum Gebrauch von »wirksamen Handelsinstrumenten.« Zu ihnen gehören nicht nur Zölle und Quotenregelungen, sondern auch technische Normen und Verwaltungshindernisse sowie jene »freiwilligen« Erklärungen zur Selbstbeschränkung importwilliger Konkurrenten.

Alle reden von »Markt«. Von welchem denn? Wo ist er? Selbst für den früheren Präsidenten des Bundeskartellamtes, Wolfgang Kartte, wird es unfaßlich, wie – jenseits aller Preisgesänge auf die Marktwirtschaft und unbeschadet der Genugtuung über den Zusammenbruch des Realsozialismus – der »Markt« zur ständigen Perversion wird, wie Handelskontingente den Welthandel ersetzen, Märkte durch Antidumping-Verfahren und Local-Content-Vorschriften zu *closed shops* geraten und nationale Champions auf staatlichen Krücken ins Rennen geschickt werden.

Ungleich brutaler noch wird das Szenario, wenn es um Handelsbeziehungen mit der Dritten oder genauer: gegen die Dritte Welt geht. Zwar gibt es Handelspräferenzen für Entwicklungsländer, aber sie machen nur ein Drittel bis die Hälfte dessen aus, was den armen Ländern durch Handelsbarrieren der Industriestaaten entgeht. Auch die Entwicklungshilfe beträgt, so eine 1992 vorgelegte Untersuchung des Deutschen Instituts für Wirtschaftsforschung, nur einen Bruchteil dessen, was diese Länder an Exportgewinnen verlieren, weil reiche Länder des Nordens sich abschirmen. Die Wirtschaftswissenschaft unterscheidet zwischen Binnen- und Außeneffekten von Zollunionen – die Öffnung des Marktes nach innen kann einhergehen mit höheren Barrieren nach außen. In der EG mit ihren nach innen geöffneten Schlagbäumen werden die Grenzen nach außen – mit einer oft verheerenden Wirkung – noch stärker verschlossen.

Wenn unlängst sechs thailändische Exporteure von Hühnerfleisch »freiwillig« und bei Strafe von 400 Dollar pro Tonne einen Vertrag mit der EG unterzeichnen mußten, ihre Waren zu einem »in Europa üblichen Standardpreis« anzubieten, mag dies ein eher erheiternder Hinweis auf die heimlichen Ängste der Festung Europa selbst auf abgelegenen Gebieten sein. Das gebremste Geschäft der Thais ist aber dennoch ein Teilchen im Wettlauf und Poker der Industrienationen um Anteile am Weltagrarmarkt. Die Bananenordnung der Europäischen Union ist ein anderes Beispiel dafür. Kurz nach ihrer Einführung sank der Absatz der verteuerten Bananen um dreißig Prozent. Und auch der Sinn, die Einfuhrmenge an Thunfisch-Konserven aus Drittländern zu beschränken, läge – so der Warenverein der Hamburger Börse in einer kritischen Stellungnahme – vor allem darin, daß Franzosen und Spanier ihre Konserven zu Luxuspreisen absetzen könnten. Nach den Daten der GATT bezahlten die europäischen Verbraucher die Subventionen für ihre Landwirtschaft im Jahr 1992 mit 155,9 Milliarden Dollar. Die Dritte Welt wird aus dem Geschäft hinausgedrängt. Die Krise der Landwirtschaft großer Industrienationen wird »gelöst«, indem die Grenzen für ausländische Anbieter abgedichtet und subventionierte Produktionsüberschüsse auf einem »Weltmarkt«, der hier seinen Namen schon gar nicht mehr verdient, verramscht werden – oft zu Lasten von Landwirten der südlichen Hemisphäre.

Mit komplizierten Regelungen hat die Europäische Union ein Dickicht geschaffen, das betrügerischer Praxis Vorschub leistet. Deutschland liegt, was die gemeldeten Betrugsdelikte angeht, im europäischen Vergleich an der Spitze. Um ein einladendes Beispiel anzuführen: Wird Cheddar-Käse mit einem Fettgehalt von 48 Prozent exportiert, besteht ein Anspruch auf Ausfuhrsubventionen, bei 47,9 Prozent Fettgehalt hingegen nicht. Die deutschen Landwirte sind nicht deshalb unter den weltbesten Vier im Export, weil ihre Waren ganz besonders gefragt, gut oder preiswert sind, sondern weil neunzig Prozent aller Produkte »Marktordnungen« unterliegen. Die japanischen, amerikanischen und europäischen Verbraucher sind die *einen* Leidtragenden: Sechzig Milliarden Dollar bezahlen japanische Steuerzahler jährlich für diese Subventionen, siebzig Milliarden die amerikanischen und mehr als 130 Milliarden die europäischen.

Die *anderen* und weitaus existentieller bedrohten Opfer sind die Länder Osteuropas und der Dritten Welt, die im Subventionswettlauf nicht mithalten können. Wenn mehr als fünfzig Entwicklungsländer ihre Devisen zu mehr als zwei Dritteln aus dem Export agrarischer Rohstoffe beziehen, wird deutlich, welcher Strangulierung sie durch den Protektionismus der Reichen unterliegen. Ein Skandal sei es, kommentiert der Wirtschaftsjournalist Fritz Vorholz, daß die EG bis heute subventioniertes Rindfleisch in Südamerika verkaufe und dadurch den argentinischen Farmern Kunden abspenstig mache, während der Internationale Währungsfonds und die Weltbank den lateinamerikanischen Ländern zugleich die Vorzüge offener Märkte schmackhaft zu machen suchten.

»Marktwirtschaft« meint im Fall der EG den Versuch, den Nord-Süd-Effekt innerhalb der eigenen Region zu nutzen. Die moderaten Niedriglohnländer Spanien, Portugal oder Griechenland werden eingebunden, ohne die Hochlohnländer zu gefährden. Niedriglohnländer wie Thailand oder Malaysia, die vom Stand ihrer Industrialisierung her in der Lage wären, mit den reichen Ländern zu konkurrieren und lohnintensive Produktionen an sich zu ziehen, fallen in besonderer Weise unter das Verdikt der EG. Es mag für Franzosen ja noch einfach sein, den Hirsemarkt Senegals ohne Skrupel durch subventionierte Getreideimporte zu zerstören; schwieriger wird es schon, die Textil- und Schuhindustrie draußen zu halten und auf Dauer europäischen Verbrauchern klarzumachen, daß sie für ein paar Schuhe der gleichen Qualität lieber 150 als fünfzig Mark zahlen sollen.

ARCHÄOLOGIE DES MARKTES

Aristoteles mag, als er sich über Ökonomie äußerte, den Athener Markt im Blick gehabt haben, oder mehr noch: die Praxis eines Marktes, auf dem Hersteller und Käufer einander unmittelbar begegnen und die Preise frei, nach Nachfrage und im Vergleich mit anderen Anbietern ausgehandelt werden, ein Markt, der transparent und überschaubar ist, der Leistungsvergleiche zuläßt, ein Markt, zu dem jedermann Zutritt hat.

Unter dem Geröll vielfältiger Verwerfungen gilt es, nach dieser Praxis zu suchen, ihre Elemente freizulegen und nicht dem Mythos anzuhängen, daß die Moderne dieser Praxis nicht mehr folgen könne, daß nur komplexere Modelle der neuen, globalen Wirklichkeit gerecht würden. Wenn diese Praxis in wesentlichen Teilen aufgegeben wurde, dann doch nicht primär um ihrer Anpassung an die Gegebenheiten unserer Welt willen, sondern weil die Bereitschaft zur Einhaltung eines Regelwerks, das allen die gleichen Möglichkeiten einräumt, abhanden gekommen ist. Markt ist nicht regelloses Hauen und Stechen, sondern ein Modell, die Wünsche von Käufern und Angebote von Produzenten in Balance zu bringen. Im Idealfall ist dann jeder Kaufwillige über das vollständige Angebot informiert, und zwar auf eine Weise, die es ihm erlaubt, die tatsächlichen Unterschiede in Art und Qualität von Waren zur Kenntnis zu nehmen und zu vergleichen. Er vergleicht zwischen Tatbeständen und nicht zwischen besserer oder schlechterer Werbelyrik. Zu den Regeln dieses Marktes gehört, daß von den Anbietern Informationsmängel beim Käufer *nicht* ausgenutzt werden können, daß sie *nicht* auf die Uniformiertheit von Kunden setzen, daß sie die tatsächliche Qualität ihrer Waren *nicht* kaschieren oder beschönigen, also sich keine Vorteile durch das Aushebeln des Modells Markt verschaffen können.

Wettkampf: ja. Schläge unter die Gürtellinie des Konkurrenten und Betrug am Kunden: nein. Das Modell Markt bedarf der Wettkampfregeln, und Anpassung des Modells an die Moderne bedeutet, diese Regeln zu differenzieren, über sie intensiv und andauernd nachzudenken und sie mit Zähigkeit und Entschiedenheit durchzusetzen. Die Regeln – es sind unsere gesetzlichen Grundlagen – haben Namen wie Gewerbeaufsicht, Gesetz gegen den unlauteren Wettbewerb, Kartellrecht; nur: Sie reichen nicht aus, und die Schiedsrichter übersehen zu viel, dösen vor sich hin oder – noch schlimmer – nehmen Partei.

Eigentlich müßte ein Schiedsrichter stark und mächtig sein, genau, unparteiisch und gerecht. Er ist für Fairness im Wettkampf zwischen den vielen Produzenten um Konsumenten zuständig. Markt heißt für ihn Fair Play. Er muß die rote Karte ziehen können: dann beispielsweise, wenn die EG Waren in ihrem Preis so heruntersubventioniert, daß selbst preisgünstigste Waren aus Entwicklungsländern unterboten werden; oder dann, wenn die EG den Bananen-Import behindert.

Das Regelwerk müßte Standards für Menschenrechte, für Gesundheits- und Umweltschutz enthalten: Wer Kinder kauft oder gefangenhält und zu Fabrikarbeit preßt, müßte die rote Karte bekommen. Wer Umweltschäden verursacht, müßte sie wieder beseitigen. Gesundheitsgefährdende Herstellungsverfahren oder Produkte müßten einem Verdikt unterliegen. Ein Schiedsrichter müßte darauf dringen, daß Werbung nicht mehr als modernisierte Verdummung praktiziert werden kann, sondern sich auch hier die Tradition der Aufklärung durchsetzt und der exakte sachliche Vergleich möglich wird. Je detaillierter Angaben über Produkte werden, desto transparenter wird die Entscheidungssituation für den Verbraucher. Nicht Werbung an sich ist schlecht, sondern der Nebel, den sie erzeugt. Der Schiedsrichter müßte Tricks aufspüren und beispielsweise erkennen, wenn die scheinbare Berufung auf Menschenrechte und auf Standards für Umweltschutz eigentlich dazu dient, sich unliebsame Konkurrenten vom Leibe zu halten.

Und noch etwas müßte er leisten: daß wirklich gekämpft wird wie zwischen Rittern im Turnier. Unternehmer und Marktgegner treffen sich im Wunsch, Wettbewerb und Wettkampf zu meiden. Unternehmer sprechen sich am liebsten ab, um weniger zu tun. Wie sichert ein Schiedsrichter also den Wettkampf? Indem er möglichst alle, die teilnehmen wollen, zuläßt. Erst die vielen Kleinen machen den Großen Beine. Deshalb ist es wichtig, Sympathien für die Kleinen zu erzeugen, die Neulinge und Außenseiter beim Betreten des Spielfeldes freundlich zu begrüßen und als Schiedsrichter mißtrauisch vor allem gegen die Großen zu sein. Unternehmer wider Willen – Erben, die in der dritten oder vierten Generation die Betriebe der Gründergeneration herunterwirtschaften oder Angespartes verprassen – müßten angehalten werden, sich dem Wettbewerb zu stellen. Der Start der Kleinen muß erleichtert und begünstigt werden: vielleicht auch durch die Gewährung eines Darlehens oder eines Sicherungsseiles gegen allzu steile Abstürze.

Im Markt kann nicht jeder machen, was er will. Er ist nicht »frei«, sondern an Regeln gebunden. Verzerrungen dieses Regelwerkes bewirkt, wer – statt auf Einhaltung der Regeln zu dringen – interveniert, aus politischem oder ökonomischen Kalkül heraus Regeln verletzt, ihren Sinn verbiegt oder solche einzuführen sucht, die der eigenen Sache nutzen. *Quick money*- und Betrugsinstinkte lauern überall, so ist es entscheidend, daß das Regelwerk Verfassungswirklichkeit wird und gültig bleibt.

Markt heißt nicht, daß alle auf einem Platz antreten und jeder jeden nach Belieben foult. Der Ausdruck *level playing field* meint das ebene Spielfeld, meint Chancengleichheit und Fairness, oder, um im Bild zu bleiben: Das Spielfeld darf weder zur einen Seite geneigt sein, noch in der einen Hälfte eben, in der anderen Hälfte zerfurcht und wellig sein. Chancengleichheit kann nicht bedeuten, gegen einen Steilhang anspielen zu müssen, dessen obere Hälfte vom Gegner besetzt und durch Sperren gesichert ist.

Vom *level playing field* sind wir noch weit entfernt. Wettbewerb, argumentiert der Präsident der Landeszentralbank, Olaf Sievert, erfordere einen starken Staat. Er müsse die Zugänge für neue Anbieter offen halten, weil sich sonst Macht etabliere, weil sonst die Konsumenten übervorteilt und die Anreize für Anbieter, sich durch Leistung zu bewähren, vermindert oder aufgehoben würden. Statt dessen sei der Staat bei uns ein nur schwacher Schiedsrichter. Die vielfältigen Schutzprivilegien in Wirtschaft und Gesellschaft könnten sich nur durch die Komplizenschaft des Staates halten.

Wenn ein Neuling auf dem Markt in der Ecke der

Obst- und Gemüseproduzenten mit besseren und billigeren Zwiebeln antritt, weil der Boden rings um sein Dorf geeigneter dafür ist, werden sich die Käufer mit Vorliebe ihm zuwenden. Für die anderen muß dies noch längst nicht das Aus bedeuten. Sie werden sich bemühen, Waren anzubieten, die nicht nur gefragt sind, sondern unter den Produktionsbedingungen des Dorfes besonders gut gedeihen. Vielleicht sind es Artischocken, vielleicht Zwiebeln, vielleicht Spargel. Dann muß es nicht Gewinner und am Boden Zerstörte geben, vielmehr können erste, zweite und dritte Sieger ihre Ziellinie erreichen. Die Spielregel ist ja einfach: Die Einnahmen dürfen nicht geringer als die Ausgaben sein.

Als der Ökonom David Ricardo 1817 seine Theorie von den komparativen Kosten entwickelte, hatte er Beobachtungen ähnlicher Art gemacht: Es ist nicht zweckmäßig und auch nicht sonderlich gewinnbringend, wenn alle alles zu produzieren und anzubieten versuchen, vielmehr kann gerade die Arbeitsteilung, auch die internationale, zur Quelle des Wohlstands werden. Wenn England im 19. Jahrhundert Tuch produziert und Portugal Wein, wenn England in der Herstellung des Tuchs Portugal in Qualität und Kosten überlegen ist und Portugal, von englischem Dauerregen weitgehend verschont, guten und preiswerten Wein anbietet, ist sinnvoller Handel möglich. Portugiesische Unternehmer, die Tuch herstellen wollten, würden bald merken, daß ihnen die Überlegenheit englischer Tuchmacher zum Nachteil gereicht. Wenn sie schon keinen Wein produzieren wollen, könnten sie sich beispielsweise dem Anbau von Oliven zuwenden. Riefen die portugiesischen Unternehmer, immer noch auf die Herstellung von Tuch fixiert, nach mehr Staat, und wäre dieser Staat willfährig, würden die englischen Tuchwaren mit portugiesischen Schutzzöllen belegt, um dem schlechteren, teureren Tuch der portugiesischen Hersteller wenigstens in Portugal eine artifizielle Verkaufschance einzuräumen. Die Handelswelt der Portugiesen wäre nun wieder in Ordnung, aber der Markt wäre nicht mehr da.

Es geht hier nicht darum, daß die Theorie von den komparativen Kosten seit 1817 gelegentlich eher spitzfindig als plausibel erweitert und variiert wurde. Festzuhalten ist, daß jede Volkswirtschaft dann besser dasteht, wenn die Menschen des Landes das tun, was sie vergleichsweise besser können als die Menschen eines anderen Landes. Der Versuch, in einem Land alles zu produzieren und damit alle anderen möglichst aus dem Feld zu schlagen, wäre unlogisch, weil unökonomisch: Ein Land, das sich auf jene Produktionen konzentriert, bei denen es am kostengünstigsten und besten ist, bleibt einem Land überlegen, welches auf allen Gebieten zu produzieren versucht und oft im Mittelmaß befangen bleibt.

Komparative Vorteile lassen sich schlecht künstlich herstellen. Als Indien versuchte, ohne Rücksicht auf die eigenen Voraussetzungen und Kosten eigene Technologien zu entwickeln, statt Technologie auf dem Weltmarkt einzukaufen und diese Technologie mit eigenem Lohnniveau bedienen zu lassen, führte dies ins Desaster. Der Erfahrung nach sind Versuche dieser Art vom Mißerfolg gekennzeichnet. Zudem hindern sie vor allem die armen Länder daran, ihre Stärken zu entdecken und ihre Vorteile im internationalen Handel zu nutzen. Denn Chancen haben diese Länder durchaus. Schließlich, konstatiert Juergen B. Donges, Direktor des Instituts für Wirtschaftspolitik der Universität zu Köln, im Rekurs auf die Theorie Ricardos, »kann kein Land (auch Japan nicht) in jedem Produktionszweig einen komparativen Vorteil haben, und kein Land (auch ein Entwicklungsland nicht) wird überall komparative Nachteile verzeichnen«.

Nicht Deregulierung um jeden Preis ist angesagt. Das Regelsystem Markt und die Vernunft der Arbeitsteilung gehören zusammen. Je mehr, desto weniger Verlierer wird es geben.

DIE GROSSEN SIND STURMREIF

Obwohl doch, meldete die *Bangkok Post* am 26. Dezember 1990, nun alle Ostdeutschen endlich tun könnten, was sie jahrelang vermißten, nämlich Bananen essen, stünden zwei der drei Bananen-Multis zum Verkauf: Dole und Del Monte. Ein paar Jahre früher noch gehörten die beiden Firmennamen zum Standardrepertoire der Argumentation, daß die Großen die Macht hätten und die eigentlichen Herrscher rings um den Erdball seien. Eine schöne Bescherung? *The big fish eat the small ones?* Eher umgekehrt: Kleine Fische sind wendig und dicke Karpfen eher langsam.

Ökonomie von unten meint, daß es Chancen für die kleinen Davids gegen die Goliaths dieser Welt gibt, daß man in kleinen Teams, vom Ruderboot aus, Schiffen Paroli bieten kann, die von Ferne wie der Panzerkreuzer Potemkin daherkommen, aus der Nähe aber gelegentlich auch wie ein Potemkinsches Dorf wirken. Siemens! Das Schlachtschiff schlechthin? Der weltweit anerkannte Führer in Elektrotechnik? Nicht doch: Siemens könnte man (fast) nur noch als eine Bank mit einer Elektroabteilung betrachten, die von früher Gespartem lebt. Und so schmerze es das

Siemens-Management, meldet das *Handelsblatt* im Februar 1994, daß auch die geschrumpften Überschüsse nur deshalb noch darstellbar seien, weil die Finanzabteilung ihre Gewinne aus den Finanzgeschäften dazurechne. Kein Wunder, wenn die Aktionäre sich sorgen, das Ersparte könne irgendwann aufgebraucht werden und die Firma zur Disposition stehen. Vielleicht wäre es im Vorgriff darauf besser, den produzierenden Firmenteil abzustoßen und als Siemens-Bank weiterzuleben, die Polster würden dann nicht ab-, sondern wie bei anderen Banken auch, zunehmen.

Groß ist nicht allmächtig. Mit der Größe nimmt die Beweglichkeit ab, die Bürokratie zu, und mit der Bürokratie vermehrt sich eine Spezies von Managern, die das unternehmerische Risiko scheuen, ohne unternehmerische Vision mit Techniken des Managements hantieren, dafür an Produkte fixiert sind, als seien sie überzeitlich, und Veränderungen des Marktes nicht oder erst dann erkennen, wenn der Absturz beginnt. Man kann ja auch schlecht sehen, was in der weiten Welt geschieht, wenn man vorrangig damit beschäftigt ist, die eigene Position zu festigen, Weisungen zu erteilen und am Vollzug ritualisierter Arbeitsabläufe zu feilen. »Leaders«, bemängelt die Harvard-Professorin und Herausgeberin von *Harvard Business Review*, Rosabeth Moss Kanter, seien dann eher »keepers«, Teil eines bürokratischen Überbaus, der kontraproduktiv wirke. Manager großer Firmen in Deutschland, spottete Gertrud Höhler, nachdem sie viele von ihnen beobachtet und interviewt hatte, seien keine durchtrainierten Dschungelkämpfer, sondern bläßliche Büromenschen. Sie würden mit Mitarbeitern und Kunden zu wenig kommunizieren und die Dressur der kreativen Zusammenarbeit vorziehen.

Manager dieser Art überstehen Hauptversammlungen durch Vorkungeleien mit Banken, geschönte Berichte, Manipulationen im Prozedere oder Stimmrechtsbeschränkungen, kurzum durch Tricks, die den vielen kleinen Aktionären die Zähne ziehen und sie an wirksamer Kontrolle hindern.

Nicht einmal die Betriebswirtschaftslehre teilt den Glauben an Größe. Die *economies of large scale production* sind nicht beliebig einbringbar, im Gegenteil: Weltweit nimmt die Zahl *kleiner* Firmen zu, und sie schaffen auch mehr Arbeitsplätze. Größe bedeutet zudem Komplexität, die oft mehr Kosten verursacht, als sie durch höhere Stückzahlen hereinbringt. Nur die Verwalter von Konzernen und linke Grufties glauben weiter unbeirrt an Größe.

Diese Unternehmensverwalter diversifizieren, um Risiken zu verteilen. Sie erkennen nicht, daß Diversifikation auch *disempowerment* bedeuten kann. Nicht selten werden sie wie von einem Drang getrieben, in kürzester Zeit alles aufzukaufen, was sich gerade bietet. Es ist so, wie wenn ein Kind im Kindergarten, vom Besitzrausch erfaßt, zusammenramscht, was es kriegen kann und dann »das ist meins« schreit. Während man im Kindergarten diesem Kind gut zureden und hinterher alles wieder wegräumen kann, bleiben Unternehmensverwalter gern drauf sitzen – so lange in der Regel, bis drohende Illiquidität sie zum Verkauf einzelner Teile unter Wert zwingt. In der Vergangenheit hätten sich, resümiert Moss Kanter, zahlreiche Konzerne verzettelt; sie seien der klassischen Krankheit Überkomplexität erlegen und hätten, unter Mißachtung von Prinzipien der Arbeitsteilung, alles selbst betrieben – vom eigenen Restaurant bis zum eigenen Anwaltsbüro –, statt sich auf das zu beschränken, von dem sie am meisten verstünden. Im Kleinen wiederholt sich hier die makroökonomisch gemeinte Einsicht von David Ricardo: Niemand kann überall gleich gut sein. Die Aufkaufwut der vergangenen Jahre, findet heute die Mehrheit der Ökonomen, sei ein strategischer Fehler gewesen. Daß heute die Schulden solcher Firmen den Jahresumsatz überstiegen, sei höchst ungesund. Solch riesige Konstruktionen mit ihren gewaltigen Wasserköpfen seien nicht mehr kreativ.

Dieser Sachverhalt ist für den Niedergang vieler Unternehmenssaurier sicherlich zentraler als die Vermutung, die die *Bangkok Post* im Blick auf die sterbenden Bananen-Multis äußerte: Es seien vielleicht schlechte Wetterperioden gewesen oder aufmüpfige Arbeiter oder die steigenden Treibstoffkosten der Frachtschiffe oder die Dritte Welt überhaupt. Wohl kaum. Dole und Del Monte sterben an sich selbst, oder sie werden – wie IBM – schwerkrank, weil sie sich in ihrer Tapsigkeit der vielen kleinen Konkurrenten nicht mehr recht erwehren können. Früher waren es nur ein paar Studenten, die am Wissen ihrer Professoren partizipierten und aus den Garagen des Silicon Valley heraus mit dem Konzept der Personal Computer IBM angriffen. Heute sind es mehr als 10 000 Firmen, die rund um den Computer ihr Geld verdienen wollen. Der Riese IBM wankt 1992 mit einem Jahresverlust von knappen fünf Milliarden Dollar, der als größter in der Industriegeschichte der USA gilt, ins Lager seines ärgsten Feindes Apple, der, ebenfalls zu groß geworden, nunmehr vom Schulterschluß redet. Die Innovationen des beginnenden Informationszeitalters seien nicht mehr von IBM, Siemens oder Toshiba zu erwarten, sondern – so resümiert selbst Ulrich Cartellieri aus dem Vorstand der Deutschen Bank – »von den Turnschuh- und Garagenunternehmern«.

Ein schwankender Riese versucht, möglichst an einem anderen Halt zu finden, dem es noch gut geht. Kartelle? Ein unfeiner Begriff. Von »geschäftlichen Allianzen« zu reden, findet Edzard Reuter in seiner Zeit als Vorstandsvorsitzender der Daimler Benz AG besser. Sie seien geeignet, den Herausforderungen bei vermindertem Risiko zu begegnen. Politik, meint Reuter, müsse solche weltweiten – Kartelle? Nicht doch! – »wirtschaftlichen Verflechtungen« stützen. Am besten also: weg mit dem Bundeskartellamt, dafür her mit einem Amt zur Förderung anlehnungsbedürftiger Riesen. Reuter führte den Betrieb seit 1987 in die falsche Richtung und mit Milliardenverlusten bis an den Rand des Abgrunds. Statt die Firma als Hochleistungszwerg weiterzuführen, wollte Reuter diversifizieren und einen weltumspannenden Technologiekonzern schaffen mit einer Palette von Militärjets bis zu Haushaltsgeräten. Dadurch ist Daimler-Benz beinahe zum Sanierungsfall geworden. Herausforderer aus dem fernen Asien, heißen sie *Lexus* oder *Infiniti*, greifen inzwischen auch Mercedes an und sind dabei, sich ein größeres Stück vom Luxuswagenkuchen abzuschneiden. Besonderen Respekt kann Reuter von seinen asiatischen Kollegen nun nicht mehr erwarten. Als *Asian Business* im Mai 1992 eine Umfrage unter viereinhalbtausend asiatischen Topmanagern über die besten Firmen veröffentlichte, landete Daimler-Benz abgeschlagen auf Platz 64. Weiter vorne war keine deutsche Firma dabei, dafür aber drängelte sich hinten einiges: Lufthansa (119), Siemens (131) und Bayer (144).

Schon mit Zeichen der Agonie behaftet, fressen Große in der Hoffnung auf Energiezufuhr mitunter rasch noch andere Firmen: Die US-Airlines sind ein Beispiel dafür, wie man sich erst den Bauch vollschlagen, dann den Magen verderben, die Flugfähigkeit verlieren und eine Bruchlandung hinlegen kann. Rettende Strohhalme werden aber auch anderswo gesucht. Die Thyssen Stahl AG hat sich eine besondere Variante dazu ausgedacht: Der Riese arbeitet mit Zwergen zusammen, um sie am Beißen zu hindern. Die Zwerge heißen *Bresciani*. Es sind angriffslustige Mini-Stahlunternehmen in Oberitalien (in und um Brescia), die früher von Thyssen – nach dem Motto: Vater kocht den Stahl, Mutter führt Buch und Oma kassiert das Geld – verlacht wurden. Dann wurde es stiller bei Thyssen. Man merkte, daß die *Bresciani*, deren kleine, mit Schrott beschickten Elektrostahlwerke in Verbindung mit einer Stranggußanlage und einem Walzwerk sehr billig und gut einfache Profilerzeugnisse herstellen können, Walzdraht oder Betonstahl zum Beispiel. Und es wurde deutlich, daß in Deutschland nur noch die ähnlich spezialisierten Badischen und Hamburger Stahlwerke mit den *Bresciani* mithalten können. Thyssen nicht. Nun ist Thyssen froh, wenigstens einen der *Bresciani*, die Firma Beltrame als Partner gewonnen zu haben. Ausruhen und richtig erholen kann sich Thyssen wohl nie mehr. In Südostasien schießen mittlerweile *Minimills* wie Pilze aus dem Boden, die qualitativ hochwertige Lang- und Flachprodukte aus Stahl endabmessungsnah herstellen. Ihre Energiekosten liegen um bis zu fünfzig Prozent unter denen eines integrierten Hüttenwerks, und weil sie geringe Fixkosten haben, arbeiten sie auch dann noch rentabel, wenn sie nur zu sechzig Prozent ausgelastet sind.

Als eine Gruppe deutscher Maschinen- und Anlagenbauer auf der Suche nach neuen Gefilden durch Asien tourte, fiel ihnen nicht nur die hohe Motivation der in der Diaspora lebenden chinesischen Unternehmer und ihrer Mitarbeiter auf, ihnen wurde auch mitunter auf die Schulter geklopft und Zuspruch erteilt: Sie seien doch ganz sympathisch und böten auch gute Technologie, nur die Preise würden längst nicht mehr stimmen. Dr. Bacharuddin Jusuf Habibie, in Aachen promovierter Ingenieur und indonesischer Staatsminister für Forschung und Technik, kritisierte das eher schlappe Engagement der Deutschen in Indonesien und zeigte sich als Sympathisant unzufrieden mit ihrem Mangel an Wendigkeit und Durchsetzungsvermögen. Das »Made in Germany« könne die Preisnachteile vielleicht gerade noch kompensieren, aber nicht mehr lange.

Es ist richtig: Ein Dieselmotor in Deutschland ist mehr als doppelt so teuer wie ein Motor der gleichen Art und Qualität in Korea. Aber die Diskussion um den »Standort Deutschland« lenkt ab vom Sachverhalt, daß die Großen bei uns den Strukturwandel verschlafen und die Konkurrenz der Kleinen lange Zeit ignoriert haben. »Unsere Maschinen arbeiten 24 Stunden durch, wir sind ein ausgesprochen gut trainiertes Team und zehnmal billiger als die Europäer oder Amerikaner«, sagt ein Thai, der seine Firma als *public company* gerade an der Börse eingeführt hat.

Deutschland sei, kommentiert Wolfram Engels von der *Wirtschaftswoche*, vom ersten ins zweite Glied der Industrieländer getreten. Dies ist eher freundlich ausgedrückt. Es reicht schon, daß ein thailändischer Unternehmer den deutschen Fliesenmarkt studiert und bemerkt, daß die deutschen Hersteller nicht nur träge sind, sondern im Handel auch noch hohe Gewinnspannen aufweisen. Drei, vier Jahre später ist er da, importiert wunderschöne Fliesen aus Asien, hat das kulturelle Erbe der Tempel und Paläste im Rucksack, paßt seine Fliesen deutschen Badezimmermaßen an und bringt die Branche zum Zittern. Inzwischen werde der größte Teil der deutschen Konsumenten durch Importe bedient, klagt einer der deutschen Hersteller, denn bei Steinzeug müsse der Verbraucher 28 Mark pro Quadratmeter bei Importen, hingegen 45 Mark für deutsche Produkte aufbringen.

Für eine andere Branche, die Textilindustrie, ist es selbstverständlicher geworden, daß – wie im Jahre 1990 – die Importe mehr als doppelt so hoch sein können wie die Exporte. Kurzarbeit ist eine Antwort. Andere Industriezweige machen sich auf die Wanderschaft, dorthin, wo gut und vor allem billig produziert werden kann, und lassen Türken oder Spanier, die früheren Arbeitsmigranten, in Deutschland zurück. RWE kaufte sich mit fünfzig Prozent bei der amerikanischen Gesellschaft für Steinkohlebergbau, Consol Energy Inc., ein. Consol fördert mehr als der gesamte deutsche Steinkohlenbergbau, gefördert wird dort die Tonne für 35 Mark und nicht wie bis uns für knappe 300 Mark. Puma wanderte zunächst nach Taiwan und Korea aus, später dann weiter über Indonesien und China zurück nach Deutschland. Ein neuer Joseph Conrad müßte her, um das Schicksal vagabundierender deutscher Großtiere nachzuzeichnen.

Die Großen haben sich in der Vergangenheit wenig mit Ruhm bekleckert. Sie haben mit Mächtigen gebuhlt und sich korrumpieren lassen. Die IG Farben und ihre Nachfolger haben die chemische Verwüstung der Landwirtschaft gefördert, moderne Vernichtungswaffen werden nicht im Hinterhof, sondern bei MBB gebaut, Kernkraftwerke bei der Deutschen Kraftwerksunion. Nestlé brauchte zehn Jahre, um auf den im Grundsatz richtigen Vorwurf einiger Studenten sachangemessen zu reagieren, seine Babymilch helfe, Babys in der Dritten Welt zu töten: Erst dann wurde eine – vorbildliche – Einrichtung der Lebensmittelkontrolle in Betrieb genommen.

Wenn nichts mehr den Untergang der Großen verhindert, hilft ein letzter Ausweg: die Reinkarnation. ATT, United States Steel und United Fruits verschwinden, und aus der Asche entstehen neue kleinere Firmen, Teile mit neuem Zuschnitt, schlanker, dem Markt besser angepaßt und mit der Chance versehen, sozial und ökologisch verantwortlicher zu handeln.

Je mehr nun Länder der Dritten Welt auf den Weltmarkt vorstoßen oder nach dem Verschuldungsschock vergangener Jahre langsam zurückkehren, desto negativer fällt die Leistungsbilanz der deutschen Unternehmen aus. Die Großen in Deutschland sind sturmreif geworden. Wenn sie sich nicht mehr recht zu helfen wissen, rufen die kranken Riesen nach mehr Staat: Die europäische Elektroindustrie ruft nach Schutzmaßnahmen gegen die japanische Konkurrenz, die deutsche Textilindustrie will mit von der Stütze leben, in vielen Fällen wird nach Subventionen verlangt, um die Entlassung 'zigtausender von Arbeitnehmern zu verhindern. Firmen wie die Bremer Vulkan entwickeln sich zu Subventionsbeschaffungs-Spezialisten. Mit unternehmerischer Intelligenz und Weitblick hat dies wenig zu tun, mehr mit Erpressung nach dem Motto: Wenn der Staat nicht für unsere Managementfehler einspringt, gibt es Massenentlassungen und regionale Unruhen.

Nun kann man, wie das die Zukunftsaktion Kohlegebiete (ZAK) vorschlägt, Kumpel zu Gärtnern und Förstern machen, eine andere Möglichkeit läge aber auch darin, nicht mehr nur von alten Branchen wie dem Bergbau oder der Chemie leben zu wollen und das Spiel von gestern zu betreiben, sondern den

Strukturwandel entschieden voranzutreiben und sich auf eigene Stärken zu besinnen. Auf welche? »Wir sind stark«, meint Unternehmensberater Roland Berger im *Spiegel*, »in allen wissensintensiven und kreativen Arbeiten, im Erfinden, Entwickeln, Konstruieren, in der Fertigung von technologischen Herzstücken und Spitzenprodukten. Dazu zählt das Projekt-Management, das Financial engineering und das Planen, Steuern und die Logistik. Unsere Zukunft als Industrieland ist die eines Systemkopfes, aber nicht die Herstellung von Profilstahl und eines Hemdennähers.« Vielleicht, vielleicht auch nicht. Denn Singapur ist dabei, das deutsche Konzept selbst anzuwenden: 1994 eröffnete eine neue Generation von *business parks*, die mit allen technischen Möglichkeiten für Forschungs- und Entwicklungsarbeiten ausgerüstet sind und von der Biomedizin bis zur Informationstechnologie eine breite Palette jenen Firmen bieten, die ihre Forschung aus Europa auslagern wollen, weil sie in Singapur billiger ist, und weil die dort arbeitenden jungen Wissenschaftler hochmotiviert und qualifiziert sind und mit Blick auf den Weltmarkt arbeiten. Die von Roland Berger Beratenen können ihre Systemköpfe dann drüben in Bestellung geben. Bergers Motto – »Intelligenz in Deutschland, mehr Komponenten von draußen und mehr Montage vor Ort, im In- und Ausland« – enthält noch Teile jener kolonialen Anthropologie, nach der »draußen« offensichtlich weniger intelligente Lebewesen dazu geneigt sind, als Wasserträger der Deutschen zu malochen. Japans, Hongkongs und Singapurs Manager, die neuen *entrepreneurs* in Taiwan, Malaysia, Korea, Indonesien und demnächst auch China und Indien werden eher darüber lachen, als den Kopf vor den weißen Herren der Vergangenheit erneut einzuziehen.

Am Ende mögen sich die Verhältnisse umkehren. Nicht mehr die Länder der Dritten Welt liefern Rohstoffe, sondern die ehemaligen Industrieländer. Vorweg zeigt sich dies im Verhältnis von Japan und den USA: »Immer mehr«, beobachtet Christian Tenbrock, »ähnelt der Handel Amerikas mit Japan dem eines Drittweltlandes mit einer Industrienation: Die Vereinigten Staaten liefern überwiegend Rohmaterialien, Nahrungsmittel und Halbfertigprodukte, die Japaner High-Tech.« Die Rinderhäute werden nach Korea geschickt und kommen als Schuhe zurück.

VIELFALT STATT EINFALT

Die Aussicht, daß wir nur noch mit Koffern von Louis Vuitton verreisen, Lacoste-Hemden oder Benetton-Pullis anhaben, eine Rolex am Arm tragen, Parfüms von Lagerfeld oder Cardin benutzen, daß die CD-Software von Philips und die Hardware von Sony stammt, daß unsere Kinder mit Gameboys, Masters of the Universe und Turtles aufwachsen, daß Rambo besser als Ramayana sein soll und Mangosaft schlechter als Sprite, daß die Welt der Vielfalt mithin zusammenschrumpft auf die Einfalt der Vorstellung in den Gehirnen von Managern einiger Großfirmen und die Einfalt über aufgeplusterte Werbung weltweit gelten soll, diese Aussicht mag trübe stimmen. Die Bahnhofsstraße in Zürich ist so wenig Markt wie die 5th Avenue oder der Duty Free Shop eines internationalen Airport. Nicht *diversity*, sondern *uniformity* herrscht hier vor, Mangel an Phantasie und Vielfalt. Managern fällt nicht viel ein. Nicht einmal zu sich selbst. Man kann sie schon an ihren tristen und immer gleichen Geschäftsanzügen erkennen, und zu den verwerflichen Folgen auslaufender westlicher Dominanz gehört, daß asiatische, lateinamerikanische und afrikanische Geschäftsleute in der Phase nachkolonialer Imitation und dem Leitsatz folgend »was aus dem Westen kommt, ist besser« sich in ebendiese Kluft warfen und ihre Frauen veranlaßten, ihre Kleider, weit schöner als jeder Kaufhausstil, abzulegen und wie Abziehbilder europäischer oder nordamerikanischer Sekretärinnen aufzutreten. Hier trägt der Kolonialismus späte Früchte, der *inferiority complex*, das nagende Gefühl, nicht aus der braunen Haut fahren zu können. Die Vielfalt dieser Welt ist heute schon zum Gutteil westlicher Einfallslosigkeit geopfert worden.

Zur Praxis, Markt außer Kraft zu setzen, kommt das Desaster kultureller Selbstaufgabe der Dritten Welt hinzu. Regionale und indigene Kulturen sterben in zunehmender Beschleunigung, und die Phasen dieses Todes sind markiert durch die Einführung des Transistorradios, des Satellitenfernsehens und der Videos. Im Norden Thailands werden in das Gebiet der Bergvölker, der Akha, Mong, Karen oder Lahu aus militärischem Kalkül Straßen wie Schneisen geschlagen. Mit den Straßen kommen elektrische Leitungen und die Außenwelt, und mögen die Ältestenräte der Clans auch noch so dagegenhalten: Keine zwei, drei Jahre später löst sich die wunderschöne Gestalt der Dörfer auf in ein gesichtsloses Gemisch aus Wellblechdächern, Verkaufsbuden für Plastikkram und Softdrinks und einer Verödung nachbarschaftlichen Lebens, weil alle stundenlang vor dem Fernseher hocken und sehen, daß die Paradiese dieser Welt wohl doch nichts mit dem Himmel der Ahnen, sondern viel mehr mit Micky Maus und Coca Cola gemein haben.

Weiter drunten im Tal, auf dem Nachtmarkt von Chiang Mai, boten die Bergvölker noch vor zwanzig

Jahren Waren an, die eigenständig und einzigartig waren. Sie nutzten die Nacht, weil sie die Standmiete nicht zahlen wollten. Heute dominieren den Nachtmarkt zwei Genres: Fakes und Touristenkitsch. Fakes, das meint: Imitate oder Imitate von Imitaten, Adidas wird zu Abibas oder Adidis, und von Cartier-Uhren bis Chanel No 5 bietet sich das Einheitsallerlei der Waren noch mal im Duplikat. Für den Sektor Touristenkitsch gilt, daß inzwischen alles mit allem vermengt werden kann: Rucksäcke mit bunten Säumen der Akha und draufgestickten burmesischen Elefanten, malaiische Fächer mit Sonnenuntergängen der Marke Hawaii, Puppen im Mongkleid mit Bambiaugen und Daisy und Donald auf T-shirts und Mick Jagger vorne und hinten und Lux und Colgate und auf den Kassetten Pop von der miesen Art.

Es ist leicht, periphere Kulturen wie die der armen Bergstämme im Goldenen Dreieck dem kommerziellen Erdboden gleichzumachen, gravierender aber für die Vielfalt des Welthandels ist, daß ehemalige Hochkulturen wie die japanische sich aus der Phase des Imitats nicht mehr haben befreien wollen, sondern – schizophren geworden – das eigene kulturelle Paradigma in einer Mischung aus Museum und Privatsphäre noch eine Weile mitschleppen, um es dann schließlich ganz den Historienschinken der nipponschen Filmindustrie zu überlassen.

Die Kunstfertigkeit der Balinesen, einer Volksgruppe, die sich bis heute noch gegen den wachsenden Ansturm des Millionenheeres von Touristen zu behaupten sucht, treibt inzwischen seltsame Blüten. Ida Bagus Wedha, Holzschnitzer im Dorf Mas, noch vor einem Dutzend Jahren als fünfter Sohn seiner Eltern im kargen Sold seines Onkels stehend, ist heute Herr über Hunderte von schnitzenden, zuliefernden

Familien und über zwei Verkaufspaläste, von denen aus containerweise Flamingos in die Karibik verschifft werden und dort zum Beispiel als *Made in Bermudas* verkauft werden. Ida ist gerade dabei, auch brasilianische Papageien auf Bali schnitzen zu lassen, und die Fischer der Ilha Bella vor der südbrasilianischen Küste, die das bisher taten, werden sich über die Konkurrenz bald wundern. Nordthailändische, große, buntbemalte Schirme sehen oft aus, als hätte ein Kung-Fu-Fighter sich tätowieren lassen, und »wir machen das deshalb«, sagt einer der Manager, »weil sich die Aussies Asien so vorstellen«.

Futon ist japanisch. Aber was ist japanisch an Sony? Nichts. Und was an einem Mitsubishi-Wagen? Es ist die quadratische westliche Autophilosophie der fünfziger Jahre, technologisch in die neunziger katapultiert. Funktionen sind perfektioniert, aber nicht erweitert oder gesprengt worden. Japaner feilen wie Europäer an hohen Geschwindigkeiten und daran, Fahrzeiten von zehn auf neuneinhalb Stunden zu verkürzen, aber sie mißachten, daß die Verhältnisse nicht mehr so sind, und sie kümmern sich nicht um die Zeit, die man *im* Auto verbringt. Was fällt – vergessen wir Mercedes und BMW mit Edelholz- und Lederschnickschnack – Japanern oder Koreanern dazu ein, daß es neben der Kunst des Bogenschießens auch noch eine des Wohnens, geselligen Lebens und des Umgangs miteinander gibt? Wo bleiben die Visionen, was man mit oder in Autos während der Staus oder auf Routinestrecken machen kann? Wo bleibt das auf fünfzig oder 120 km/h ausgelegte Gefährt mit dem vergnüglichen und produktiven Innenleben? Und wo die Möglichkeit, daß wir die täglichen Strecken und ermüdenden Autobahnen durch Ankoppelung unserer – von fossilen Brennstoffen unabhängigen – Wagen an ferngesteuerte Leitsysteme hinter uns bringen, das Steuer sich selbst überlassen, keine Auffahrunfälle mehr erleben, sondern ein Buch lesen, mit Freunden frühstücken oder über einen Vertragstext nachdenken können? Wie steht es um die Kommunikation an Bord, wie um das leibliche Wohl, warum sind Autositze ausgerichtet wie im Frontalunterricht einer Missionsschule? Ein verringerter Luftwiderstand mag ja besonders wichtig sein, wenn ein Wagen mit 210 km/h durch die Landschaft rast, aber dies ist demnächst Schnee von gestern, europa- wie weltweit zwingt die ökologische Bombe zur Entdeckung der Langsamkeit, und die Ersparnis durch verbesserte kw-Werte wirkt lächerlich angesichts von Autopreisen, die für die Mittelklasse zwischen 30.000 und 70.000 Mark pendeln. Nein, eine neue Vielfalt der Formen und Konzepte ist angesagt. Nicht japanische, koreanische oder deutsche Ingenieure sind hier vonnöten, sondern querdenkende Unternehmer und Künstler.

Ob Philips nunmehr CD's anbietet, die man auch als Diaprojektor verwenden kann, oder Sony digital bespielbare Kassetten, ist Wettkampf der westlichen Art um periphere Merkmale in der Bekämpfung von Langeweile, es ist nicht die Vielfalt der Kulturen, die sich in divergenten Warenkonzepten ausweist. *The difference is beautiful*. Je mehr Kontrast, je pointierter *cultural heritage* und *economics* miteinander in Beziehung gesetzt werden, desto chancenreicher wird es für beides. Die Afro-Brasilianer in und um Salvador de Bahia entwickeln heute eine der wenigen ernst zu nehmenden Alternativen zum weltweit faden, sich ständig durch die eigene Mühle drehenden Rockpop-Angebot, weil ihre Kunst Ausdruck eigenständiger und offensiver sozio-kultureller Bewegung ist – wie die Musik Puerto Ricos in den siebziger Jahren oder die der südafrikanischen Townships heute.

Markt, wenn es ihn denn gibt, kann vielfältig sein, umso vielfältiger, je konturierter Kulturen sich fortentwickeln und nicht nur in Folklore münden. Dazu ist ein aufgeklärter Bezug zur eigenen ethnischen Gruppe erforderlich, aber keine mit Blick zurück auf Kleinstaaterei, sondern regionale Vielfalt mit offenen Grenzen. Vielleicht fällt Japanern dann doch mehr ein, als Chips zu bauen und »Heidi« aus der Zeichentrickkiste zu holen.

Träume der Vergangenheit angesichts des kulturellen Einheitsbreis, in den wir längst geraten sind? Nein, die Herausarbeitung des Unterschieds kann mehr Markt bedeuten, die Abweichung vom Pfad des ideenarmen *me too* den ökonomischen Aufschwung, kultureller Kontrast und Ökonomie können einander bedingen, sofern man der Annahme folgt, daß jede Kultur Elemente enthält, die von Menschen einer anderen Kultur als daseinsbereichernd empfunden werden.

Die Tourismusindustrie mag das andere im Blick haben und ist zugleich doch unfähig, mit dem *Erlebnis* des anderen umzugehen. Dort, wo sie tätig wird, inszeniert sie künstliche Welten. Nicht Bali wird sichtbar, sondern sein artifizielles Substrat. Wer in den Fängen der Tourismusindustrie reist, um Menschen anderer Kulturen zu treffen und ihre Landschaften in Erfahrung zu bringen, wird von der Begegnung mit der Wirklichkeit abgeschirmt. Kunst verfällt zu Kunsthandwerk, Kunsthandwerk zu Kitsch, die Exkursionen aus den Hotels heraus werden unter die Bewachung von *tourist guides* gestellt und landen in Batik- oder Silbergeschäften, mit Provisionen für die Führer und unguten Gefühlen darüber, daß die Schritte nicht auf die Menschen jenseits der Inszenierungen zuführen, sondern auf kleine Schakale. Dies ist kurzsichtige, schlechte Ökonomie, auch wenn sie jährlich Millionen an Opfern ausnimmt.

Das Management des – einem Dorf nachempfundenen – Hotels Amandari auf Bali, das für ein architektonisches Zauberwerk bis zu 600 Dollar die Nacht verlangt, verbietet den akademisch ausgebildeten Chauffeuren der Gäste, mit ihnen zu sprechen. Warum? Weil hinter jedem Chauffeur ein intelligenter Balinese steckt und hinter jedem Balinesen eine Familie und hinter jeder Familie ein Dorf, und weil der Gast, abgeschirmt wie eine chinesische Nachtigall, spüren könnte, daß er Bali nur zu erleben vermag, wenn er Unerwünschtes tut, nämlich Kontakt mit einer Wirklichkeit aufnimmt, die voller Geschichten und Ereignisse ist und keine 600 Dollar kostet. Das Amandari entsprang einem Traum seines Architekten Peter Muller: Er wollte sein Dorf für Gäste zwischen die Wasserstelle am Fluß und das wirkliche Dorf setzen, so daß die Dorfbewohner des wirklichen Dorfs, das Wasser weit unten aus dem terrassengefächerten Tal holend, die offene Lobby des Amandari queren konnten. Das Dorf als Teil des Hotels und umgekehrt: Der Architekt hat irgendwann gemerkt, daß sein Geld für diesen Traum nicht ausreichte, die Herren vom Typus *business as usual* übernahmen zwar das Hotel, zerschlugen aber die Idee, und so ist heute das wirkliche Dorf vom künstlichen durch sprechfunkbestückte Wachposten abgeschirmt.

Immerhin weist Mullers Traum in die richtige Richtung: Nicht das Hotel mit Minibar und Fernseher ist das Abenteuer, sondern das Dorf. Hier kann der Fremde Gast sein, Gastfreundschaft empfangen, den Alltag als kulturelles Abenteuer erleben und an den

Ereignissen teilhaben. Er wird letztendlich mehr dafür zu geben bereit sein als fürs Leben in Abgeschirmtheit. Dieser Fremde wird die Kultur schätzen und den Einheimischen das Gefühl übermitteln, daß sie achtenswert sind. Ein kulturell-sensitiver Tourismus, der auf das andere setzt und den Dialog will, zerstört Kultur nicht, sondern fördert sie. Jedes balinesische Dorf ist interessanter als der Club Mediterranée, der es mit *gentil organisateurs* nachzustellen versucht. Das bessere Konzept kann längerfristig zugleich die bessere Ökonomie bedeuten: die Lebensart der anderen als Chance eigener Besinnung und neuer Lebensqualität, das Dorf, der Ashram, die freie Akademie jenseits der sieben Berge und Meere als Ort für das Sabbatjahr, auch wenn es nur vier Wochen dauert.

MYTHEN

Auch Bretter vor dem Kopf verhindern Markt. Oder, Karl Kraus paraphrasierend: Das Gegenteil von Markt ist gut gemeint. Auf der Seite der Marktgegner versammelt sich ein bunter Haufen. Zu den Großen, die von Markt nichts halten, kommen hinzu: staatliche Bedienstete, Pfarrer und Gemeindemitglieder, Solidaritätsgruppen und Altachtundsechziger, Entrüstete über die schlimmen Verhältnisse des armen Südens, Pädagogen mit antiökonomischen Affekten und Ausländerfeinde.

Läßt man Großunternehmer als Marktgegner einmal beiseite, schält sich bei vielen der anderen ein gemeinsames und ehrenwertes Motiv, eine gemeinsame Hoffnung heraus: Es existiere nicht nur »Markt«, sondern ein ökonomisches Jenseits davon, in dem kompensiert werden könne, was der »Markt« mit brachialer Gewalt anrichte. Dem schmutzigen Geschäft könne durch die Einrichtung exterritorialer Regionen begegnet werden, in denen der Konkurrenzkampf nicht tobt, sondern eine Ökonomie der Gerechtigkeit und Solidarität praktiziert wird. Wir halten dies für einen verhängnisvollen Irrtum. Der Markt als Ideenschmiede und demokratisches Forum, der Markt als Recht und Chance des *citoyen*, unternehmerisch tätig zu werden, wird nicht nur durch Große und Mächtige, er kann auch durch Mythenbildungen behindert werden.

In der Theorie stimmte alles. Rüden Kapitalisten entzieht man am besten ihr Gelände. Der Staat, von blanken Profitinteressen unberührt, wird Ökonom, ertrotzt mehr und mehr Terrain, übernimmt die Schlüsselindustrien, vergesellschaftet schließlich alle Produktionsmittel, macht Markt überflüssig und ersetzt ihn durch Plan. Der Mythos vom geschlossenen anderen System hat bis zuletzt die Herrenriege vom ZK der SED beseelt. Und weil fast unbemerkt geschehen kann, daß eine Theorie, die sich auf dergleichen beruft, vom Boden abhebt, eine sektiererische Wolke bildet, die oben thronenden Regierenden das Realitätsprinzip abschaffen, muß auch lange nicht auffallen, daß Preise nicht realistisch kalkuliert werden, der Wettbewerb nur auf dem Papier stattfindet, Arbeiter kaum etwas zu sagen haben, eine Kritik durch Verbraucher nicht stattfindet und ökologisch verantwortungslos produziert wird. Nun gut, das war der Realsozialismus.

Was bleibt? Der Blick fällt auf den Westen, und siehe da, realsozialistische Teilstücke gibt es auch hier noch genug. Sie ragen wie erratische Blöcke in die Landschaft, beseelt von dem Glauben ihrer Gründer, daß Beamte mehr Intelligenz aufbringen, Investitionsentscheidungen zu treffen, Betriebe effizienter führen können und den Wettbewerb eigentlich nicht nötig haben. In der Theorie mag auch das plausibel erscheinen. In der Praxis sind Bürokraten das Gegenteil von Unternehmern, auch ist ihr Charakter kaum besser, sie sind mit Geld und Privilegien verführbar und neuerdings selbst hierzulande vor Korruption nicht mehr gefeit; vor allem ersetzen sie gern unkonventionelles Handeln und langfristige strategische Phantasie durch ein zwangsneurotisch gehandhabtes dichtes Gewirr komplizierter Regelungen. Ob sie Gewinne erwirtschaften oder ihre Betriebe auf rote Zahlen abonnieren, spielt eine untergeordnete Rolle. Wie sie selbst, sind auch ihre Unternehmen dem Risiko wenig ausgesetzt.

Die brasilianische Industrie wurde durch den zentralistischen Bürokratismus der bis in die Mitte der achtziger Jahre herrschenden Militärs auf den Stand Anfang der siebziger Jahre zurückgeworfen. In Indien hat der bisherige Kündigungsschutz in Staatsfirmen zu einer Überbeschäftigung geführt, die die Praxis rationell geführter Firmen um das Fünf- bis Zehnfache übersteigt; indische Firmen konnten bislang nicht sterben, sondern wurden krank geschrieben und an den staatlichen Tropf gehängt, um Arbeitsplätze zu erhalten – dies alles will die indische Regierung mit Blick auf den Weltmarkt drastisch ändern. Daß die saarländische Regierung mit 74 Prozent an den Saarbergwerken beteiligt ist, hat die Talfahrt dieses Unternehmens nicht verhindert, wahrscheinlich aber die frühzeitige Wachsamkeit gegenüber aufkommenden Gefahren narkotisiert. Und so, wie der Sinn einer Zwanzig-Prozent-Beteiligung des Landes Niedersachsen an den Volkswagen-Werken nicht recht erfindlich ist, bleibt auch die Beteiligung des Bundes an der Speditionsfirma Schenker oder den Nebenbetrieben der Autobahnen selbst unter realsozialistischen Gesichtspunkten unklar.

Vielleicht macht Beamten das Monopoly-Spiel Spaß. Je größer, desto besser. Im Spiel sind Stromversorgungsbetriebe, Flughäfen, Sparkassen und Landesbanken, die Rhein-Main-Donau AG, die Bayernwerke und RWE. Nummer 1 könne man nur sein unter staatlichem oder halbstaatlichem Firmenschild?

Die Lufthansa möge sich in diesem Zusammenhang doch bitte mal bei wirklich führenden Linien wie Singapore Airlines oder Cathay Pacific umsehen.

Nun sind sich von der deutschen Monopolkommission bis hin zum *Asian Wall Street Journal* zunehmend alle einig, daß staatliche Versuche, sich als Unternehmer zu betätigen, eher monopolfördernd und leistungsmindernd seien. Aber die eigentliche Chance liegt nicht darin, daß staatliche Giganten zu privaten Giganten werden, sondern daß sich die Zahl der Wettbewerber vermehrt und deren Größe verringert und intelligente und zukunftsträchtige Ideen besser zur Entfaltung kommen.

Was bleibt dem Staat? Immer noch genug: die Aufsicht über das *level playing field* und die prägnante und möglichst weitsichtige Setzung sozialer und ökologischer Rahmenbedingungen ökonomischen Handelns.

MYTHOS RESSOURCE

Stahl, in prosperierenden Zeiten hoch gehandelt, verliert, wenn die Nachfrage sinkt, an Wert. Und das Stahlwerk selbst mitsamt seinen Arbeitern? Dies sei doch, sagen die Marktgegner, eine so wertvolle Ressource, man müsse den Stahl nur subventionieren, dann sei die Absatzwelt wieder in Ordnung. Ein Irrtum: Denn Ressourcen bilden eben nicht stabile Werte. Sie können wie das Produkt an Wert verlieren.

Kaffee läßt sich nicht schon deshalb gut verkaufen, weil jemand im Besitz einer Plantage ist. Ein Dutzend gestifteter Werkbänke deutscher Herkunft samt Fabrikhalle im bolivianischen Andendorf werden verrotten und die Arbeiter nichts verdienen, wenn sich die dort produzierten Möbel nicht absetzen lassen.

Die Versuchung besteht, sich nicht am Markt, sondern an der Ressource zu orientieren. Man schreibt der Ressource einen Wert zu, ohne zu berücksichtigen, wie sich Angebot und Nachfrage zueinander verhalten. Die Ressource – das Stahlwerk, die Werft, das Bergwerk – wird dann zur Falle, wenn die Nachfrage sinkt, die Ressource immer weniger wert ist und man sich nun in wachsender Überschätzung ihres Wertes an ihren Erhalt klammert. Ein gelegentlicher Fehler? Nein, ein weit verbreiteter und sozial folgenreicher dazu.

Vor allem große Werke sind, als Ressourcen betrachtet, intensiv und ständig mit dem Selbsterhalt befaßt. Die Sicht für Bewegungen draußen wird getrübt, der Blick richtet sich auf die komplexe Innenwelt. Träge treiben sie dem Abgrund zu. Kurz vor Eintritt der Katastrophe – dann, wenn wie im Fall der Werften offensichtlich geworden ist, daß sich Schiffe auch modernster Bauart in Fernost billiger herstellen lassen – wird der Ruf nach Subventionen lauter, wird der Wert der Ressource Werk und Belegschaft beschworen, setzt man darauf, auch weiterhin Produkte herzustellen, die niemand zu ihrem realen Preis mehr haben will.

Gedopte Ressourcen produzieren Unsinniges. Die Katastrophe wird lediglich hinausgezögert. Irgendwann schnappt die Falle dann doch zu, nur wird es, je länger man damit wartet, Alternativen zu entwickeln, immer schwieriger und teurer, sich umzustellen. Je näher sich ein Koloß am Abgrund befindet, desto teurer wird er, desto weniger Zeit bleibt, um Ausstiege und neue Perspektiven zu entwickeln.

Die EG-Agrarpolitik ist ein großdimensioniertes

Beispiel für Ressourcenorientierung. Mit der Ressource Landwirt und Land wird zu viel produziert. Mitte 1993 zum Beispiel hortete die EG trotz »Agrarreform« 33,2 Millionen Tonnen Getreide. Butterberge türmen sich auf, Weinseen entstehen, Gemüse wird auf die Müllhalde gekippt oder unterpflügt. Subventioniert werden nicht nur überflüssige Waren, sondern auch Umweltschäden durch Überdüngung oder den Gebrauch chemischer Keulen. Große Systeme reagieren langsam. Markt meint, im kleinen Bereich schnell zu reagieren: Wenn in einem Dorf mehr Salat angepflanzt wird als verkauft werden kann, werden sich die Bauern – ohne EG – rasch umstellen. Anders die EG-Agrarpolitik: Sie klammert sich an die Ressource und hebelt den Markt aus. Sie betreibt Verschwendung, wo der Markt, ließe man ihn denn zu, längst Beschränkung angemahnt und damit die Suche nach Alternativen befördert hätte.

Weil die deutsche Kohle um das Vielfache teurer ist als Kohle, die auf dem Weltmarkt gehandelt wird, und weil die Ressource Bergwerk als Falle zu spät erkannt und dann auch noch unter Denkmalschutz gestellt wurde, muß die deutsche Kohle gegen Importkohle geschützt werden. In einem »Jahrhundertvertrag« wurden Kraftwerke und Stahlunternehmen dazu verpflichtet, durch die Abnahme von Elektrizität zu teurem Preis die Kohleproduktion zu stützen. Egal, ob nur Stromverbraucher oder – wie es ein Bundesminister wollte – alle Energieverbraucher die deutsche Kohle finanzieren, der Subventionsbedarf pro Jahr liegt bei zehn Milliarden DM, wohlgemerkt, nur für die westdeutsche Steinkohle, die ostdeutsche Braunkohle ist im Subventionsgeschäft noch nicht dabei.

Markt- oder Ressourcenorientierung: Hier scheiden sich die Geister. Wer im Markt lernfähig bleiben will, darf Strukturen nicht um jeden Preis aufrechterhalten. Manchmal ist das offenkundig: Einer, der Hufeisen für Pferde von Pferdebahnen herstellt, wird sich etwas anderes einfallen lassen müssen, wenn elektrische Straßenbahnen aufkommen und die Pferde verdrängen. Oft aber zieht die Katastrophe versteckt herauf, bedarf es des weiten und zugleich selbstkritischen Blicks, der vorauseilenden Phantasie, um verborgene Minen mit Langzeitzündern früh schon aufzuspüren und auszuräumen oder den Kurs zu ändern. Viele reden von »Markt« und meinen ihre Ressourcen und deren Fortbestand. Nur: Auch wenn der Grund vielleicht nichts kostet, auf dem Tomaten wachsen, haben sie doch keinen Marktwert, solange sie keiner will.

BETRUG AM SMOKEY MOUNTAIN

Im Juli 1986 stapft der Sozialarbeiter Tony Santos mit seinem deutschen Besucher über den Smokey Mountain. Giftige Rauchschwaden hängen über Manilas Müllberg. Das Gas im Berg, meint Tony, entzünde sich immer wieder von selbst. Der Smokey Mountain liegt an einer Bay wie ein riesiger Kadaver, aus dessen Flanken zur Regenzeit schwärzliche Brühe quillt. Unten, rings um den Berg, hausen 20.000 Menschen in Verschlägen, viele der Hütten stehen auf Stelzen im stinkenden Sumpf. In langen Reihen quälen sich Laster den Berg hoch, kippen oben den Müll ab und scheuchen Wolken von Fliegen auf. Die Menschen leben vom Müll. In Lumpen gehüllte Kinder und Erwachsene stochern in neu aufgetürmten Haufen, sammeln und sortieren Plastik, Eisenteile, Papier, Knochen, packen Säcke voll und schleppen sie zu Zwischenhändlern, die in halber Höhe am Berg ihre Lager errichtet haben. Viele der Kinder leben nur kurz, den Familien reicht der Verdienst oft nur für eine Mahlzeit am Tag. Europas Probleme verschwinden weit hinter dem Horizont. Die Menschen am Smokey Mountain sind freundlich und bieten dem Gast eine Schüssel Reis. »Wir sind organisiert«, sagen sie. Im People's Council of the Smokey Mountain haben sich etwa 1000 der 3000 Familien zusammengefunden. Das Leben am Smokey Mountain ist ein Leben zum Tode hin, der Eingang zum Hades, gepflastert mit zerfetzten Plastiktüten, Kadavern, Bierdosen, rostigem Metall, Scherben und menschlichem Auswurf.

Tony Santos gehört zum Institute for the Protection of Children (IPC). Das Institut wird von Elvie Santos, seiner Frau geleitet. Sie seien, sagt er, eine Gruppe basisorientierter Pädagogen, die mit Kindern der Armen Projekte durchführten, um ihnen aus ihrem Desaster herauszuhelfen. In Ermita, dem Rotlichtbezirk der Stadt, hätten sie ein Drop-in-Center für Kinderprostituierte eingerichtet, hier am Smokey Mountain würden sie *livelihood projects* beginnen, um das Einkommen der Kinder zu verbessern.

Der Besucher, erschüttert über das Elend, sortiert in seinem Kopf die Möglichkeiten, Geld zu beschaffen und vernünftige Projekte zu starten. Von Mitgliedern des IPC und befreundeten Organisationen wird er noch zu anderen Brennpunkten geführt, nach Tondo, einem Slum riesigen Ausmaßes, nach Sta. Mesa, wo Menschen ihre Verschläge entlang einer Bahnstrecke errichtet haben, oder zum Roxas Boulevard mit der Pushcart Community, den Ärmsten der Armen, die unter Bäumen leben und nicht mehr als einen kleinen Schubkarren ihr eigen nennen. Er sieht die

Kinderprostituierten, Mädchen und Jungen mit vernarbten Armen, Spuren eingeritzter Drogen, er beobachtet die *customers*, die lärmenden Kumpel in den Bars von Ermita, und ist angetan von der Arbeit des IPC mit diesen Kindern: Im nahen Park steht ein Haus den Kindern offen, dort können sie schlafen, spielen und Schutz suchen.

Projekte werden in Aussicht genommen: ein Recycling-Projekt für die Kinder am Smokey Mountain, eine kleine produktive Schule für die Kinder der Pushcart Community, die Entwicklung von pädagogischem Spielzeug und von *science kits*, Baukästen, aus denen Kinder lernen können, wie man mit Strom umgeht (auch wenn er illegal gezapft wird), ein festeres Haus aus verfügbaren Materialien baut, seinen Gemüsegarten in Blecheimern anlegen oder Biogas herstellen und nutzen kann. Das IPC will die Projekte betreuen.

Die ersten Gelder fließen. Der Besucher, wieder im fernen Europa, erhält kurze Berichte: Das IPC sei mit Erfolg bei der Arbeit, die Verhältnisse seien schwierig, die Verträge der beteiligten Sozialarbeiter müßten verlängert werden, das Geld reiche hinten und vorne nicht. Immerhin: Ein alter, netter Lehrer unterrichte die Kinder der Pushcart Community, am Smokey Mountain würden ausgebrannte Neonröhren wieder hergestellt, von einer lokalen Spenderin habe man Werkbänke für die Produktion des pädagogischen Spielzeugs erhalten.

Ein dreiviertel Jahr später ist der Besucher wieder auf den Philippinen. Er ist früh gelandet und läßt das Taxi, vom Flughafen kommend, am Roxas Boulevard halten. Die Pushcart Community ist zu sehen, der Lehrer nicht. Alles wirkt wie vorher. Wo denn der Lehrer sei, fragt der Besucher. Am ersten Tag, so die

Antwort, als er kommen sollte, seien alle Kinder und Eltern unter einem großen Baum an der Straße versammelt gewesen und hätten auf ihn gewartet. Aber er sei nicht gekommen. Später einmal hätte er kurz vorbeigeschaut und sei seitdem nie mehr gesehen worden. Sie alle seien traurig darüber.

Am Smokey Mountain gibt ein Vater Auskunft: Ja, die Geschichte mit den Neonröhren sei gut angelaufen, die Kinder von etwa zwei Dutzend Familien hätten mitgemacht und mehrere Erwachsene auch. Die Neonröhren hätten sie nicht mehr nur auf dem Berg gesucht, sondern sich auch von den Hausmeistern öffentlicher Gebäude in Manila besorgt. Aber dann sei Korruption im Spiel gewesen, und sie hätten kein Geld mehr verdient. Und die Maschinen fürs Spielzeug? Die Spenderin habe sie woanders verwendet, weil das IPC sie nicht eingesetzt hätte.

Der Besucher spricht mit Vertretern des IPC über den Stand der Projekte und hält sein Wissen noch zurück. Ja, das IPC sei bei der Arbeit, die Verhältnisse seien schwierig und die Verträge... Elvie Santos hat die Vertreterin einer dänischen Stiftung mit dabei. Dem Besucher fällt auf, daß Elvie Santos gegenüber der Dänin, die sich auch um die Kinder Manilas kümmern will, andere Bezeichnungen für offenbar gleiche Projekte verwendet. Der Besucher ahnt, daß Elvie Santos zwei – oder noch mehr? – Quellen für das jeweils gleiche, nur unterschiedlich benannte Vorhaben anzapft, ohne daß die jeweiligen Geldgeber davon wissen.

Zorn und Trauer steigen im Herzen des Besuchers auf. In den nächsten Tagen macht er sich, in die Rolle des Sherlock Holmes gedrängt, an die Recherche. Das IPC hat seine Adresse gewechselt. Aus dem ärmlichen Büro im Hinterhof ist ein ansehnliches

Haus mit Garten geworden. Innen sitzen Sozialarbeiter an Computern und schreiben Anträge an Geldgeber in Europa und Nordamerika. Auch ein älterer, netter Mann brütet über der Tastatur, gut abgefedert durch das Gehalt, daß er seit Monaten als »Lehrer« der Kinder vom Roxas Boulevard bezieht.

Am Ende seiner Recherche hat der Besucher das Vexierbild entschlüsselt: Nicht die Armen haben *livelihood projects* betrieben oder Wissen erworben, sondern das IPC. Sozialarbeiter haben als Zwischenhändler und Absahner Karriere gemacht. Sozialarbeiter? Von 34 Mitgliedern des IPC, findet der Besucher heraus, sind 31 miteinander verwandt, und auch der ältere, nette Mann ist von irgendwem der Vater. Die angeblich im Drop-in-Center angestellten »Erzieherinnen« sind in Wahrheit die Kindermädchen der eigenen Kinder des Clans, und es mag gut sein, daß die Dänin – und mit ihr vielleicht eine Kirchengemeinde auf Jütland – diese Maids finanziert.

In die Adressenkartei des IPC muß irgendwann auch terres des hommes geraten sein. Es dauert nicht lange, da werden an deutsche Schulen und Solidaritätsgruppen massenweise Werbeprospekte verschickt. Terres des hommes arbeite mit einer philippinischen Basisorganisation, dem IPC, zusammen, und es gäbe dort am Smokey Mountain ein Projekt, bei dem Kinder eine produktive Schule des Recycling besuchen und ausgebrannte Neonröhren wieder herstellen würden. Terres des hommes wolle ein Zeichen für diese Kinder setzen, und alle seien aufgerufen, das Projekt zu unterstützen.

Der Besucher weiß inzwischen: Der Smokey Mountain ist ein gutes Markenzeichen. Und das IPC ist nicht die Ausnahme, sondern mehr die Regel. Auch wenn es im Detail nicht überall so korrupt zugeht, schießen auf den Philippinen »Foundations« und »Institutes« wie Pilze aus dem Boden, wenn Hilfsorganisationen aus dem Westen am Horizont auftauchen und die Not lindern wollen. Der Armengürtel dieser Welt ist durchwachsen von Mittlerorganisationen mit Auffangnetzen für die Spenden der Reichen, deren Hauptzweck darin liegt, von den Fängen *selbst* zu leben und die wirklich Armen möglichst nur insoweit daran zu beteiligen, als es nötig ist, um die Fassade zu wahren. Während europäische und nordamerikanische Spender im wesentlichen nur mißtrauisch geworden sind gegenüber unseriösen Sammlern, hat sich unbemerkt – auf der anderen Seite bei den Nehmern – eine Mafia aus Mittelsmännern etabliert, die von der »Hilfe zur Selbsthilfe« gut lebt.

Spendengelder verderben den Charakter. Überall? Nein, aber auch dort, wo das Geld tatsächlich bei den Armen landet, wo Projekte nicht simuliert, sondern durchgeführt werden, wirken sie oft verhängnisvoll. Spendengelder dequalifizieren die Armen in ihren unternehmerischen Fähigkeiten. Sie lernen, daß es leichter ist, um Spenden zu bitten, als Gelder zu erwirtschaften. Die Spendenpraxis des Westens ist zu einem Dequalifizierungsprogramm für die Armen geraten. Schon die erste Spende kann wie eine Droge wirken und zur Abhängigkeit führen. Die Ökonomie des informellen Sektors, hart im Wettbewerb und – wegen der hohen Konkurrenz – bescheiden im Ertrag, wird aufgegeben zugunsten einer oft nur simulierten Ökonomie. Die verbreitete Praxis, daß westliche Entwicklungshelfer ohne unternehmerischen Biß und Sachverstand einige Frauen um ein paar neugekaufte Nähmaschinen versammeln, sie T-shirts nähen lassen und sich schon während der Projektlaufzeit wundern, wie schlecht die Hemden sich verkaufen, diese Praxis mündet spätestens mit dem Projektende in den Zustand, wie er vorher war. An die Stelle einer Ökonomie von unten tritt Dilettantismus von oben. Wenn Spenden im Effekt nicht »Hilfe zur Selbsthilfe«, sondern ein beschäftigungspädagogisches Programm für Arme darstellen, tut man den Armen Besseres, die Spenden lieber gar nicht erst zu sammeln. Statt dessen stünde es unseren Kirchengemeinden vor Weihnachten und auch zu jeder anderen Jahreszeit gut an, gegen die Festung Europa zu Felde zu ziehen, die Abschaffung von Einfuhrzöllen und Quotenregelungen auch und gerade für die Entwicklungsländer zu verlangen, Alternativen für deutsche Landwirte zu entwickeln und bereit zu sein, das eigene Land dem weltweiten Wettbewerb auszusetzen und den Gürtel wirklich enger zu schnallen.

Wir wollen das Kind nicht mit dem Bade ausschütten: Hilfe bei Katastrophen und akuten Bedrohungen von Leib und Leben, Hilfe für Behinderte und Schutzlose ist unbestritten. Und auch Arme, die aus dem informellen ökonomischen Sektor heraus mit guten unternehmerischen Ideen die Reichen angreifen wollen, brauchen in vielen Fällen Startkapital. Aber möglichst nicht als Spenden, sondern als Kredite. Dann nämlich bleibt die Fähigkeit, mit Knappheit zu wirtschaften, erhalten, werden Körper und Geist nicht träge, bevor der harte Wettbewerb erst richtig angefangen hat.

1992 am Smokey Mountain: 27 »Foundations« und »Institutes« arbeiten inzwischen dort, nur fünf davon real und mit sichtbaren Spuren. Die andern sind Briefkastenfirmen fürs Einsammeln von Spenden. Inzwischen haben auch manche der Armen gelernt, mit Spendengeldern umzugehen. Einige Mütter haben es geschafft, zwei oder drei Patenschaften aus zwei oder drei Ländern für dasselbe Kind zu ergattern. Eine Popgruppe, die sonst mit dem Berg nichts zu tun hat, nennt sich Smokey Mountain und tingelt durch Asien. Der Plan der philippinischen Regierung, den Smokey Mountain als Mülldeponie zu schließen, zu begrünen, den Armen am Ort neue Häuser hinzustellen und mit ihnen zusammen berufliche Alternativen zu entwickeln, stößt bei einigen der um ihre Pfründe bangenden »Basisorganisationen« auf verbissenen Widerstand.

Immer mal wieder tauchen Fernsehteams auf, um Bilder von den Kindern des Smokey Mountain nach Hause mitzunehmen. Drüben rühren die Szenen die Herzen von Spendern von Kanada bis Frankreich. 1992 auch fordert eine Berliner Studentin, die ihr Praktikum in den Slums von Manila absolvieren will, Informationsmaterial bei terres des hommes an. Sie bekommt den Prospekt mit den gleichen Sätzen über die Kinder, ihre Recycling-Schule und die notwendige Solidarität von uns allen. Später, auf den Philippinen, wundert sich die Studentin, daß es das IPC gar nicht mehr gibt. Es heißt jetzt Institute for the Rights of Children. Elvie Santos hat, als die Buchprüfer verschiedener Spendenorganisationen ihr auf den Fersen waren, das Schild ausgewechselt. Ihren Mann Tony mögen irgendwann die Skrupel heimgesucht haben, er ist geschieden und hat das Unternehmen verlassen. Wenn Elvie heute zu internationalen Anlässen verreist und ihre Auditorien zu Tränen rührt, nimmt sie am liebsten die Maid und ihre Kinder mit ins Flugzeug, und es könnte immer noch sein, daß die Gemeinde auf Jütland das Ticket mitfinanziert und meint, es handele sich um das Gehalt von Erzieherinnen des Drop-in-Center im Rotlichtbezirk von Ermita.

Als die Sandinisten Nicaragua vom Clan der Somozas befreit, die Großgrundbesitzer verjagt und das Land zurückerobert hatten, herrschte Unklarheit über den weiteren Weg der Bodenreform. Sorge hatten die Revolutionäre vor einer einfachen Verteilung des Bodens an die bisher landlosen Campesinos. Gäbe man jedem ein Stück Land, hieß es, wandele sich der revolutionäre Elan leicht wieder in konservatives Besitzdenken, die Bauern würden sich auf ihrem Stück Boden einigeln und an der gesellschaftlichen Transformation nicht mehr teilhaben wollen. Zu den Alternativen, die die Sandinisten im Blick auf die arbeiter- und bauernbewegte Geschichte Europas boten, gehörte die Kooperative.

Mitte der achtziger Jahre, die Revolution hatte gerade ihre Halbzeit erreicht, erschien die Delegation einer Kooperative aus der Gegend von Jinotega bei Vertretern des Ministerio de Educación, Abteilung Educación de Adultos, und schlug vor, man möge doch bitte eine Schule für Kinder und Erwachsene einrichten, in der man lernen könne, wie man eine Kooperative demokratisch *und* effizient organisiert. Ihre eigene Erfahrung zeige, daß entweder das eine *oder* das andere ginge. Am Anfang, als die vierzig Campesinos und ihre Familien den großen Grund übernommen hätten, seien alle glücklich gewesen. Sie hätten gemeint, daß jetzt Schluß mit der Schinderei für den Patrón sei, daß alle das Sagen hätten und sich alle den Gewinn teilen könnten. Dann hätten sie eine Menge Ausschüsse gegründet und neue Regeln entwickelt und viel geredet, und viele hätten genossen, frei reden zu können und nicht immer nur *si si señor* zu sagen. Nach einer Weile aber, so nach ein, zwei

Jahren, hätten sie gemerkt, daß die Erträge weniger wurden, daß Teile des Bodens verrotteten und sie vor lauter Ausschüssen und bürokratischem hin und her nicht mehr richtig zur Arbeit gegangen seien. Es hätte Streit gegeben, und am Schluß hätte sich die Meinung durchgesetzt, die Mehrheit solle lieber arbeiten und mit der Selbstverwaltung aufhören. Sie hätten dann zwei Vertreter gewählt und ihnen aufgetragen, die Kooperative zu verwalten. Das hätten die beiden auch getan, aber bald mehr, als den anderen lieb war. Sie wären oft zu wichtigen Versammlungen weggefahren, hätten immer alles besser gewußt und die anderen Campesinos sogar zur Arbeit angetrieben. Am Ende hätten sie, die anderen, gar nicht mehr gewußt, ob sie nun in der Zeit vor oder nach der Revolution leben würden.

Die Campesinos aus der Gegend von Jinotega waren und sind nicht die einzigen, die das Problem umtreibt. Die Dritte Welt hat sich mit einem Exportartikel besonderer Art abzumühen – dem Glauben an Kooperativen. Hundertfünfzig Jahre leidvoller Geschichte mit Kooperativen in Europa liegen hinter uns, unaufgeräumte und unaufgeklärte Trümmer vor unserer Haustür, aber das hindert große Teile der deutschen Entwicklungshilfe, Solidaritätsgruppen und Dritte-Welt-Läden nicht daran, an einem Sonntagsbild weiterzumalen mit dem Untertitel: Die Kooperative ist der Zusammenschluß der Armen, mit dem sie sich gegenüber den bösen Mächten des Marktes behaupten können, deshalb ist die Kooperative gut, und deshalb fordern und stützen wir Kooperativen. Dies mag antikolonial gemeint sein, ist aber zu einem neokolonialen Exportmuster mit zum Teil üblen Folgen geraten.

Als ein deutscher Wissenschaftler in einem südindischen Dorf, in dem – wie in allen Dörfern – Ökonomie eigentlich als *family business* betrieben wird, auf eine Kooperative traf und sich darüber wunderte, wurde ihm berichtet, man sei mit *Brot für die Welt* im Geschäft, und dort freue man sich über Kooperativen immer besonders. »Wir alle«, sagt die einschlägig vorerfahrene Professorin der University of the Philippines, Elisabeth Marcelino, »haben an Kooperativen geglaubt.« Dieser Glaube habe im Ergebnis letale Folgen gehabt, ungefähr achtzig Prozent der Kooperativen seien wieder eingegangen. Julius Nyerere, der große Vordenker und Staatsmann Tansanias, hat die Kooperative zur Grundlage der Ujamaa-Dörfer gemacht, hat das scheinbar moderne Konstrukt mit vorkolonialen Lebens- und Arbeitsformen zu vereinen versucht und ist auf breiter Front gescheitert.

Am Anfang der neueren Geschichte produzierender Kooperativen stand wiederum die Idee, rüden Unternehmern des 19. Jahrhunderts ihren Besitz streitig zu machen. Der Betrieb sollte in die Hände der Arbeiter überführt werden, Selbstbestimmung sollte an die Stelle von Ausbeutung durch andere treten. Die produktive Kooperative sollte menschliche Arbeitsbedingungen garantieren, eine gerechte Umverteilung der Gewinne gewährleisten und im Sinne des Wortes volkseigen sein. Kleine sollten durch den Zusammenschluß stark werden.

Für einen anderen Typus der Kooperative, die Genossenschaft der Käufer, sollte sich der erwünschte Vorteil als realer erweisen: Man setzt Verkäufer gemeinsam unter Druck, die Preise knapp zu kalkulieren, sucht sich die preiswertesten Waren heraus und erzielt Mengenrabatte. Weil alle Mitglieder das gleiche Ziel haben, ist Solidarität möglich und wirksam. Auch Kreditgenossenschaften können sinnvoll sein, selbst wenn sie sich – wie die Raiffeisen-Banken – am Ende von anderen Bankinstituten kaum noch unterscheiden mögen.

Für die produktive Genossenschaft aber wurde bald deutlich, daß sich der fromme Wunsch in der Realität wenig wiederfand. Schon mit der Solidarität haperte es. Einzelne Produzenten, die mehr leisteten, fühlten sich von denen behindert und wieder aufs Mittelmaß gedrückt, die weniger leisten wollten und das Argument vorbrachten, die Kooperative sei doch gerade deshalb gegründet worden, um dem Streß der Arbeit ein Gutteil zu entkommen. *Management by champignons* heißt das heute unter Aufarbeitung der kurzen und leidvollen Geschichte westdeutscher Alternativbetriebe in der Spätfolge der Studentenbewegung: Jemand unter den vielen Champignonköpfen des Kollektivs hat eine blendende Idee, wird von ihr gepackt, leistet mehr als die anderen, wächst über die übrigen Champignonköpfe hinaus und wird vom Rest des Kollektivs solange abgesägt, bis er wieder unten angekommen ist. Dies demotiviert.

Die wichtigste Analyse des Schicksals von produktiven Kooperativen legte 1910 der penibel recherchierende Ökonom Franz Oppenheimer vor, der selbst als glühender Verfechter des Modells Kooperative begonnen hatte. Nach oft enthusiastischem Start und erstem Auftrieb gerät die Kooperative in ökonomische Problemzonen. Zwei Fraktionen bilden sich heraus. Die eine, man würde sie heute als Sozialfraktion bezeichnen, hält weiter daran fest, daß eine Kooperative in erster Linie dazu da sei, gemeinsam weniger zu arbeiten und es sich besser gehen zu lassen, als dies unter der Fuchtel des Fabrikbesitzers möglich gewesen wäre. Die andere, die ökonomische Fraktion, sieht den schleichenden Verlust an Produktivität und oft auch Qualität. Sie nimmt wahr, daß in Zeiten schlechter Erträge Arbeiter nicht entlassen werden und Produktionsumstellungen nicht oder zu spät erfolgen. Effizienz, hält sie der Sozialfraktion vor, werde mit Ausbeutung gleichgesetzt und diskriminiert, das Kapital werde nicht zusammengehalten, sondern zu rasch ausgeschüttet, Polster für die Zeit der Not fehlten. Die Kapitalisten mit ihren Fabriken seien vorsorglicher und der Kooperative an Wendigkeit überlegen.

Je nachdem, wie der Kampf der zwei Linien ausgehe, sei auch das Schicksal von Kooperativen unterschiedlich. Die Alternative, so Oppenheimer, bestehe darin, entweder nach den Regeln des Marktes zu operieren oder unterzugehen. Siege die Sozialfraktion, werde dies den Bankrott der Kooperative beschleunigen. Siege die ökonomische Fraktion, werde aus der Kooperative ein Betrieb wie jeder andere. Diese Beobachtung Oppenheimers ist als Transformationsgesetz in die Literatur eingegangen.

In seiner »Theorie von der reinen und politischen Ökonomie« resümiert Oppenheimer, dies sei nicht nur von theoretischem Interesse: »Wohlwollende Philantropen haben seit einem Jahrhundert immer wieder Kraft und Geldmittel daran gesetzt, die industrielle Arbeiter- und Produktivgenossenschaft ins Leben zu rufen, von der selbst ein so nüchterner Denker wie Schulze-Delitzsch sich nicht viel weniger als die Lösung der sozialen Frage versprach: hier liegt der Beweis, daß alle solche Versuche notwendig scheitern müssen, und man darf hoffen, daß kostbare Mittel nicht mehr in den Dienst dieser Utopie gestellt werden.«

Betriebe wie andere auch? Manchmal geht es noch schlimmer zu. Viele Geschichten haben sich angesammelt von gezeichneten ehemaligen Angehörigen westdeutscher Alternativbetriebe. Oben, über der Tischkante, herrschte in nicht wenigen dieser Unternehmen das Bild vom solidarischen Kollektiv vor, während unterhalb der Kante Sozialdarwinismus ohne Appellationsinstanz stattfand und die zwei Linien stritten, so, als hätte es Franz Oppenheimers Einsichten nie gegeben. Dort, wo bei uns genossenschaftliche Betriebe dick und groß geworden sind und Neue Heimat oder Co op hießen, gedieh mangels scharfer interner wie externer Kontrollen die Korruption; auch dies ist keine Empfehlung für die Dritte Welt.

Müssen alle produktiven Kooperativen scheitern? Nicht alle. Bleibt nur die Rückkehr zur unaufgeklärten Herrschaft unternehmerischer Patriarchen? Gewiß nicht. Bevor aber wirkliche Alternativen gefunden werden, von denen wir noch um Längen entfernt sind, gilt es – mit Gottfried Kellers »Grünem Heinrich« – erst einmal, die Mauern einzureißen, die die Sicht versperren.

MIT SOLIDARITÄT AM MARKT VORBEI

Für den bitteren Geschmack des Nikaragua-Kaffees Sandino Dröhnung mußte man schon immer etwas tiefer in die Tasche greifen. Nur gebrüht war und ist er einigermaßen erträglich. Nicht sieben oder acht, sondern stolze zwölf Mark mußte man 1992 für das Pfund berappen. Die Firma zahlt, solange das revolutionäre Abendrot drüben noch nicht ganz verblaßt ist, 100 Prozent mehr als der Weltmarktpreis. Für ein Pfund Nikaragua-Kaffee dieser Provenienz muß man mithin gute vier bis fünf Mark mehr bezahlen als im

Supermarkt für ein Pfund eines anderen Kaffees mit einer weitaus besseren Qualität.

Hier interessieren die 100 Prozent. Sie sind Ausdruck des Wirkens gutmeinender Helfer für die Dritte Welt, die nicht genau genug nachgedacht haben. Ein nicht geringer Teil des Sortiments der Dritte-Welt-Läden und kirchlicher Organisationen besteht aus Produkten von schlichter Qualität, für die den Produzenten – im Vergleich zum Weltmarkt – überhöhte Preise gezahlt werden. Auch hier ist das Motiv achtenswert, selbst wenn die Folgen fatal für die Betroffenen sein können.

Der Mehrpreis gleicht einer versteckten Spende und wirkt wie ein Lernprogramm für den Produzenten: Man muß, begreift er, nicht erste Qualität zu niedrigen Preisen anbieten, vielmehr genügt mindere Qualität und ein vergleichsweise hoher Preis dann, wenn es gelingt, die Produkte in Europa unter Umgehung des Marktes an mildtätige Käufer loszuwerden. So wird der Kaffee der Kooperative, in der Qualität eher bescheiden, zum Solidaritätskaffee bei Menschen, die meinen, damit der Dritten Welt zu helfen. Deutsche Pfarrer werden von Misereor aufgefordert, mit ihren Gemeindevorstehern doch bitte Kaffee aus Guatemala von der Kooperative XY zu trinken, sie täten ein gutes Werk damit.

Den Produzenten wird der Grund für dieses marktferne Verhalten gleich mitgeliefert: 500 Jahre Kolonialismus seien genug, deshalb müsse der reiche Westen einen Tribut zur Wiedergutmachung leisten. Die Absicht ist richtig, nur erweist sich *dieser* Schuß gegen die Vergangenheit als Rohrkrepierer. Opfer sind nach einer Weile die Produzenten, die sich diesem Programm zur Aberziehung der Wettbewerbsfähigkeit anheimgeben. Der geborgene Raum jenseits des Marktes erweist sich spätestens dann als Falle, wenn die Abnehmer drüben in Europa andere Wege gehen, weil sie von Jutesäcken und Andenpullis genug haben. Dem Produzenten, unvermittelt wieder der rauhen Wirklichkeit ausgesetzt, bleibt in der Regel nur die Bruchlandung.

Es ist riskant, langfristig auf die Mildtätigkeit von Käufern zu setzen. Irgendwann sehen sie nicht mehr ein, warum Honig aus Honduras, der auch nicht anders schmeckt als Honig hierzulande, dreimal soviel kosten soll. Die Chance der Dritten Welt, mit hoher Qualität und niedrigen Preisen anzugreifen, wird in ihr Gegenteil verkehrt. Die Produzenten der Dritten Welt werden zu Behinderten erklärt, dann umsorgt und durch die Therapie erst zu wirklichen Behinderten gemacht.

Auch die Sozialdemokraten verfielen diesem falschen Helfersyndrom und zeigten mangelndes ökonomisches Verständnis, als sie die Mitglieder ihrer 12.000 Ortsvereine aufforderten, im Europa-Wahlkampf an den Ständen für die »Aktion: Fairer Kaffee« zu werben und Interessenten davon zu überzeugen, Kaffee zu überhöhten Preisen zu kaufen. Kaffeepreise sinken auf dem Weltmarkt dann, wenn ein Überangebot herrscht. Will man dem abhelfen, müßte man entweder mehr Kaffee trinken oder weniger anbauen. Bezahlt man für Kaffee im Überangebot auch noch mehr Geld, trägt man zur weiteren Erhöhung des Überangebotes bei und verschlimmert die Lage. Wer Gutes tun will, müßtc nicht Rohwaren, sondern Fertigprodukte aus den Ländern der Dritten Welt bezichen. Das aber scheitert an den von den Parteien aufgehäufelten Grenzwällen – übrig bleibt der schale Geschmack einer scheinheiligen Aktion.

Nikaragua-Kaffee kann übrigens viel besser

schmecken. Er wird nur anderswo verkauft. Für die vielen Menschen, die in gutem Glauben daran mitwirken, die Dritte Welt an der Entwicklung von Wettbewerbsfähigkeit zu hindern, ist es an der Zeit, darüber nachzusinnen, wo Alternativen zu suchen sind. So schwierig sind sie gar nicht zu finden. Ein Beispiel? Ein nächster Brief von *Misereor* oder *Brot für die Welt* könnte ungefähr so aussehen:

»Liebe Gemeindemitglieder,
wir bieten Ihnen und Ihrer Familie, wann immer es Ihnen zeitlich paßt, eine bisher erstmalige, aber sicher nicht letztmalige Gelegenheit, kostenlos nach Asien zu fliegen. Wie Sie wissen, sind die Grenzen rings um Europa undurchlässiger geworden, die Länder der Dritten Welt werden in wichtigen Bereichen ihres Handels von den europäischen Zollgesetzen blokkiert. Entwicklung, die drüben weit mehr als bisher stattfinden könnte, wird unmöglich gemacht, weil die Produzenten die erstklassigen und wirklich preiswerten Waren Ihnen nicht vorführen können. Wir haben uns gedacht, daß es unter diesen Umständen am besten ist, wenn möglichst viele von Ihnen zum Einkaufen einfach dorthin fahren. Der Vorteil ist ein doppelter: Sie sparen durch den verbilligten Einkauf so viel, daß Sie Ihr Flugticket mühelos davon begleichen können, und die Produzenten drüben finden den Markt, an dem die EG-Kommission sie hindert.

Unsere erste Reise nach Thailand ist vor allem für diejenigen von Ihnen interessant, die nicht nur am Land und seinen Menschen, sondern auch an Textilien und Schuhen interessiert sind. Damit Sie dort Ihren Bedarf an Garderobe und Schuhen für die nächsten zwei, drei Jahre decken können, machen Sie bitte folgendes: Sie gehen in den kommenden Monaten möglichst nicht in ein Kaufhaus oder Fachgeschäft, um Waren dieser Art zu erwerben, sondern notieren sich Ihre Wünsche; denken Sie dabei bitte auch an den Bedarf Ihrer Familienmitglieder und Freunde.

Auf die Reise nehmen Sie bitte möglichst wenig mit, Sie haben für den Rückflug dann fast zwanzig Kilogramm Fluggepäck frei und können, mit etwas Geschick und auf kleinem Raum verpackt, noch etwa zehn Kilogramm mehr mit ins Handgepäck nehmen. Was Sie nach Thailand mitbringen können, sind Schnittmuster gewünschter Modelle. Falls Sie einen ganz besonderen Stoff bevorzugen, können Sie ihn ebenfalls einpacken. Mehr Kleidung als zum einmaligen Wechseln brauchen Sie schon deshalb nicht, weil thailändische Wäschereien nicht nur schnell und perfekt sind, sondern auch nicht teurer als der Verbrauch Ihrer Waschmaschine.

In der Anlage liefern wir Ihnen Adressen von Schneidern aus Chiang Mai. Sie alle sind vorzügliche Könner, und es liegt an Ihnen, ob Sie ein schickes Sommerkleid oder etwas Warmes für den Herbst haben wollen. Sie können auch Ihrer Phantasie freien Lauf und sich von den regionalen Kulturen Thailands und ihrer *ethnic fashion* inspirieren lassen. Alle unsere Partner freuen sich über Ihren Besuch und haben sich verpflichtet, keine überhöhten Touristenpreise zu nehmen. Ihren Besuch beim Schneider Ihrer Wahl werden wir unseren Partnern natürlich ankündigen, so daß Sie persönlich und liebenswürdig empfangen und spüren werden, daß Sie nicht nur Kunde, sondern auch gern gesehener Gast sind. Eine reichhaltige und äußerst preisgünstige Auswahl an Schuhen finden Sie in den Geschäften; viele Modelle, die europäischen Firmen unter eigenem Namen vertreiben, werden hier hergestellt.

Für den Zeitraum Ihres Aufenthaltes werden Sie billiger leben als in Deutschland, wenn Sie darauf verzichten, sich in internationale Hotels zurückzuziehen. Ihre Partner erwarten von Ihnen Freundlichkeit und Respekt vor ihrer Kultur und ihrem König, und wenn Ihr Herz offen ist, kann es zu Problemen und Mißverständnissen kaum kommen.

Probieren Sie Ihre neuen Schuhe und maßgeschneiderten Kleidungsstücke drüben nicht nur an, sondern tragen Sie sie einmal. Dann sind sie zu Ihrem persönlichen Hab und Gut geworden und werden das Interesse des Zolls nicht wecken. Waren im Wert von 350 Mark sind sowieso zollfrei, wenn es sich nicht gerade um Tabak oder Alkohol handelt.

Wir haben, um Ihnen die Entscheidung zu erleichtern, eine kleine Modellrechnung angestellt und auf eine Person bezogen:

Zusätzliche Kosten		**Ersparnisse**		
Flug (Frankfurt/ Bangkok/ Chiang Mai und zurück)		10 Hemden	10 x 30,- DM =	300,- DM
		5 Hosen	5 x 70,- DM =	350,- DM
		3 Paar Schuhe	3 x 70,- DM =	210,- DM
		4 Kleider	4 x 150,- DM =	600,- DM
		20 Teile Unterwäsche	20 x 6,- DM =	120,- DM
		10 Paar Socken	10 x 2,- DM =	20,- DM
1.600,- DM			Gesamt:	1.600,- DM

Die zusätzlichen Kosten für eine lokale Unterkunft werden durch Einsparungen bei den Essensausgaben wieder ausgeglichen.

Die übernächste Reise planen wir nach Yogyakarta in Indonesien. Dort gibt es besonders hochwertige, handgewebte Stoffe, auch die berühmten Batiken, und mit die schönsten Lederwaren Asiens. Planen Sie diese Reise auch ein, wenn Sie Ihre Vorhänge auswechseln, die Bettwäsche erneuern oder sich und Ihre Angehörigen mit neuen Reisetaschen ausrüsten wollen.«

Ferne Utopie? Nein, eine realisierbare, eine ein bißchen mehr Gerechtigkeit schaffende Möglichkeit, auch wenn die Gesichter der EG-Kommissäre im Gedanken an einen millionenfachen Einkaufsexodus der Europäer länger würden.

NIEDRIGLÖHNE ALS HOCHLÖHNE

Man nehme einen Thron, stelle ihn auf den Hügel einer hundertfünfzigjährigen Geschichte der Industrialisierung und betrachte die Welt. Zu sehen sind: Niedriglöhne. Niedriglöhne sind vor allem dann niedrig, wenn man die Welt vom Westen her zu begreifen versucht. Wir leben unter extrem privilegierten Bedingungen. Westliche Industrielöhne sind im globalen Maßstab eine große Ausnahme. Müßten sie auf dem Weltmarkt ausgehandelt werden, würden sie um vieles bescheidener ausfallen. Immerhin würden unsere Lohneinbußen zu Lohnerhöhungen bei den Armen führen. Die Vorstellung, daß wir unsere Standards weltweit setzen oder halten könnten, ist schon aus ökologischen Gründen illusionär, würde die Ressourcen überfordern und wäre ein imperialer Akt ohne Verständnis dafür, daß es andere Kulturen mit anderen, gleichwertigen Lebensformen und ihnen immanenten, anderen Entwicklungschancen gibt. Die Welt wird nicht daran genesen, daß alle sich einer zunehmend beschleunigenden, überbordenden, ausufernden Konsumtion anheimgeben und Hedonismus mit der Quantität und Geschwindigkeit des Warenverbrauchs gleichgesetzt wird, eher schon daran, daß wir selbst vom Thron geholt und zu neuer Askese angehalten werden.

Die Verwirklichung der – westlichem schlechtem Gewissen entspringenden – Forderung, Menschen sollten für die gleiche Arbeit den gleichen – westlichen – Lohn erhalten, würde einem massiven planwirtschaftlichen Eingriff in regionale Wirtschaftssysteme gleichkommen, die Ökonomie vieler Länder schweren Turbulenzen aussetzen und ihren Kollaps bewirken. Wenn man diese Forderung auch nur gedanklich weiterspinnen will, wäre nicht die deutsche Industriestadt, sondern besser das indische Dorf zum Maßstab zu nehmen. Die Lebensbedingungen dort gleichen den Lebensbedingungen von achtzig Prozent der Weltbevölkerung. Das indische Dorf entspricht eher dem Weltdurchschnitt und wäre auch ökologisch ein gutes Vorbild. Gleicher Lohn für gleiche Arbeit? Nun gut, dann aber nach indischen, nicht nach deutschen Maßstäben, dort liegt die Mitte der Welt, und wir kämen dem Realitätsprinzip schon viel näher. Denn zu den entscheidenden gegenwärtigen Entwicklungen gehöre, vermerkt *Asian Business* im April 1994, daß über zwei Milliarden Menschen auf dem Weltmarkt angetreten seien, die für einen Stundenlohn von zwanzig Cents bis zu einem Dollar arbeiteten: »They are the key factor in the de-industrialisation of the OECD countries.«

Die in den aufkommenden Industrien der Dritten Welt gezahlten Niedriglöhne sind als Stundenlöhne in ihrem Umfeld Höchstlöhne, verglichen mit landwirtschaftlichen Löhnen oder den Löhnen des informellen

Sektors. Löhne in exportierenden Betrieben dieser Länder sind – darauf gibt es deutliche Hinweise – höher als in Betrieben, die nur für den Binnenmarkt arbeiten. Die Orientierung am Weltmarkt ist auch für die Arbeitnehmer von Vorteil. Die Löhne sind adäquater Ausdruck der *dortigen* Ökonomie. Diese Ökonomie hat eine andere Geschichte und ist Ausdruck einer anderen Kultur. Die Höhe des Lohns ist ein, aber kein zureichender Indikator für die Leistungsfähigkeit dieser Ökonomie. Eine Ökonomie beispielsweise, die als *family business* oder als die Ökonomie eines Dorfes betrieben wird, in dem fast jeder mit jedem verwandt ist, die Ökonomie der chinesischen Clans jenseits von China läßt sich mit westlichen Maßstäben nur unvollkommen erfassen.

Entscheidender aber ist, daß Niedriglöhne sich zur wichtigsten Waffe der Dritten Welt gegenüber den Industrienationen entwickelt haben. Der christlich motivierte Satz »wir dulden nicht mehr, daß Menschen in der Dritten Welt für einen Hungerlohn arbeiten, damit bei uns die Bastkörbe und T-shirts zu Schleuderpreisen zu haben sind«, würde, auch nur mit einiger Konsequenz umgesetzt, auf den Versuch einer Entschärfung dieser Waffe hinauslaufen. Nein, schmerzhafter für uns, aber besser für sie ist der Weg über den Markt.

In Ländern, in denen dieser Weg inzwischen mit Erfolg beschritten wird, zeigt sich ein Effekt, der so interessant wie überraschend ist: Die Industrialisierung schafft vor allem über die Kleinen Arbeitsplätze. Je mehr die Arbeitslosigkeit abgebaut wird und je besser es den einheimischen Unternehmern geht, desto günstiger wird die Ausgangssituation für Arbeitskämpfe von unten. Die Arbeiter stellen – je besser organisiert, umso wirksamer – höhere Lohnforderungen und holen sich ihren Teil vom Kuchen. Ein realer Lohnzuwachs von sechzig Prozent in Südkorea innerhalb von fünf Jahren ist diesem Effekt zu verdanken. Die Reichen werden erst reicher, danach werden sie angegriffen – von Arbeitern, wirksamer aber noch von anderen Unternehmern. Ist dann die Reservearmee weitgehend ausgeschöpft und wird sie nicht durch Geburtenüberschuß neu aufgefüllt, steigen die Arbeitskosten so erheblich, daß sie wie in Japan westliches Niveau erreichen. Nun setzt eine Wanderungsbewegung der Unternehmen in Richtung jener Länder ein, die noch über Niedriglohnstrukturen verfügen. Einige Jahre oder Jahrzehnte lang wiederholt sich dort der Prozeß: steigender Reichtum der Reichen, harte Arbeitskämpfe und verschärfter Wettbewerb, Steigerung der Arbeitskosten und des Lebensstandards größerer Teile der Bevölkerung.

In Asien fahren diese Züge schon seit einer Weile nacheinander ab. Die ersten hießen Japan, Taiwan, Hong Kong, Singapur und Südkorea, ihnen folgten Malaysia, Thailand und Indonesien, bei China und Indien stehen die Signale auf Grün. Wenn diese Bewegung ganz Asien erreicht hat, werden unternehmerische Migranten längst begonnen haben, in Afrika und Lateinamerika zu investieren. Die ersten sind dabei, über Südafrika das Tor zum Kontinent zu öffnen, andere haben sich nach Mexiko und Brasilien begeben. Frühzeitig erkennbar sind diese Veränderungen an Indikatoren der jeweiligen Börsen: Während die steile wirtschaftliche Talfahrt noch anzudauern scheint, schießen die Börsenbewertungen bereits nach oben.

Wenn Westdeutschland in den fünfziger Jahren zunächst selbst als Niedriglohnland startete und in den sechziger Jahren dann angesichts des Mangels an

Arbeitskräften Migranten anwarb, handelte es in zweierlei Hinsicht problematisch: Erstens wurde ein Millionenheer von Menschen entwurzelt und nur mühsam im Aufnahmeland integriert, zweitens entging den abgebenden Ländern der technologische Schub, den eine in Teilen ausgelagerte deutsche Industrie dort bewirkt hätte.

Die These, daß moderne Maschinen mit einfacher Bedienung Menschen in armen Ländern dequalifizieren, sollte besser andersherum formuliert werden: Eine einfache Bedienung auch komplizierter Maschinen wird gerade zum Vorteil für die Entwicklungsländer, weil sie wegen ihrer Lohnstrukturen Standortvorteile aufweisen. Die Zeiten, daß Deutschland und die westliche Welt eine höhere Produktivität aufwiesen und daraus ein höheres Lohnniveau ableiteten, laufen aus. Weder sind unsere Maschinen besser noch unsere Ingenieure. Eine Textilmaschine von Schubert und Salzer unterscheidet sich in Preis, Qualität und damit verbundenen Serviceleistungen kaum noch von einer Textilmaschine aus Japan, Südkorea oder Singapur. Sie alle werden weltweit angeboten. Die Ingenieure und Wartungsspezialisten müssen heute nicht mehr aus dem Westen kommen, sie können genauso gut aus Indien oder China stammen. Sie sind preiswerter zu haben und oft auch noch schneller dazu. Daß unsere Produktivität stets höher gehalten werden kann als anderswo, wird zu den Geschichten aus der Vergangenheit gehören.

Zu den Verlierern besonderer Art gehören in diesem Zusammenhang die Menschen aus den neuen Bundesländern. Auch wenn klar ist, daß die realpolitischen Bewegungen anders verliefen und verlaufen mußten: Die – theoretische – Chance dieser Menschen hätte darin bestanden, entweder auf dem westdeutschen Arbeitsmarkt für mehr Wettbewerb zu sorgen oder die frühere DDR zunächst und für eine Weile zum Niedriglohnland zu machen. In der Verbindung von Niedriglohn und qualitativ hochwertiger Arbeit hätten sie nicht nur Investoren angelockt, sondern – ähnlich wie die Bundesrepublik in den fünfziger Jahren – den Wettbewerb mit dem träge gewordenen Westen des Landes aufnehmen und darin bestehen können. Der von den westdeutschen Gewerkschaften in der ostdeutschen Arbeiterschaft ohne strategische Weitsicht geschürte Wunsch, möglichst sofort zum Hochlohnland zu werden, hatte und hat zur Folge, daß Investoren nun lieber nach Portugal, vielleicht auch nach China oder Indien auswandern. Oder, wenn sie nicht so weit weg wollen, nach Polen und Rumänien. Den westdeutschen Arbeitskosten (das sind die Monatsverdienste und Personalzusatzkosten) des Jahres 1992 von 6575 Mark standen Kosten in Polen von 367 Mark und in Rumänien von 188 Mark gegenüber. Und selbst wenn unrealistische Wechselkurse korrigiert würden, wäre es für eine polnische Putzfrau, die in Lübeck für einen unversteuerten Stundenlohn von acht Mark arbeitet, immer noch attraktiv, sich in Warschau eine teure Eigentumswohnung zu kaufen und sie von Rumänen putzen zu lassen. »Um international wettbewerbsfähig bleiben zu können«, verkündete der tschechische Wirtschaftsminister im Februar 1994 deutschen Journalisten, »muß die Tschechische Republik für absehbare Zeit ein Niedriglohnland bleiben.«

Kein Zweifel, daß sie in der Geschichte der kolonialisierten Länder verheerende Spuren hinterlassen haben. Ausländische Unternehmer verhielten sich unter dem Schutz der Kolonialtruppen, so ihnen danach war, wie Potentaten übelster Machart, entkamen europäischen Arbeitskämpfen und den ihnen dort abgetrotzten Zugeständnissen, behandelten Menschen der Kolonien schlechter als Vieh, nahmen ihnen das Land, trieben Raubbau an der Natur und schafften die Rohstoffe fort. Auch in der Zeit danach versuchten sie, diese Praxis fortzusetzen.

Ausländer raus? Die Sache ist vertrackter. Als vor Jahren auf den Philippinen eine Kampagne unter dem Motto »Buy Filipino« anlief, schien sie eine Antwort auf den selbstkritischen Satz einer philippinischen Psychologin zu sein: »Uns Filipinos gehört nichts mehr, und wir sind auch noch stolz darauf.« Lag es nicht nahe, die nationale Industrie zu stützen, Japaner und Amerikaner als ehemalige Kolonialmächte nun auch ökonomisch aus dem Land zu drücken? Bei genauerem Hinsehen zeigte sich allerdings, daß diese Kampagne nicht unten entstanden war, sondern von oben lanciert wurde, von den mächtigen Clans des Landes, die bis heute die Präsidenten und Senatoren bestimmen und das Land am liebsten ganz unter sich aufteilen würden.

Nationale Oligarchien in der Dritten Welt versuchen, den Wettbewerb unter gleichen Bedingungen vor allem auf zweierlei Weise auszuschalten: Sie dichten ihren privilegierten Status nach unten und nach außen ab. Zu den Riegeln gegenüber Angriffen aus dem informellen Sektor gehört unter anderem das Syndrom »Legalität«, ein für Neulinge kaum bewältigbares Gestrüpp zu erfüllender Verordnungen und Auflagen, dazu gehört auch die mafiöse Verbindung mit der Regierung, so daß Aufträge zugeschanzt und andere Wettbewerber gar nicht erst zugelassen werden. Steuern werden nur halbherzig erhoben, die Politik wird zum Nutzen der reichen Familien instrumentalisiert. Nach außen spielen diese Oligarchien gern das Lied vom Ausverkauf des Landes, von der drohenden Inbesitznahme durch Fremde. Schutzzölle sollen her und Ausländer draußen bleiben.

Diese Abdichtung nach unten und zur Seite ist nicht leicht zu knacken, schwerer aber noch, wenn der Angriff nur von unten und nicht zugleich auch von der Seite kommt. Ausländische Wettbewerber sind für den Flankenangriff notwendig, auch wenn ihre Rolle und ihre Interessen ambivalent sind.

Hält man sie zu Joint Ventures an, werden sie sich, selbst meist zu den Großen zählend, Große im Land suchen und mit den Mächtigen liieren, um Zugang zu Aufträgen zu erlangen. Sie wollen an den Privilegien der einheimischen Oligarchien teilhaben. Zugleich aber sind sie deren Konkurrenten, die nicht einsehen, daß sie faule Partner mitschleppen und ihre eigenen Gewinne dadurch schmälern sollen. In jedem Fall besteht für die Monopolansprüche schlecht geführter einheimischer Industrien Gefahr. Je mehr, und wenn es anfangs nur ein Spalt ist, die Tür zum Weltmarkt geöffnet wird, je schärfer der Wind bläst, desto weniger läßt sich ökonomischer Feudalismus verteidigen, desto sturmreifer werden nationale Clans auch für kleine Unternehmer, die aus dem informellen Sektor heraus angreifen, desto mehr öffnet sich der Markt auch nach innen. Ausländische Investoren erschließen Zugänge zu den Märkten der Reichen. Und sie können dazu beitragen, daß aus Talfahrten Bergfahrten werden.

Ein interessanter Nebeneffekt läßt sich dabei beobachten, der für die Arbeiter in ausländischen Firmen oder in Unternehmen mit ausländischer Beteiligung von Bedeutung ist: Die Ausländer werden in der Regel von den Behörden schärfer überwacht als einheimische Unternehmen. So müssen sie sich besser benehmen. Den Respekt, den einheimische Verwaltungen gegenüber der Macht der reichen Familien des Landes hegen, haben sie gegenüber Ausländern nicht. Sie, die Fremden, müssen wenigstens die Mindestlöhne zahlen (auch wenn bei einheimischen Firmen oft beide Augen zugedrückt werden), sie müssen Steuern realistischer abführen und in der Unterbringung von Arbeitern, in der Kranken- und Altersvorsorge bessere Bedingungen bieten als der formelle, vor allem aber der informelle Sektor des Landes. Manchmal werden sie sogar zum Gespött, wenn sie zum Beispiel als *expatriates* die Liste der größten Steuerzahler Thailands anführen, während die wirklich reichen Thai-Familien dort gar nicht auftauchen.

Fremd ist, mit Karl Valentin, der Fremde nur in der Fremde. Das Recht, Fremder zu sein, ist nicht teilbar. Wenn Deutsche in Ecuador investieren und dabei gut behandelt werden wollen, gilt gleiches für Fremde in Deutschland, die das Hamburger Hotel *Vier Jahreszeiten* übernehmen. Es kann schlecht angehen, daß nur Deutsche draußen Fremde sein dürfen, andere von draußen aber nicht bei uns. Fremd ist nicht gut oder schlecht per se. Der Fremde kann in einem Land der Dritten Welt Übles anrichten, er kann aber auch dazu beitragen, die einheimische Pfründenwirtschaft zu mehr Wettbewerb zu veranlassen. Er kann, wenn er marktorientiert handelt, oligarchische Bastionen angreifen und den Markt für einheimische Unternehmer von unten zugänglicher machen. Das Stichwort Entbürokratisierung weist politisch in die richtige Richtung, bedeutet den Abbau staatsverschränkter Ökonomie und den Wegfall administrativer, von den Reichen und ihrer politischen Kumpanei gesetzter Hürden, die den Zugang zum Markt erschweren.

In einem offenen Weltmarkt, der den Regeln des *level playing field* folgt, sind Fremde kein Anlaß für Furcht und Abwehr. Sie vermehren das Angebot und die Zahl der Anbieter und damit die Chancen der Konsumenten, unter vielen Möglichkeiten die beste zu wählen.

DIE CHANCE DER KLEINEN

Je weniger Markt existiert, je unverfrorener die Großen unheilige Allianzen bilden, Vetternwirtschaft betreiben, Politiker vor ihren Karren spannen und mit staatlichem Doping arbeiten können, desto geringer sind naturgemäß die Chancen der Kleinen. Sie brauchen das *fair play*. Sie kommen nur schwer über die Startlinie hinaus, wenn ihnen bürokratische Stolperdrähte den Weg versperren, die Keule des Dumping auf ihr Haupt niedergeht oder sich hohe Hürden aus Zöllen und Quotenregelungen vor ihnen auftürmen.

Andererseits haben sie, wenn schon nicht den Zaubertrank des Miraculix, so doch kleine Trümpfe in ihrem Gepäck: die Steinschleuder des David, die List des Odysseus, den Witz des Simplicissimus, die Zähigkeit des Barfußläufers, die bessere Nase, die Nähe zum Nachbarn und, wenn sie wollen, die höhere Moral.

DAS BESTE KAPITAL IST EINE GUTE IDEE

»I can shake the world!« Heute, sagt er, wisse er nicht mehr, wo seine Grenzen seien. Heute springt und tanzt er, dem Rumpelstilzchen ähnelnd, über den Betonboden des riesigen Rohbaus, der zu seinem Palast werden soll, nur ärgert er sich nicht wie das Männchen im Märchen, sondern ist voll des äußersten Vergnügens. Sein Name ist Purpa, und er ist ungefähr so alt wie einer bei uns, der sich nach mittlerer Studiendauer anschickt, die Universität zu verlassen. Purpa ist oben angekommen. Sein Silberschmuck ziert Mannequins rings um den Globus. Händler aus Düsseldorf, Rom und Sydney bestellen per Fax und ordern die Ware mit Luftpost, weil Kundinnen ungeduldig warten.

Damals, vor fünfzehn Jahren, war er ein Straßenjunge auf Bali, Kind unter Kindern, die dem Vater zu viel wurden, weil er sie von seinem Reisfeld nicht mehr ernähren konnte. Anfangs verkaufte Purpa wie die anderen Jungen Masken und Gürtel an Touristen. »Du mußt aber anders sein als die anderen«, sagt Purpa heute, »und völlig verrückte Ideen haben.« Purpa sah, daß die Touristinnen, wenn sie erst ein paar Tage da waren, nach exzentrischen Dingen Ausschau hielten. Weil er, des Englischen nicht mächtig, mit den Touristen nicht reden konnte, spielte er mit jedem Fremden Schach, den er dafür gewinnen konnte, und lernte die Sprache. »Bei Schach braucht man nicht nur über Schach, man kann über Gott und die Welt reden.« Und: »Schach dauert lange, und ich bekam meine Englischstunden ganz umsonst.« Während die anderen Jungen weiterhin die gleichen Sachen verkauften und, wenn einer mit einer neuen Ware ein wenig Erfolg hatte, ihn sofort nachmachten, unterhielt sich Purpa viel mit Touristinnen und erfuhr, wovon sie träumten und was sie sich wünschten. Ihre Wünsche waren nicht sehr deutlich, aber er merkte, daß die fremden Frauen vor allem an Schmuck und Accessoires interessiert waren, an Dingen, die sie – und das schien widersprüchlich zu sein – zu Hause mit ihren westlichen Kleidern kombinieren konnten, denen man aber dennoch ansehen sollte, daß sie ganz woanders her kamen. Das Accessoire als eine Pointe, die den Kaufhausstil des Kleides zum singulären Modell wandelt? Bali mit C & A? Ungefähr so.

Purpa ging an den Strand, sammelte Muscheln, bohrte Löcher hinein und montierte sie zu immer neuen, klappernden Mustern auf breiten Stoffgürteln. Er verließ sich auf seine wilden Träume und Visionen, auf Geister und Ahnen, und so geriet kein Gürtel wie der andere, die Muscheln baumelten in verwegenem Stil, mal zu Klumpen gebündelt, mal wie Schlangengetier, mal wie abgespaltene Riffteile von ihren Trägerinnen. Kaum bot er die Gürtel an, wurden sie ihm schon aus den Händen gerissen. Purpa arbeitete wie ein Berserker, aber er spürte, daß er nicht alles allein machen konnte. So schickte er Freunde los, die Muscheln zu sammeln. Und als das Geschäft vor Nachfrage zu explodieren drohte, als aus dem Ausland plötzlich Menschen kamen, die hier nicht ihren Urlaub verbringen wollten, sondern ganze Container mit Gürteln bestellten, spürte Purpa, daß es die Götter Balis zwar gut mit ihm meinten, zugleich aber nagten in ihm die Zweifel. Balis Strände gaben immer weniger Muscheln her, Händler boten ihm Muscheln von anderen Inseln an, die fremden Geschäftsleute meinten, nicht jeder Gürtel müsse sein eigenes Gesicht haben, auch Duplikate seien verkäuflich. Purpa verlor die Lust, und mit ihr schwanden auch ein Stück weit die Kräfte, anders zu sein als die anderen. Die anderen? Sie machten jetzt auch Gürtel mit Muscheln, nur nicht so schöne, seine Kunst mißriet ihnen zum schlechten Imitat.

Purpa packte das Geld ein, das er inzwischen verdient hatte, und machte sich auf in die weite Welt, dorthin, wo Englisch gesprochen wurde, nach Australien und Großbritannien. Er besuchte Kurse und perfektionierte sein Englisch. Er sah Mode und Kaufhausmode, sah Schmuck und das, was Boutiquen dafür hielten. Als er wieder zurückkam und sich in Ubud niederließ, begann er, mit Silber zu arbeiten. Er war der erste Silberschmied im Dorf und kümmerte sich nicht darum, daß die anderen Silberschmiede Balis im Dorf Celuk verkauften, weiter unten in Richtung Denpasar.

Purpas Schmuck kommt exzentrisch und in großen Formen daher; spitze, dicke, lange Zähne bohren sich durch Ohren, silbernes Gestänge ziert Pferdeschwänze, Ketten reihen große Kuben aneinander oder zu Scheiben gedrehte Spiralen. Heute wirkt Purpa wie ein besessenes Kind, das den Jackpot gewonnen hat. Man hat ihm den Upakarti-Preis für Indonesiens innovativstes junges Unternehmen verliehen, aber er schert sich nicht darum. »Erst als die Sonne bei mir schien, kamen die Politiker«, sagt er und lacht darüber. In Universitäten hält er gelegentlich Reden, weil er es liebt, lammfromme Studenten zu malträtieren und ihnen vorzurechnen, daß der Tag 24 Stunden lang ist und es eine Schande sei, ihn so unproduktiv wie sie zu verbringen. Ein Flügel seines Palastes soll eine Schule für Künstler werden, dort will er Begabte zu Verrückten machen. Alle siebenhundert Jahre, so sagen die weisen Dukun, war Indonesien Zentrum der Welt. In ein paar Jahren sei es wieder so weit, dann könne das neue Zeitalter beginnen.

Diese Geschichte ist mehr als nur eine Variante der Geschichte vom Tellerwäscher, der zum Millionär wurde. Sie kommt nun viel häufiger vor und wird von strukturellen gesellschaftlichen Entwicklungen begünstigt. Mitte des 19. Jahrhunderts stimmte der Satz: viel Kapital, viel Macht. Um Stahlwerke zu bauen,

Fabrikhallen zu errichten, sie mit Maschinen auszurüsten und in Vorleistung zu treten, brauchte man viel Geld. Ein Kapitalist in Manchester konnte mit seinem Geld die neuesten Textilmaschinen kaufen und die Weber mit ihrer Heimarbeit vom Markt fegen. Heute ist auch schon im Produktionssektor, mehr aber noch im Dienstleistungssektor die Qualität der Idee wichtiger als die Höhe des Kapitaleinsatzes.

Im philippinischen Fernsehen wurde vor nicht langer Zeit eine Frau porträtiert, die mehrere Dutzend Angestellte hat, ohne recht des Schreibens und Lesens kundig zu sein oder gar die Buchhaltung zu beherrschen. Dafür hatte sie etwas anderes hochkatapultiert: ihre Fähigkeit, einen wirklich guten Reiskuchen herzustellen, das Geheimnis seiner Zutaten für sich zu behalten und dafür zu sorgen, daß er, wo immer er verkauft wird, wirklich gut schmeckt.

Ihre Wettbewerber: McDonald's, Dunkin' Donuts und Kentucky Fried Chicken. Ihr Kapitaleinsatz: null. Denn am Anfang dachte die Reiskuchenbäckerin nur an die Versorgung ihrer Familie und an sich selbst. Allmählich kamen Nachbarn mit Bestellungen für Feste und besondere Anlässe. Der Tip über die guten Reiskuchen wurde weiter- und weitergereicht, und jeder, der einen Kuchen probiert hatte, lobte ihn anderen gegenüber.

Die Filipinos haben viele originelle Unternehmer hervorgebracht, die – von unten kommend – mit ihrer Idee zündeten. Leonardo Sarao ist einer von ihnen. Er erfand den Jeepney in einer Zeit, als die Amerikaner 1946 abzogen und einen Haufen ausgedienter Jeeps zurückließen. Leonardo muß ein Kleinbus vorgeschwebt haben. Er schnitt einen Jeep zwischen den Achsen quer durch, streckte ihn, baute ein Dach darüber und längsgerichtete Sitzbänke ein, schmückte den Wagen mit handgemalten Palmenstränden und Sonnenuntergängen, setzte kleine Pferde und Zierrat aus Blech vorn auf den Kühler, und fertig war der Bus. Seither ist die Idee so erfolgreich, daß die Jeepneys Millionen von Filipinos täglich hin- und herbewegen – für billiges Geld und noch fern irgendwelcher Konsequenzen aus dem Verdacht, daß mit der Zunahme der Jeepneys, ihrer rußigen Abgase und dem Dauersmog in Manilas Straßen das Leben der Fahrer und ihrer Gäste, auch wenn die sich ein Tuch vor die Nase halten, immer kürzer werden könnte.

Der Kapitaleinsatz von Leonardo Sarao, der 1952 mit knappen dreißig Dollar seine erste Werkstatt eröffnete, war wesentlich geringer als jener der amerikanischen Hausfrau Barb Whiting. Die reagierte mit 7.000 Dollar Startkapital auf die Frustration, die sie bei dem Versuch erlebt hatte, für Mitglieder ihrer Familie von Diabetikern zuckerlose Bonbons in üblichen Geschäften zu erwerben. Ihr kleiner Laden in Hammond, Indiana, in dem sie ein Sortiment von 450 zuckerlosen Süßigkeiten – von der Schokolade bis zum Plätzchen – anbietet, hat sich drei Jahre nach seiner Eröffnung bereits zur landesweiten Versandzentrale gemausert.

Kapital allein hilft nicht. Es verleiht das Gefühl vermeintlicher Stärke. Je weniger gut die Idee, desto nötiger wird die Repräsentation. Die Fassade ersetzt dann das fehlende Konzept. Im tertiären Bereich ist die Qualität der Dienstleistung entscheidend. Um modisches Design zu entwerfen, eine Werbeagentur zum Leben zu bringen, Software herzustellen, braucht man Ideen und Bildung. Bildung, wenn sie Weltverständnis bedeutet, ist Kapital. Purpa hat seine avantgardistischen Designs nicht allein aus dem Bauch und seinen Visionen heraus entworfen, sondern auch in Nutzung des Überblickwissens, das er sich auf seinen Reisen erworben hat.

Wenn die Prognose stimmt, daß der Tourismus zum weltweit größten Industriezweig wird, dann liegt in dieser Entwicklung eine wesentliche Chance für die Einheimischen. Sie zeigen heute schon, daß sie mit Gastfreundschaft und familiennahen Unterkünften, den *homestays*, es mit phantasielosen Hotels aufnehmen können. Die Kleinen sind preiswerter, können besser im Service sein und den Gästen die Wünsche genauer von den Augen ablesen. Ein Hotel ist ja nicht deshalb schon gut, weil der Eingang wie ein pompöser Trichter gestaltet wird, an dessen enttäuschendem Ende dann die kleine, teure, lieblos standardisierte Kammer wartet.

Oft dauert es Jahre bis zur Reife, will die Idee hin und her gewendet, verworfen und wieder hervorgeholt sein. Gute Ideen interpretieren langfristige Trends auf eigenwillige Weise, greifen Abseitiges auf, machen nicht halt vor Verrücktem, entdecken und deuten Vorhandenes neu. Wasserhyazinthen? Ein Unkraut, das tropische Süßwasserseen bedeckt und den Sauerstoff entzieht. Rattan? Ein schnellwachsendes, in Plantagen anpflanzbares Gestänge. Beides zusammen? Man könnte Möbel daraus herstellen, mit Rattan für die Statik und den Fasern getrockneter Wasserhyanzinthen für die Gewebe. Konventionelle Möbel im Kolonialstil? Vielleicht. Vielleicht aber auch Phantasien über biologisches Wohnen in die Tat umgesetzt, mit welligem Bodengeflecht, Lianen, zwischen die man sein Bett hängen kann, oder geflochtenen Wänden, hinter denen Erde Nahrung für herauswuchernde Pflanzen spendet. Wer Wasserhyanzinthen aus den geplagten Seen abräumt, bekommt in vielen Ländern sogar Geld dafür. Die Bäume des Regenwaldes weiter wachsen lassen, die ökologische Balance der Seen wieder herstellen und Wohnungen nicht einfach mit Möbeln vollstellen, sondern Wohnlandschaften mit Phantasie und nach Maß entwickeln – die Alternative wäre da, was hinzukommen muß, ist die Besessenheit, um sie zur Wirklichkeit werden zu lassen.

KLEIN & EFFIZIENT

Der Schwede von Uexküll, Erfinder des alternativen Nobelpreises, sagte einmal auf einem Treffen junger Unternehmensgründer in Lund, der beste Weg zum eigenen Unternehmen sei, die Idee mit Freunden und Bekannten zu diskutieren und im eigenen Zimmer mit der eigenen Schreibmaschine und dem eigenen Telefon zu beginnen. Es ist wichtig, sich von Anfang an auf die Idee zu konzentrieren und alle Verwaltungsarbeiten und -kosten so gering wie möglich zu halten. Die effizienteste Organisation, so behaupten wir, weist ein Betrieb auf, der aus nicht mehr als einer Person besteht.

Wie also anfangen? Wir skizzieren ein Beispiel, das für die Wirklichkeit durchaus taugen könnte – eine kleine Heizölkampagne. Durchführen will sie die Hausfrau Kathrin Pflug – noch gibt es sie nicht – aus Erlangen. Ihre zwei Kinder gehen mittlerweile in den Kindergarten und in die Grundschule. In ihren früheren Job als Sekretärin will sie nicht wieder zurück. Was braucht sie zum Start ihres Unternehmens? Das *Handelsblatt*, die Adresse eines Brokers der Londoner Petroleum Exchange, die Adresse eines internationalen Spediteurs, der über Tanklastwagen verfügt, und eine Portion Mut.

Frau Pflug sortiert nun die Namen ihrer Freunde

und Bekannten danach, ob sie mit Öl heizen oder nicht. Tun sie es, bietet sie jedem von ihnen einen Vertrag mit ungefähr folgendem Inhalt an: Du kaufst Dein Heizöl bei mir zu einem heute vorherbestimmten Preis, der deutlich niedriger ist als der, den die Heizölhändler dieser Tage verlangen würden. Du verpflichtest Dich, zu einem verabredeten Zeitpunkt eine Mindestmenge an Öl abzunehmen (und sorgst dafür, daß bis dahin Dein Tank möglichst leer ist).

Kathrin Pflug kauft einen Heizölkontrakt an der Londoner Börse. Ein Kontrakt bedeutet 100 Tonnen Heizöl, das sind 110 000 Liter. Der Broker verlangt dafür einen finanziellen Einschuß von fünf Prozent des gehandelten Betrags, dazu seine Kommission von ungefähr einem Prozent. Der Broker teilt etwa drei Wochen vor der Anlieferung des Öls den Hafen mit – es wird Rotterdam oder Antwerpen sein. Frau Pflug hat gleichzeitig mit dem Kauf des Kontraktes einen Vertrag mit dem Spediteur geschlossen und eine – den 110 000 Litern Heizöl entsprechende – Anzahl von Tanklastwagen gemietet. Die werden das Heizöl im holländischen Hafen übernehmen und ohne Zeitverzug bei den kontraktierten Freunden und Bekannten in die Öltanks füllen.

Die Kalkulation ist einfach und schon vor Beginn der kleinen Kampagne bekannt: Es sind die Kosten des Heizölkontrakts, die Kommission für den Broker und die Speditionskosten. Hinzu kommen einige Telefonkosten und ein Aktenordner für die vertraglichen Vereinbarungen. Falls Frau Pflug sich der Zuverlässigkeit ihrer Bekannten noch nicht ganz sicher ist, kann sie eine Vertragsstrafe vereinbaren oder einige zusätzliche Adressen von Interessenten in Reserve halten. 110 000 Liter sind nicht viel. Ein Tank in einem Einfamilienhaus faßt 3000 Liter, oft auch mehr.

Tanks in Mehrfamilienhäusern bringen es auf 30 000 bis 50 000 Liter, so daß wenige Verträge für einen einzelnen Kontrakt ausreichen. Ein Jahr später, beim zweiten Anlauf, dann, wenn beim Broker, beim Spediteur, den Freunden und Bekannten Vertrauen entstanden ist, kann Frau Pflug ihre Kampagne mit höherer Menge und auch mit höherem Überschuß fortsetzen.

Warum das alles klappen dürfte? Weil Frau Pflug kostengünstiger arbeiten kann als normale Heizölhändler und Spediteure. Zu den wichtigsten Voraussetzungen ihres Geschäftes gehört, daß das Heizöl an der Londoner Börse in Qualitäten gehandelt wird, die ein Endprodukt darstellen. So wird an der Börse beispielsweise ein Gasöl-Kontrakt von einer Qualität angeboten, die exakt den deutschen DIN-Normen für Ölheizungsbefeuerung entspricht. Müßte Frau Pflug das Heizöl erst raffinieren oder sonstwie umarbeiten lassen, würde sie in die Abhängigkeit von Konkurrenten – den Heizöl-Raffinerien – geraten. Wichtig für sie ist auch, daß wesentliche Kosten, die den Konkurrenten anfallen, in ihrer Einpersonen-Firma nicht entstehen: Kosten für die Lagerhaltung, das Vorhalten von Speditionskapazitäten und für den Verwaltungsapparat. Auch was die Durchlaufzeit des Produkts angeht, wird Frau Pflugs kleine Firma von keinem Konzern zu schlagen sein.

Sie muß nur darauf achten, daß die Heizöltanks ihrer Kunden leer genug sind, um dann die vereinbarte Menge aufzunehmen, und daß jemand da ist, wenn der Tankwagen aus Holland kommt und das Öl loswerden will. Die Kunden lernen bei dieser Gelegenheit, das Heizöl jenseits der Heizperiode einzukaufen, dann, wenn es besonders billig ist.

Ein kleines Risiko müssen die Kunden von Frau

Pflug eingehen. Denn die tatsächliche Preisentwicklung für Heizöl zwischen dem Zeitpunkt des Vertragsabschlusses und dem der Auslieferung des Öls bleibt offen. Frau Pflug hat ihren Kunden das Öl zwar – sagen wir im Mai – um zwanzig Prozent billiger als die Konkurrenz angeboten und wird sich auch zum Lieferungstermin im August an den vereinbarten Preis halten. Es könnte allerdings sein, daß im August eine Entwicklung am Heizölmarkt eingetreten ist, die den Preisvorteil von zwanzig Prozent teilweise eingeholt oder sogar überholt hat. Die Kunden der Frau Pflug hätten in diesem Fall dann bei den Heizölhändlern ähnlich billig oder billiger kaufen können.

Da eine solche Entwicklung unwahrscheinlich ist, bleibt das Risiko für die Kunden von Frau Pflug begrenzt. Frau Pflug gewinnt durch das Termingeschäft mehr Sicherheit, sie kann zuverlässiger kalkulieren und längerfristig planen. Ein Kauf auf Termin ist in der Regel kostengünstiger als der Kauf im laufenden Monat.

Frau Pflug wird spätestens in der Rückschau auf ihre kleine Kampagne merken, daß der Arbeitsaufwand dafür gering war; Zeit für die Kinder und den verdutzten Mann blieb allemal. Sie mußte telefonieren und ihre Partner und Kunden von der Idee überzeugen, sie mußte die Verträge vorbereiten und abschließen und die Abwicklung sorgfältig im Auge behalten. Nichts, wird sie finden, ist schiefgelaufen. Nur die Heizölhändler am Ort halten sie für eine Spinnerin und werden erst so richtig wütend sein, wenn in den nächsten Jahren mehr und mehr Kunden lieber frühzeitig bei Frau Pflug bestellen als sich dann, wenn irgendwann zur kalten Jahreszeit der Tank leer wird, den hohen Preisen des (noch) etablierten Handels auszuliefern.

Auch kleine Außenseiter, dies ist entscheidend für ein solches Projekt, erhalten Zugang zu einem professionellen Produkt zu Preisen, zu denen die Großen einkaufen müssen. Das Endprodukt kann im hier skizzierten Fall an der Börse eingekauft werden, ohne daß es neu abgepackt oder verarbeitet werden muß. Der Handelsweg ist mit dem Transportweg identisch und läuft in eigener Regie. Üblicherweise fällt beides auseinander: Der Handel betreibt Geschäfte und beauftragt einen Spediteur für den Transport vom Hafen zum Lager; der eigene Firmenwagen bringt die Ware dann zu Kunden. Im Konzept der Heizölkampagne wird der Spediteur zugleich Träger des Handelsweges. Vorratstanks am Hafen sind genauso überflüssig wie die eines Heizölhändlers, Umfüllaktionen werden reduziert, Verkaufsräume sind nicht vonnöten.

Frau Pflug muß nicht allein bleiben, sie könnte ihre Angehörigen beteiligen. Sofern Familien wieder oder – wie in Asien – noch zusammenhalten und -arbeiten, können sie effiziente Kleinbetriebe entwickeln, weil sie nicht nur die Kosten des bürokratischen Überbaus, sondern auch die der Überwachung und Kontrolle von Mitarbeitern sparen. Die Familienstruktur ist zugleich auch eine Beteiligungsstruktur; welche Anreize es gibt, ist Sache der Familie und bedarf keiner komplizierten Regelungen. Die Familie als ökonomische Einheit hat vor allem dann Chancen, wenn Eltern in die Ausbildung der Kinder investieren *und* sie frühzeitig in den Betrieb einbeziehen, wenn Professionalität und Familienzugehörigkeit nicht in Widerspruch geraten. Eltern können eine generationsübergreifende Kapitalbildung einleiten und auch Sparquoten durchsetzen. Möglicherweise hat bei uns mit der Ablösung einer auch ökonomisch bedeutsamen Familienkultur die Tendenz zur Verbürokratisierung von Betrieben zugenommen.

Das wirkliche Risiko der Kathrin Pflug beginnt eigentlich erst mit ihrem Erfolg. Über ihrem Telefon müßte eingerahmt die Maxime zu lesen sein: Groß werden und dabei klein bleiben! Die Versuchung, zu expandieren, sich einen Apparat zu schaffen, einen wachsenden Berg fixer Kosten mitzuschleppen und unbeweglich wie die Konkurrenz zu werden, liegt nahe, wenn die Umsätze und Erträge steigen. Gefahr droht auch von der zweiten und dritten Generation. Mag Frau Pflug auch noch so fasziniert von ihrer Arbeit und zugleich auf dem Teppich geblieben sein, kann ihr doch geschehen, was vielen vor ihr widerfahren ist – daß Kinder und Kindeskinder, in deutschen Bildungseinrichtungen vom Erwerb unternehmerischer Fähigkeiten und Askese jahrelang abgehalten, fern aller Sparsamkeit und Selbstgenügsamkeit den kleinen und dann ein bißchen größer gewordenen Betrieb der Gründer wieder abwirtschaften und die Erträge verprassen.

ÖKONOMIE DER MORAL

Eine durchaus verbreitete Spezies schlechter Ökonomen ersetzt Einfallsreichtum und Qualität durch Ellenbogen und rüdes Benehmen, hält den Markt – sich selbst dabei eingeschlossen – für eine Versammlung von Gaunern, betreibt ein mieses Spiel am Rande des Betrugs und hofft auf dumme Konsumenten.

Was tun? Sich auf das schmutzige Spiel einlassen? Mit gleichen Waffen kämpfen und dennoch das Gute meinen? Oder riskieren aufrechte Kleine, das Fähnlein der Moral hochhaltend, den nahen Untergang?

»Corporations realize that it pays to be good.« In den Zeitungen Asiens, aber auch in anderen Regionen, mehren sich die Hinweise auf die Erkenntnis, daß Moral und Markt sich nicht beißen müssen, sondern Markt (und nicht »Markt«) immanente Anreize für gute Taten enthält, die nicht erst im Himmel belohnt werden. »Ethic pays« – zumindest längerfristig. Die Gauner leben mit dem Risiko, wenn schon nicht aufzufliegen, so doch wenigstens unglaubwürdig zu werden.

Es gibt eine Ökonomie der Moral. Wenn Markt die Bewirtschaftung knapper Ressourcen bedeutet, verlangt Ökonomie beispielsweise nach Ökologie. Knappe Ressourcen sind zu erhalten; wer sie ohne Blick auf eine langfristige Zukunft plündert, sägt den Ast ab, auf dem er sitzt. Wer meint, dies gelte nicht für ihn, sondern vielleicht für die dritte Generation danach, riskiert, von kritischen Konsumenten an den Ohren gezogen zu werden und auf seinen Produkten sitzenzubleiben. Wenn McDonald's in großen Anzeigen verkündet »Durch McDonald's geht kein Quadratmeter Regenwald verloren!«, wenn Kellog's Projekte von Umweltschützern in Lateinamerika fördert und selbst die Stiftung der Nähmaschinenfabrik Pfaff sich diesem Thema verschreibt, dann ist – wie im Fall von McDonald's – diese Entwicklung zum Besseren ja auch Folge von Markt, Folge vermehrter Anfragen von Konsumenten, wo denn beispielsweise die Rinder vorher weiden, die später zu Klopsen verarbeitet werden.

Intelligente Unternehmer müssen an einem denkenden Betrieb interessiert sein, sie organisieren ihn dann nicht gegen das Naturell der dort tätigen Menschen, sondern beziehen es ein. Phantasien und Träume, sonst in die *black box* des Betriebs abgedrängt, sind erwünscht und werden produktiv genutzt. So, wie die traditionelle Schule Kindern ihren Eigensinn auszutreiben sucht, wird auch die Eigenart und Einzigartigkeit von Angehörigen eines konventionellen Betriebs gebrochen. Dies ist weder menschlich noch sinnvoll. Im Eigensinn, in der Besonderheit, in Träumen, Neigungen und Leidenschaften liegen Energien, die dem Betrieb und seiner Belegschaft von Nutzen sein können. Spleens, so Schopenhauer, seien mit das Beste am Menschen.

Die Erwirtschaftung von Gewinnen ist im Prinzip gut, weil damit Investitionen getätigt und Arbeitsplätze geschaffen werden können. Wer diese Gewinne verpraßt, handelt schlecht. Nicht der Gewinn sollte besteuert werden, sondern der Luxuskonsum. Und es sollten junge Menschen zu unternehmerischem Handeln ermuntert werden, die spartanische Tugenden mitbringen oder zu solchen veranlaßt werden können. Hier tut Umdenken not. Denn solange die Gesellschaft den Luxuskonsum anerkennt, fördert sie das Streben danach.

Ein gutes Produkt herzustellen, knapp zu kalkulieren, die Wünsche der Konsumenten ernst zu nehmen und dabei auch etwas zu verdienen ist solange eine gute Tat, solange andere Menschen nicht mittelbar oder unmittelbar dadurch Schaden erleiden und unser Planet nicht Stück um Stück weiter verwüstet wird. Wer Qualität schafft, muß nicht rücksichtslos sein. Wettbewerb ist ein gutes Mittel, diese Moral praktisch werden zu lassen. Wettbewerber und zunehmend auch die Konsumenten haben ein scharfes Auge für die Arbeitsweise eines Unternehmens.

Markt ist ein Instrument, Ressourcen effizient zu steuern. Hier ist er anderen Instrumenten – wie dem der zentralen Planung – überlegen. Das Prinzip, Aufwand und damit auch den Verbrauch von Ressourcen zu minimieren, ist gut und richtig. Allerdings wird Markt durch einen Mechanismus überlagert, der von den Ökonomen in ihren Modellen nicht berücksichtigt wird, den Mechanismus nämlich, Ziele in einer Spirale steigender Erwartungen ständig zu verändern und höher zu schrauben. Mit wachsenden Ansprüchen werden Ressourcen knapper und Ungleichheiten größer. An diesem Punkt driften Ökonomie und Ökologie auseinander, schlägt der rationelle Umgang mit Ressourcen in ihre Überforderung um, solange, bis Konsumwünsche – und hier ist ein politisch gesetzter Handlungsrahmen vonnöten – auf ein ökologisch verträgliches Maß zurückgeschraubt werden.

Die Notwendigkeit, sensibel für soziale und ökologische Folgen eigenen Tuns zu sein, verlangt nach sozial engagierten und umweltbewußten Unternehmern. Menschen, die diese Eigenschaften mitbringen, sind oft von Ambivalenzen gegenüber ökonomischer Praxis geprägt und versuchen, sich in anderen gesellschaftlichen Bereichen nützlich zu machen. Dies ist mißlich bis verhängnisvoll. Gerade sie sollten Unternehmer werden und das Feld jenen streitig machen, die nur nach dem Geld gieren und sich um die Begleitumstände nicht scheren.

Der Entwurf eines neuen Menschen gründet sich im Christentum vor allem auf die Ausnahmeerscheinung des Jesus von Nazareth. Auch zweitausend Jahre später ist dies ein Entwurf geblieben. Der Sozialismus hat keine hundert Jahre gebraucht, um zu zeigen, daß von der allseitig entwickelten, vom Ethos geprägten Persönlichkeit nicht viel übrigbleibt – im Gegenteil: Kaum brach dieses Konstrukt zusammen, meinten viele, sich nun an gar keine Regeln des *fair play* und Prinzipien der Mitmenschlichkeit mehr halten zu müssen. Der Markt ist weniger Postulat, erzieht konkreter, kontrolliert die Einhaltung der Normen nicht durch Selbstbezichtigungen oder Beichtstühle, sondern durch den Wettbewerb und die Regeln des *level playing field*, und dies um so mehr, je mehr es ihn gibt. Wer mehr Moral in der Ökonomie will, muß für mehr Markt und für einen Staat sorgen, der diesen Markt und seine Regeln ohne Wankelmut und Verführbarkeit schützt und durchsetzt.

Beeinträchtigt einer, der gute Fahrräder baut und vertreibt, andere Fahrradkonstrukteure? Nur, wenn die anderen nicht so gute Fahrräder bauen; sie verdienen dann weniger. Vom Markt werden sie erst durch Überkapazitäten verdrängt. Überkapazitäten sind kein moralisches Problem. Wenn sie entstehen, ist Wechsel geboten.

Ein soziales Netz vorausgesetzt, gibt es weniger Sieger und Verlierer, sondern eher viele Erste, Zweite und Dritte auf der Zielgeraden. Der neue Mensch, der unternehmerisch gestimmte *citoyen*, ist einer, der innerhalb des Regelwerkes mit Phantasie und Freiheit handeln kann. Wir sehen die Chance, an der praktischen Entwicklung einer Anthropologie zu arbeiten, in der es letztendlich keine Schwachen gibt, jedenfalls viel weniger, als Beschwörer sozialdarwinistischer Zustände dies weismachen wollen. Es müssen weniger Kinder, Jugendliche und Erwachsene zu den Verlierern gehören, wenn Pädagogik sich stärker als bisher darauf konzentriert, *frühzeitig* Besessenheiten, Besonderheiten und Eigenwilligkeiten freizusetzen und zu fördern. Markt bedeutet Vielfalt; Markt bedeutet immer auch eine Chance für Außenseiter, für Einzelne wie für Gruppen. Was für die Inder in Ostafrika oder die Chinesen in Südostasien gilt, können auch Außenseiter in unserer Gesellschaft in Anspruch nehmen. Aus Unangepaßten können fähige Unternehmer werden, aus Jugendlichen, denen der Sinn und die Perspektive eines Arbeitsplatzes abhanden gekommen sind, oder aus Einwanderern, die sich aus unselbständiger Arbeit befreien wollen. Man wird in die Kaste der Abhängigen und Administratoren nicht hineingeboren, die Option, ins Wasser zu springen und schwimmen zu lernen, bleibt.

Unternehmer sind nicht besser oder schlechter als andere Menschen auch. Wenn sie Böses tun wollen, mögen sie zunächst mehr Möglichkeiten dazu haben. Langfristig wird die böse Tat den Kredit an Glaubwürdigkeit kosten und den Abgang einleiten oder beschleunigen, jedenfalls dann, wenn Markt und mit ihm Wettbewerb existieren.

Kleine Unternehmer haben eine besondere Chance: Praktizierte Moral ist für Konsumenten leicht erkennbar, bedeutet einen Zuwachs an Glaubwürdigkeit und Vertrauen. Kleine Unternehmer müssen dabei sturmfest sein und bleiben, auch wenn Wettbewerber ihnen ein Bein zu stellen suchen, schlecht über sie reden oder ihnen üble Tricks unterstellen. Kleine Unternehmer, die ihren Kurs halten und sich nicht provozieren und korrumpieren lassen, zwingen die Gegner letztendlich zu dem, was sie fürchten: zum Wettbewerb. Am Ende zeigt sich, daß Moral und Ökonomie gut zueinander passen. Praktizierte Moral wirkt wie von selbst als ein vorzügliches Marketingkonzept.

DIE ANDEREN UNTERNEHMER

Die Zeiten der Vollbeschäftigung sind lange vorbei. Voraussichtlich wird es sie in Deutschland auch nicht mehr geben. Immerhin: Neue kleine Unternehmen bringen neue Arbeitsplätze. Je mehr Unternehmer auf dem Markt antreten, desto größer die Chance, Arbeitsplätze in größerer Zahl zu schaffen. Respekt gebührt dem, der sich seinen Arbeitsplatz selbst einrichtet. Noch mehr Anerkennung verdient, wer darüber hinaus auch für andere Arbeitsplätze bereitstellt. Die Schaffung von Arbeitsplätzen ist nicht das Normale, sondern das Ungewöhnliche.

In den Blick nehmen wir nicht die Unternehmer von der einfallslosen Art, die noch einen Video-Verleih mehr eröffnen und den Mythos vom erfolglosen kleinen Selbständigen nähren. Hier interessieren nicht die Unternehmer vom Typus der dicken Baulöwen, die am Rande oder jenseits der Legalität mit frisierten Rechnungen, Schmiergeldern und einer verzweigten Kumpanei arbeiten. Wir meinen nicht die *me too*-Unternehmer, die Nachahmer von Vorreitern, und auch nicht diejenigen, die auf die Uninformiertheit ihrer Kunden setzen und schnell noch absahnen wollen. In den Blick nehmen wir vielmehr jene, die Ideen zur Verbesserung von Lebensqualität entwickeln und verwirklichen, die eine sinnvolle Dienstleistung erfinden oder das bessere Produkt. Wir meinen und favorisieren Unternehmer, die nicht ständig neue Bedürfnisse herauskitzeln, sondern auf vorhandene wichtige Bedürfnisse mit sozialer und ökonomischer Phantasie antworten. *Take a social problem and turn it into a business idea.* Oder – mit Konfuzius: Es ist besser, ein Licht anzuzünden, als die Dunkelheit zu beklagen.

BESESSENE, QUERDENKER, KÜNSTLER

Vor nicht langer Zeit meinte ein leitender Angestellter der Firma Nixdorf, sein Chef habe, als er noch lebte, viele Macken gehabt, er habe sich ruppig benommen und sei oft in unmöglichem Aufzug dahergekommen. Einem Jungunternehmer, der dies hörte, stieg der Zorn hoch: Ohne Macken könne man keine Betriebe gründen, und ohne Unternehmer hätten auch leitende Angestellte kein Auskommen.

Unternehmer haben Macken, sind Besessene und Querdenker, geben sich mit dem Status quo nicht zufrieden, brechen aus vorgegebenen Gestaltfigurationen aus. Unternehmer ist einer, der Möbel nicht gleichsetzt mit Tisch, Stuhl, Bett oder Schrank und auch nicht mit Holz, Metall oder Kunststoff, sondern ein Mobiliar neuer Gestalt und Funktion aus Altpapier baut und sich dabei auch nicht durch das Gelächter seiner Freunde abhalten läßt.

Unternehmer tüfteln an ihren Ideen wie jener Farmer Mahaju im thailändischen Ort Surin, der einen Fütterungskreislauf hergestellt und ausbalanciert hat zwischen Schweinen, Enten, Fischen und Reis, wobei der jeweilige *output*, die Exkremente der einen Tierart, zum *zero-input* der anderen wird und auch der Reis im Wasser seinen Dünger abbekommt.

Die Idee ist das eine, die Verwirklichung das andere. Wem, um ein Beispiel aus der eigenen Ideenwerkstatt zu nehmen, der Einfall kommt, Glasflaschen so zu formen, daß man sie auch als Bausteine verwenden kann, wird dem verschlungenen Pfad der Tüftelei mit dem Ziel folgen, den Flaschen eine Form zu geben, die ihre herkömmliche Funktion nicht behindert, zugleich aber so beschaffen ist, daß man Flaschen wie Dachziegel ineinander verhaken oder wie Ziegelsteine verfugen kann. Also Bierflaschen als Flachmänner mit gebogenen Hälsen bauen, die mit Inhalt, sagen wir, 1,80 Mark wert sind und als Dachziegel 2,50 Mark? Ein Unternehmen in und für verarmte Regionen starten? Gesagt, getan?

Nein, die Idee ist am Anfang noch undeutlich. Sie mag wie ein Blitz in den Kopf des Grüblers fahren. Sie kann ihn besessen machen. Der Besessene wird die Idee in den Mittelpunkt seiner Existenz rücken und um sie zu kreisen beginnen, immer und immer wieder. Unternehmerische Ideen entwickeln sich aus ihrem Rohzustand durch »Sinnierkraft« – so umschreibt Peter Goebel, Psychoanalytiker, Kleinunternehmer und Verfasser einer Studie über Unternehmensgründer, diese Fähigkeit.

Dies Kreisen um die Idee und ihre ökonomische Verwirklichung wirkt monoman, führt zum Verlust an sozialen Kontakten, hört auch nachts nicht auf, verfolgt den Grübler bis in die Träume, macht ihn oft unleidlich. Zugleich setzt ein Prozeß des forschenden Lernens ein, die Auswertung von Erfahrungen anderer, die Einbettung der Idee ins ökonomische Kalkül. Da mag ein Buch über alte Flaschen und ihre Designs in den Blick fallen und Assoziationen und Fragen freisetzen, die die Autoren nie im Sinn hatten: Wie verhalten sich Flaschen als Bausteine unter Druck, bei Hitze und Kälte? Lassen sich Flaschen, Buddelschiffen ähnlich, mit feuchtem Moos und kleinem Wurzelwerk füllen und gut verschließen und zu grünenden Wänden mit vielen kleinen, in sich abgeschlossenen ökologischen Kreisläufen türmen? Gab es Vorläufer der Idee, mit Flaschen Wände zu errichten und Dächer zu decken? War Heineken, der Bierbrauer, unter ihnen, und gibt es nicht eine alte Fabrik in Sachsen, in der eine Wand aus Flaschen steht? Was bedeutet die Patentnummer auf diesen Flaschen? Warum wurde die Idee nicht weiter verfolgt?

Goebel skizziert als Fazit seiner biographischen Spurensuche den »ökonomisch erfolgreichen kreativen Gründer«: Er sei vom Drang nach Erfahrung, Entfaltung und Gestaltung getrieben. Sinnieren könne als Rausch erlebt werden und zur Sucht geraten. Kontakte mit anderen würden in den Dienst der eigenen Idee gestellt. Arbeit werde als lustvoll erlebt, sie sei Hobby und Freizeit zugleich. Unternehmensgründer wollten lieber kleine Herren als große Knechte sein, Eigensinn und ein archaisches Unabhängigkeitsstreben würden sie bestimmen, dazu komme die Fähigkeit, Erfahrungen gewinnbringend zu verarbeiten. Unternehmer von unten müßten antizipatorisch denken und Visionen von übermorgen entwickeln. Und vor allem müßten sie mit ausgeprägten Ambivalenzen leben: der Ambivalenz zwischen Nähe und Distanz, Hingabe und Aufgabe, nehmen und geben, Macht und Ohnmacht. Unternehmer, die sich behaupten, leben in und mit Zerreißproben, ohne zerrissen zu werden.

Sie lassen sich auf ein Spiel ein, das sie kaum mehr losläßt. Sie setzen nicht auf eine Zahl, sondern auf ein Gedankengebäude, dessen Logik genau recherchiert ist und dessen Umsetzung zwar ein Wagnis, aber ein kalkulierbares Wagnis darstellt. Sie verhelfen ihrer Idee zum Leben. Sie bedenken und gestalten diese Idee so, daß sie von anderen nachgefragt und bezahlt wird und aus ihrer Umsetzung Überschuß entsteht. Darin liegt der Ehrgeiz der Beteiligten und der Reiz des Spiels, wobei der entstehende Überschuß von Unternehmensgründern nicht eo ipso in Konsum und Luxus umgesetzt, sondern eher reinvestiert wird und zur Bildung von Rücklagen dient.

Die unternehmerische Idee verwandelt sich in ein Gerät, mit dem man wider Erwarten fliegen will. Jedes Teil muß genau bedacht sein. Die Luft, die den Auftrieb gibt, ist die Glaubwürdigkeit des Produkts und das Image des Unternehmens. Irgendein Fehler, ob nun am Leitwerk, an den Tragflächen oder bei der Verzurrung der Ladung kann das Gerät zum Absturz bringen. Konkurrenten liegen auf der Lauer und tragen dazu bei, daß sich latente Schwachstellen in manifeste verwandeln. Das Gerät gleicht einem Gesamtkunstwerk. Unternehmer arbeiten in der Entwicklung ihrer Ideen ähnlich wie Künstler, auch sie antworten auf Wirklichkeit mit Phantasie. Der Unterschied zum Künstler liegt vor allem in der Stringenz ökonomischer Kalkulation und Vermarktung und in der Wahl anderer Medien und Materialien.

Statt antiökonomisch geprägten Griesgram zu zeigen, sollten Intellektuelle und Künstler sich viel mehr als bisher auf dem Feld der Ökonomie versammeln. Sie brächten gute Voraussetzungen für die Entwicklung von Ideen mit, die ungewöhnlich sind und nicht der Philosophie eines Wachstums um jeden Preis angehören. Es schafft Befriedigung, sich seinen kleinen Entwurf von der Welt auszudenken und ihn auch noch im Diesseits zu realisieren.

Nadelstreifen verlaufen längs, nicht quer. Querdenker aber sind gefragt. Einer von ihnen heißt Kurt Wachtveitl, kommt aus Wangen im Allgäu, besuchte eine Hotelfachschule in Lausanne, und zu seinen

Freundinnen dort gehörte eine Studentin aus Thailand. Erst als sie wieder weg war, merkte er, daß und wie er angebissen hatte. Er fuhr hinterher, heiratete sie, startete als Manager im Nipa Lodge in Pattaya und erhielt dann die Chance, das Oriental Hotel in Bangkok zu übernehmen. Die Chance? Das Oriental war um die Jahrhundertwende eine erste Adresse, Schriftsteller und Politiker wohnten dort. Später wirtschaftete es ab und wurde zum brüchigen Relikt glanzvoller Zeiten.

Ein paar Jahre ist es her, da trat Mr. Wachtveitl vor ein internationales Auditorium, um über das Geheimnis seines Erfolges zu berichten. In den sechs Jahren davor war das Oriental jeweils zum weltbesten Hotel gewählt worden. Die Hoteliers und Manager im Auditorium, Angehörige der Modernisierungsfraktion, warteten auf einen Vortrag mit der Botschaft: Da kam einer aus dem Westen und zeigte, wo's langgeht. Mr. Wachtveitl indessen berichtete, ohne seine interkulturelle Ehe und Einblicke in die Familie seiner Frau wäre er wohl kaum auf die Idee gekommen, daß es ganz anders langgehen und nach oben führen könne. Er habe studiert, welche Teile der Thai-Gesellschaft effizient zusammenarbeiteten. Die einzige Organisation, die er gefunden habe, sei der Familienverband. Andere Organisationen arbeiteten entweder gegeneinander, litten an Korruption oder seien nicht auf ein Ziel hin orientiert.

In Konsequenz dieser Beobachtung sei er davon ausgegangen, daß die wirksamste Art, das Oriental wieder nach oben zu bringen, darin läge, es im Familienverband zu führen. So übernahm er einige der früheren Angestellten, die er gut fand, und stellte, wenn sie noch besser wurden, nach und nach deren Familienmitglieder ein. Es ging steil aufwärts mit dem Hotel. Dann aber merkte Wachtveitl, daß die Familien, von denen er mehrere im Haus hatte, nicht mehr nur konstruktiv miteinander wetteiferten. So verlegte er sich darauf, kulturelle Veranstaltungen für sein Personal durchzuführen, er versuchte, als Friedensstifter und Glücksbringer zu wirken und – besonders folgenreich – Ehen zwischen Mitgliedern der verschiedenen Familien zu stiften. Dies wirkte kleine Wunder, und der Wettbewerb zwischen den neuen Verwandten diente wieder der Sache. Das Oriental, sagte Wachtveitl, sei vor allem deshalb die Nummer 1 geworden, weil die Familien die interne Kontrolle über ihre eigenen Angehörigen ausübten, sie motivierten, die Arbeitsbereiche organisierten und so effektiv wie zielorientiert arbeiteten. Alle Beteiligten seien glücklich und stolz über ihren Erfolg.

Eine kuriose Lösung, die zur Weltspitze geführt hat? Gilt Vetternwirtschaft in Mitteleuropa nicht als das Letzte, um eine effiziente Organisation zu gestalten? Andere Kulturen, andere Logiken: Für Asiaten ist es umgekehrt schwer vorstellbar, daß ein Haufen von Individualisten, von denen jeder seine ganz persönliche Verwirklichung anstrebt, ein Unternehmen harmonisch und erfolgreich gestalten kann, daß zwischen solchen Charakteren Kompromisse gefunden und ein Interessenausgleich geschaffen werden kann, daß sich Harmonie und Glück einstellen.

Die Möglichkeit, Unternehmer zu werden, ist nicht an junge Jahre gebunden. Wer mit Vierzig in die Selbständigkeit will, kann dies tun. Er mag dann über stabile soziale Beziehungen verfügen, zu ruhiger Überlegung befähigt und vom Wunsch beflügelt sein, dem Untier namens Vorgesetzter zu entkommen. Viele haben sich in ihrer bisherigen Arbeit ein für den neuen Start wichtiges Überblickswissen verschafft, wie die Stewardeß Ingrid Hendry zum Beispiel: Sie hatte sich als Hobby der chinesischen Medizin verschrieben, suchte, wann immer sie in Peking oder Shanghai landete, Kontakt zu traditionellen Medizinern und machte sich später auf den Weg in die Selbständigkeit, indem sie Kranke aus dem Westen zu jenen Medizinern begleitete – eine kleine Reiseagentur mit ungewöhnlichem Ziel und auf Heilung hoffender Kundschaft. Jede dritte Firma wird in Deutschland inzwischen von einer Frau gegründet. Die Tendenz steigt und wird auch hier – dies ist zu hoffen und zu fördern – zu einer Umverteilung von Chancen führen.

Die Kosten, Unternehmer zu werden, können hoch sein: Die Scheidungsrate in Silicon Valley lag bei 100 Prozent, die Sinnierer und Tüftler geraten leicht in die Einsamkeit, werden – durchaus diesseits der Legalität – asozial, opfern Freundschaften, verstärken skurrile Züge, vergraben sich in Zahlenkolonnen und Finanzierungsprobleme, verlieren sich wie Lem'sche Figuren im Gestrüpp logischer Verknüpfungen.

Während die Gründergeneration und vielleicht auch noch die zweite um des Spiels wegen wenig Zeit für Müßiggang und Luxus hat, verliert die dritte und vierte Generation leicht die Lust und Besessenheit. Dann wird verpraßt, was vorher in Knappheit erwirtschaftet wurde. Nur das Geld und der Besitz ist den Nachfahren zugefallen, *entrepreneurship* ist, zeigt sich, kein selbstverständliches Vermächtnis.

Auch wenn besorgte Unternehmer-Eltern ihre Kinder in pädagogische Anstalten stecken, in denen wie im Internat Salem noch ein Hauch spartanischer Lebensweise zu spüren ist, kann der Niedergang sich bald andeuten: wie bei jenem Schüler, der zu faul war, sich seine Schuhe zu putzen und beim Appell nie auffiel, bis man irgendwo hinter dem Gebäude einen Haufen weggeworfener, neuwertiger Schuhe fand. Er hatte sie immer nur solange getragen, bis sie dreckig waren und dann neue gekauft. *Entrepreneurship* ist nicht erblich; es wäre mehr als eine Überlegung wert, dies auch im Erbrecht auszudrücken und die Apanagen parasitärer Nachfahren auf ein Normalmaß zu stutzen.

VON »EWIGEN« ARBEITERN UND »GEBORENEN« UNTERNEHMERN

»Wenn«, schreibt Peter Goebel im *Handelsblatt* vom 17./18. Mai 1991, »es gelänge, in der öffentlichen Meinung den Unternehmensgründer mehr als einen kreativ Tätigen und Arbeitsplätze Beschaffenden statt als Ausbeuter und den Arbeitnehmer mehr als Arbeitsplatzwegnehmer darzustellen, dann würde noch mehr unternehmerische Kreativität freigesetzt werden.« In der Gegenwart wird immer noch so getan, als hätten wir uns mit einer großen Klasse von »ewigen« Arbeitnehmern und einer kleinen Klasse von »geborenen« Unternehmern abzufinden.

Die Innovationskraft deutscher Unternehmen nimmt nach den Ergebnissen des Ifo-Innovationstests stetig ab. Statt aber auf *entrepreneurship* zu setzen und damit auf die Entwicklung und Umsetzung neuer unternehmerischer Ideen, wird vielfach nur *business administration* betrieben. Wem aber die Ideen fehlen, der kann auch mit guter Verwaltung und freundlichem Betriebsklima den Niedergang nicht aufhalten. Auch Formeln vom »visionären Management« ersetzen nicht die Ideen und tragenden Entwürfe.

Ein Unternehmer beansprucht, Meister zu sein.

Triebe ihn dieser Anspruch nicht, hätte er auch Arbeitnehmer werden oder bleiben können. Meister und Manager sind verschieden – das Wortspiel »Managers do things right, leaders do right things« zielt auf diese Differenz. Der Absicht, unternehmerische Kreativität freizusetzen und den Zugang zu unternehmerischer Initiative zu erleichtern, vor allem aber auch dem Nutzen des eigenen Unternehmens dient ein Modell, das in Umrissen bisher nur in wenigen, kleinen Betrieben Praxis geworden ist: Statt Arbeitgeber und Arbeitnehmer gibt es – so das Modell – Unternehmer, die schon gestartet sind, und solche, die noch starten wollen. Ein Meister ist jemand, der über seine selbst geschaffene Welt verfügen möchte und loyale und kompetente Mitarbeiter braucht, um diese Welt mit- und weiterzuentwickeln. Ein Mitarbeiter wird dies um so leichter tun, je mehr folgendes klar ist: Er kann und soll sich selbst als künftigen Unternehmer betrachten, der eine Art Gesellenzeit durchläuft und alle Einschränkungen und disziplinierenden Regeln offen akzeptiert – in der Erkenntnis, daß sie betrieblich notwendig sind und er selbst in einer späteren Situation als Meister ebenfalls auf Loyalität und Kompetenz seiner Mitarbeiter angewiesen sein wird. Für den Gesellen ist es wichtig zu wissen, daß es sich um ein befristetes Dasein unter Einschränkungen handelt. Zu den Anreizen seiner Tätigkeit gehört die Chance, sich später mit einem *spin off*-Unternehmen vom Mutterschiff zu lösen und dabei im Vorfeld unterstützt zu werden.

Je engagierter die Gesellen sich dem Meister anschließen, je mehr es gelingt, ihre Besessenheiten nicht nur zu fördern, sondern produktiv auf den Betrieb zu beziehen, desto bessere Marktchancen wird dieses Unternehmen haben. Die Gegenleistung: Man muß das Streben der Gesellen nach späterer Unabhängigkeit nicht nur tolerieren, sondern ausdrücklich fördern – nach Möglichkeit so, daß aus den Gesellen nicht *me too*-Konkurrenten und Imitatoren werden, sondern Unternehmer mit originären eigenen Ideen. Sind sie gegangen, machen sie Platz für Neue mit neuem Elan. Würden sie nicht gehen, würden ihnen die Ideen wie alternden Managern leicht abhanden kommen, kleine Herren können sie dann nicht mehr werden.

In diesem Modell werden Betriebsangehörige als vorübergehende Arbeitnehmer begriffen, die die Durststrecke der Disziplinierung durchlaufen, um in das Schlaraffenland eigener Gestaltungsräume zu gelangen. Sein Vorzug liegt darin, daß der Spaltung in eine Zwei-Klassen-Gesellschaft von Unternehmertum und Lohnarbeit entgegengewirkt wird. Geht man von der These aus, daß im Prinzip jeder Unternehmer werden kann und nur über mittelfristige Strecken Arbeiter oder Angestellter ist, dann erhält das Motto »mit vierzig in die Selbständigkeit« noch eine zusätzliche Bedeutung: Statt als älter werdender Mensch unter der zunehmenden Bedrohung einer Kündigung zu leben, würde man rechtzeitig auf die eigenen Füße fallen. Dies ist nicht mehr weit entfernt von der klassischen Handwerkerausbildung: Der Neuling lernt beim Meister und zieht als erfahrener Geselle dann in die weite Welt – um sich mehr Überblickswissen zu verschaffen, Alternativen zu entwickeln und als neuer Meister selbständig zu werden.

Diejenigen, die sich dem harten Training zum künftigen Unternehmer mit genügender Ernsthaftigkeit nicht unterziehen wollen oder können, werden in beiderseitigem Einverständnis frühzeitig aus dieser Laufbahn verabschiedet, unter anderem, um zu verhindern, daß sie später sich selbst und ganze Belegschaften mit in den Abgrund reißen. Es wäre ähnlich wie bei einer Fluggesellschaft, die Piloten ausbildet: Wer mehrfach Abstürze in der Simulation verschuldet hat, muß mit dem Ende seiner Ausbildung zum Piloten rechnen. Steward kann er ja immer noch werden. Eine solche Auslese ist bei Fluggesellschaften notwendig aus Verantwortung künftigen Passagieren gegenüber, im Fall von Unternehmen ist sie sinnvoll auch im Hinblick auf Kunden. Untaugliche Unternehmer stehen in der Versuchung, ihre Defizite durch Betrug am Verbraucher zu kompensieren.

Ist ein solches Modell umsetzbar? Im Prinzip und Schritt um Schritt: ja. Gilt es für alle Menschen: im Prinzip ja; unter den obwaltenden Umständen: natürlich nicht. Auf dem Weg zum eigenen Unternehmertum kommt irgendwann die Gabelung und mit ihr die Entscheidung, ob der Sprung in die Selbständigkeit riskiert wird oder nicht, ob man lieber großer Knecht bleiben oder kleiner Herr werden will. Längst nicht alle wollen oder können von ihren biographischen Erfahrungen her Unternehmer werden. Das Modell kann aber dazu anregen, unternehmerische Reserven zu mobilisieren – und dies in einer Weise, die für Betriebe, in denen unternehmerisches Potential gefördert und freigesetzt wird, von Nutzen ist. Geschieht dies, dann weisen auch die Zahlenwerte des Ifo-Innovationstests nicht auf Dauer weiter nach unten.

LERNEN IM MARKT

Lernen im Markt heißt: Lernen in Unsicherheiten. Jede unternehmerische Entscheidung enthält ein Risiko. Ist sie falsch, werden ökonomische Sanktionen früher oder später wirksam. Richtige Entscheidungen führen letztendlich zu höheren Erträgen. Das Spiel »Unternehmen« hat Ernstcharakter.

Der Markt ist wie eine entschulte Schule, die mal als Hindernisbahn, als verzweigtes Labyrinth, als Ort blitzschneller Entscheidung, als Werkstatt für Tüftler, als Ashram zur Stärkung der Sinnierkraft, als Büro für ungewöhnliche Maßnahmen, als Ideenbörse oder Turnierplatz in Erscheinung tritt und ebenfalls entschulte Lehrer in verschiedenen Rollen mitwirken läßt: als konkurrierende Unternehmer, Bürokraten, Manager, halbseidene »Geschäftspartner«, Erfindungsreiche, als Kunden, als Feinde und Freunde. Die Lehr- und Lernmaterialien entstammen der Wirklichkeit und werden oft selbst hergestellt. Diese Schule, die mit der von Pädagogen praktizierten Einrichtung gleichen Namens fast nichts gemein hat, finanziert sich selbst.

Ach ja, auch Noten gibt es keine, vielmehr drükken Kunden ihre Anerkennung oder ihr Mißfallen in Mark und Pfennig aus. Prüfungen geraten nicht zu Kurzzeitveranstaltungen von prognostisch zweifelhaftem Wert, die Konsumenten verteilen statt dessen kontinuierlich Lob oder Tadel. Sie sorgen auch dafür, daß Unternehmer ständig dazulernen müssen, daß sie mehr und mehr Sachkompetenzen brauchen und immer wieder auch neue Ideen. Bevor ein Produzent das Klassenziel, die schwarzen Zahlen, verfehlt, hat er meist hinreichend Zeit – wenn er die frühen kleinen Warntafeln nur ernst genug nimmt –, sich auf höhere oder gewandelte Anforderungen seiner Kunden einzustellen. Sitzenbleiber gibt es zwar, Unternehmer nämlich, die am Markt vorbei oder über ihre Verhältnisse gewirtschaftet haben, aber keine Schulverweise auf immer. Neuanfänge sind möglich. Und alle, die als Unternehmer mit dabei sind, brauchen nicht motiviert zu werden, sie sind es schon, und je mehr sie das Spiel fasziniert, desto weniger achten sie auf Stundenpläne und Ferienzeiten, sie sind am liebsten Tag und Nacht dabei.

VOM VERSAGEN DER PÄDAGOGISCHEN ZUNFT

Markt als Schule ist ein Traum, der nur im Leben vorkommt. In Schulen der nicht entschulten Art werden Kinder von Pädagogen abgeschirmt, an Spielen mit Ernstcharakter dürfen sie nicht teilnehmen. Lehrer sind keine Unternehmer. Im Gegenteil. Sie gehören zur Spezies des Institutionstyps. Wenn sie Pech hatten und – sagen wir – in Berlin-Neukölln zur Welt kamen, konnten sie im zarten Alter von wenigen Wochen in eine ganztägige Liegekrippe, von dort in die Krabbel- und dann in die Laufkrippe gelangen, wechselten dann in eine ganztägige Kindergartengruppe für Drei- bis Vierjährige und später in die Vorschulgruppe für Fünfjährige, besuchten danach eine ganztägige Grundschule, ein ganztägiges Mittelstufenzentrum und ein ebenfalls ganztägiges Oberstufenzentrum, um dann zur Universität zu wechseln und nunmehr – die Schulzeit war wohl zu schön, um sich noch anderes vorstellen zu können – als Dauerjugendliche das Lehramt zu studieren. Von dort geht es im direkten Anschluß ins Referendariat und wieder zurück in die Schule. Niemand hat diese Studenten rechtzeitig hinausgeworfen. Auch ohne den Besuch von Krabbelkrippe oder Vorschulgruppe hätten sie es dringend nötig, sich irgendwann – und wenn auch nur für eine gute Weile – vom lebenslangen Marsch durch die pädagogischen Institutionen abzunabeln. Der gelegentliche Trip nach Lanzarote oder ins Engadin reicht nicht hin.

Erziehen Lehrer Kinder zu kleinen Unternehmern? Fördern sie die Besessenheit, die zähe Verfolgung ungewöhnlicher Ideen, die Kalkulation des Risikos? Sie tun es nicht. Die Grundqualifikation des unternehmerischen Handelns wird von Pädagogen domestiziert und in die Befähigung zum Arbeitnehmerdasein transformiert. So produzieren sie Analphabetismus in Sachen *entrepreneurship* und damit eine Bildungskatastrophe mit verhängnisvoller Wirkung. Bereits der Zuschnitt ihrer Einrichtungen ist als Modell kontraproduktiv. Schulen verursachen Kosten, ohne die Chance zu nutzen, auch Einnahmen zu erwirtschaften.

Rings um den Globus favorisiert wird in Schulen mehrheitlich und bis heute der Typus eines repetitiven Lernens in Scheinsicherheit: Aufgaben, Lösungswege und Lösungen sind Lehrern in der Regel bekannt, und so suchen zunehmend lustlose Schüler, Trampelpfaden zu folgen, die ihre Lehrer ihnen vorher angelegt haben. Komplexe Wirklichkeit wird didaktisch reduziert, Fächern zugeordnet und in ihnen oft bis zur Unkenntlichkeit entstellt – nach dem im Prinzip immer noch gültigen Motto: Wenn fünf Arbeiter zum Bau eines kleinen Hauses zehn Tage benötigen, welche Zeit brauchen dann 500 Arbeiter?

»Die Schule – als Institution – erzieht. Sie ist«, schrieb Siegfried Bernfeld in seinem Essay über »Sisyphos oder die Grenzen der Erziehung« vor vielen Jahrzehnten, »zum wenigsten *einer* der Erzieher der Generation; einer jener Erzieher, die – zum Hohne allen Lehren der großen und kleinen Erzieher, zum Hohne allen Lehr- und Erziehungsprogrammen, allen Tagungen, Erlässen, Predigten – aus jeder Generation eben das machen, was sie heute ist, immer wieder ist, und gerade nach jenen Forderungen und Versprechungen ganz und gar nicht sein dürfte.« – »Und das ist die Lächerlichkeit der didaktischen Situation. Da denkt, schreibt, experimentiert, agitiert sie redlich und fleißig – und sieht nicht, daß ihr Tun unnütz ist, weil es am falschen Ort geschieht. Zugleich aber – und das ist das Verwerfliche – erhält sie das Bestehende, indem sie, selbst abgelenkt und abseitig tätig, aller Aufmerksamkeit vom Feinde ablenkt. Aller Arbeitskraft nutzlos vergeudet. Nein, nicht erfolglos. Dient es doch dem gesicherten Bestand des Bestehenden.«

Stofforientiertes (statt: situations- und problembezogenes) Lernen in Einzelkonkurrenz und in Parametern der Scheinsicherheit schafft Transferprobleme. Die schwierige Wirklichkeit folgt eigenen Bewegungen, ihre Bewältigung erfordert oft Teamarbeit und den erfindungsreichen Prozeß forschenden Lernens in engem Theorie/Praxis-Zusammenhang. Schüler indessen, deren Horizont nur bis zur jeweils nächsten Hausaufgabe erweitert wird und denen der soziale (und ökonomische) Kontext ihres Lernens abgeht, denen die Motivation zu Eigeninitiative schwindet, erleben eine Erziehung zur Arbeit in Abhängigkeit.

Vielen Pädagogen sind Unternehmer unheimlich. Sie stehen auf der anderen Seite des Grabens. Bei der Lektüre ihrer Zeitung überblättern sie den Wirtschaftsteil, die Allgemeinbildung endet beim Feuilleton. Statt *bessere* Unternehmer zu fördern und die Wertediskussion auf konkrete ökonomische Projekte zu beziehen, wird eine – historisch im Antisemitismus mitbegründete – Anthropologie des Unternehmers entworfen, die von Mutmaßungen wie diesen ausgeht: Unternehmer sind das Ergebnis biographischer und/oder charakterlicher Entgleisungen, jedenfalls nicht das Produkt pädagogischen Bemühens. Wenn aber Unternehmer durch Unfälle entstehen, liegt dies außerhalb pädagogischer Zuständigkeit. Obwohl Pädagogen gern hoch bezahlt werden – deutsche Lehrer liegen mit ihren Gehältern weltweit an zweiter Stelle –, gilt ihnen die Erwirtschaftung von Überschüssen eher als anrüchig. So richtig reich werden ist noch unanständiger. Wettbewerb ist auch schlecht – man stelle sich die Proteste deutscher Lehrer vor, wenn sie sich ihr Geld nach einem Ranking-System verdienen müßten.

Die Erziehung zum Unternehmer kommt auch auf den Universitäten kaum vor. Die Betriebswirtschaftslehre blendet *entrepreneurship* weitgehend aus. Studenten der Wirtschaftspädagogik können unternehmerische Initiative später schon deshalb schlecht vermitteln, weil sie das unternehmerische Risiko durch die Wahl ihres Studiums bereits abgewählt haben. Wollte eine Universität unternehmerische Initiativen von hoher Qualität wirklich fördern, müßte sie weit weniger durch einen bürokratischen Überbau und Zweckhochzeiten von Hochschullehrern in Wissenschaftlichen

Einrichtungen, sondern mehr durch produktive, im Wettbewerb stehende, administrativ und ökonomisch ziemlich selbständige Einheiten gekennzeichnet sein: die Universität – *auch*, nicht nur! – als eine Versammlung von intelligenten, Wissenschaft betreibenden und von wissenschaftlich gestütztem Einfallsreichtum lebenden Unternehmen, in denen Professoren wie Studenten lernen, Risiken auszuhalten. Die Universität als Vulkan mit ständigen Eruptionen von neuen, visionären Ideen? Die Universität als Versammlung der unternehmerischen Avantgarde, der Professoren, die sich ihre Lehrstühle zum Teil selbst erwirtschaften, der Studenten, die nicht zu Dauerjugendlichen werden, sondern von ihrer Alma mater aus Tochter-Unternehmen starten? Aha, weit hergeholt? Wohl wahr.

Mehr Realität enthält eine kleine Rückblende: ein Konferenzraum der Freien Universität Berlin etwa ein Jahr nach der Wende. Gegenüber sitzen sich Professoren aus Ost und West. Draußen wird die Landschaft bereits von Erdbeben geschüttelt, entlassen zusammenbrechende Betriebe Menschen in die Massenarbeitslosigkeit, fürchten Mieter, von Alteigentümern stranguliert zu werden, folgt dem Konsumrausch schon der Katzenjammer hoher Abzahlungen – aber was tun die Herren drinnen? Sie unterhalten sich über Motivationsprobleme im Unterricht. Einige Kollegen Fachdidaktiker gehen so bedeutenden Fragen nach wie der, ob man im Englischen in Zukunft nun »I will« statt »I shall« sagen darf, ob Lagerhaltung ein anwendungsbezogenes Thema für den Informatikunterricht darstellt oder ob man in der Chemie eine Leistungskontrolle zum Thema Neutralisation durchführen kann.

Ein Lernen in realen Lebenssituationen sprengt leicht Regelungen und Rituale. Als in einer öffentlichen Veranstaltung des Bielefelder Oberstufenkollegs – einer bedeutenden Reforminsel in der eher mausgrauen Bildungslandschaft – die Rede davon war, daß Schule als Polis auch Schule in der Polis sein solle und sich draußen einzumischen habe, und als der konkrete Vorschlag unterbreitet wurde, das Kolleg möge sich doch bitte am Kampf gegen die Einrichtung eines Sportflughafens im nahegelegenen Ried beteiligen, rief ein Gemeinschaftskunde-Lehrer protestierend dazwischen, mit seinem Deputat von soundsoviel Stunden könne er das nicht, der Kampf würde sicherlich länger dauern. Eben. Und als in dieser Veranstaltung ein Kunsterzieher monierte, er habe als Projekt mit seiner Klasse einen Bielefelder Brunnen anmalen wollen, die Schüler seien statt dessen aber mit kommunalpolitischen Rankünen und bürokratischem Gerangel konfrontiert worden, da fragten andere aus dem Publikum zurück: Na und? Dafür hätten die Kinder doch andere wichtige Dinge gelernt: daß Entscheidungen gar nicht nur in Sitzungen zuständiger Ausschüsse fallen würden, sondern auch auf Gängen, bei Telephonaten, auf dem Wege von Kungeleien im politischen Halbdunkel. Vielleicht hätten die Schüler ja auch etwas über administrative Ineffektivität gelernt und darüber, wie man es besser machen könnte. Lektionen über Kommunalpolitik statt Kunstunterricht? So könnte es kommen, wenn sich Schule in der Polis ansiedeln will.

Für Kinder, die jetzt oder später unternehmerisch handeln wollen, gleicht die Schule einem großen Reibeisen: Man kann wohl nur gegen sie oder auch ihr zum Trotz unternehmerisch initiativ werden. Auf Lehrer hingegen wirkt die Schule wie ein Magnet, der sie immer wieder einzufangen droht und Ausflüge in die Welt jenseits der Schultore rasch beendet. Auf alle

Lehrer? Nein, auch unter ihnen gibt es sozial-unternehmerisch handelnde Personen. Sie, die Schule und Leben verbinden, den offenen Unterricht favorisieren, mit ihren Kindern Projekte mit Ernstcharakter durchführen, das Verhältnis von Schule und Nachbarschaft wiederherzustellen trachten, die die Lern- und Erfahrungsprozesse an – doch wohl auch: ökonomischen! – Schlüsselproblemen und -situationen orientieren – sie, diese Besessenen, gilt es zu unterstützen.

PÄDAGOGIK DES ERNSTFALLS

Es ist Nacht auf der Rückseite von Rio de Janeiro, dort, wo die Favelas liegen und Schwarz vorherrscht. Das Movimento Negro, die afrobrasilianische Bewegung, hat zu einer Übung geladen. Ziel ist es, die Banditen, die ihrem Handwerk nachgehen, ob das Movimento Negro nun will oder nicht, zu humaneren Überfällen zu veranlassen. Vierzehn- bis Zwanzigjährige haben sich aufgebaut, ein bißchen wie die Nachkommen des Räubers Lampiâo und seiner Bande, der Cangaçeiros. Viele Jahre früher hatten sie den Sertâo, den trockenen Nordosten des großen Landes, verunsichert. Auch die Maria Bonitas sind in dieser Nacht mit dabei, Freundinnen, die sich an den Lektionen vergnügen. Banditen schießen rasch und oft aus Angst. Sie schießen vor allem, wenn Touristen falsche Bewegungen machen, beispielsweise zu schnell in die Gesäßtasche greifen, und die Banditen nicht wissen, ob nun Geld oder eine Pistole zum Vorschein kommt. Also gilt es, die Situation zu lockern, den Touristen mitzuteilen, sie mögen doch bitte entspannt im Hier und Jetzt mit richtigen, langsamen, jedenfalls nicht unbedachten Bewegungen ihr Geld herausholen – am besten vorn aus der Tasche am Hemd, oder, wenn sie's denn schon hinten in der Gesäßtasche hätten, dann sollten sie sich ganz langsam mit erhobenen Armen umdrehen, um erst dann, im Angesicht des Räubers, nach dem Geld zu langen. Was aber, wenn's komplizierter wird und bei geizigen Touristen oben oder hinten zu wenig Geld herauskommt? Wenn es im Schuh oder Brustbeutel oder sonstwo steckt? Wie übermittelt ein Räuber, selbst unter Streß und des Englischen kaum mächtig, seine Botschaft präzise und dennoch entspannungstherapeutisch gemildert seinem geschockten Opfer? Wie schnell – bei aller Entdeckung langsamer Bewegungen – muß so etwas gehen?

Es wird viel gefeixt in dieser Nacht. Ziel war es nicht – und konnte es realistischerweise auch nicht sein –, Banditen von Überfällen abzuhalten (da sind die miesen Verhältnisse vor) oder, was uns näherliegen würde, sie zu unternehmerischem Handeln und mithin zu anderem Einkommenserwerb zu ermuntern (da fehlte die Zeit), wohl aber, bei Überfällen die Todesrate zu senken.

In einer anderen Stadt, Sâo Paulo, überredete eine deutsche Entwicklungshelferin einen jungen Banditen, Zementschubkarren auf einer Baustelle zu fahren. Drei Wochen später war er wieder auf der Straße. Auf die Frage, was er denn eigentlich werden wolle, wenn ihm schon das Schubkarrenschieben nicht passe, antwortete er: Großwildjäger in Afrika. Dies ist ein wichtiger Hinweis für Pädagogen: Dem abenteuerlichen Leben kann man keine langweilige Pädagogik entgegensetzen. Es sollte schon eine sein, bei der die Klientel nicht sanft entschlummert oder sich aus dem Staub macht.

Die Inszenierung von Langeweile ist das Gegenteil einer Pädagogik des Ernstfalls. In Ernstfällen geht es nicht selten abenteuerlich zu. Zwischen Lernende und Wirklichkeit schiebt sich kein didaktischer Filter, Lehrende leben und lernen mit ihrer Klientel zusammen, setzen sich und die anderen Realsituationen aus, unternehmen sinnvolle Projekte. Lernen im Markt geschieht dabei nicht schutzlos. Schutzvorkehrungen bei Unternehmungen sind notwendig, weil die Abstürze tiefer sein können als nur der Rutsch von einer besseren zur schlechteren Schulnote. Der Schutz muß nur, anders als in der Schule, an der richtigen Stelle sitzen.

Anfang der achtziger Jahre stand die Hermann Lietz-Schule auf Spiekeroog, eine Reformgründung aus den zwanziger Jahren, fast vor dem Aus. In den Jahren davor war die Lust am pädagogischen Profil abhanden gekommen, zogen Eltern es vor, ihre Kinder auf andere Internate zu schicken, hielten die Insulaner nichts mehr von dieser Schule hinter den Dünen. Der Leitsatz ihres Gründers – »Leben und Arbeiten« – war in Vergessenheit geraten. Dann kam ein neuer Schulleiter, Hartwig Henke, und nahm den Umstand, daß die Schule ökonomisch auf Grundeis ging, als pädagogische Chance. Nunmehr hieß »Leben und Arbeiten« arbeiten, um zu überleben. Nun mußte die Schule unternehmerisch handeln, nun waren Schüler auf einmal richtig wichtig, weil von ihnen mit abhing, daß das Schiff wieder freikam. Welch eine Chance in der deutschen Schullandschaft! Überleben hieß, brachliegende Ländereien rings um die Schule wieder zu bewirtschaften und den Speiseplan um hochwertiges Gemüse zu bereichern, den Viehbestand mit Schafen und schottischen Hochlandrindern neu aufzubauen, die Deiche zu reparieren und die Schule vor Sturmfluten zu schützen, den Wind als Energiequelle zu nutzen und sich zu fragen, ob der Müll nicht nur der Schule, sondern der ganzen Insel einem rentablen Recycling zugeführt werden kann.

Sie könnten doch, sagten die Schüler nach ersten Erfahrungen, die Schule, die bereits eine gemeinnützige GmbH sei, mit weiteren kleinen Firmen umstellen, Klassen in kleine Unternehmen verwandeln, den Lehrstoff vom Vormittag plündern und Wissensbestände, die für ihre Unternehmen nützlich seien, in ihre Projekte einbringen. Die Hausaufgaben ergäben dann einen ganz neuen Sinn – zum Beispiel: Wie kann man mit solargewonnener Energie den Neigungswinkel von Gewächshausdächern in ein jeweils optimales Verhältnis zum Sonnenstand bringen? Oder: Warum korrodieren Windräder großer Firmen (die offenbar von Landratten betrieben werden) in See- und Salzluft so leicht, und welche Materialien erweisen sich als resistent?

Unternehmerische Ideen wurden ventiliert: Man könnte doch – Autofahren auf der Insel ist verboten – solargetriebene kleine Inselfahrzeuge entwerfen. Oder Bollerwagen mit Walzen und Raupen für urlaubssuchende Familien, die mit den kleinen Rädern ihrer Kinderwägen auf dem Weg durch die Dünen im Sand versinken. Die Schule könnte ein Café eröffnen für Wanderer, die vom Watt zurückkehrend Durst und Hunger haben.

Und die Lehrer? Die könnten, meinten die Schüler, als Gesellschafter oder Geschäftsführer in die Klassen-Firmen eintreten und die Gewinne mit den Schülern teilen. Die alten Fächer solle es weiter geben, indessen reduziert. Das wirklich wichtige Wissen könne man sich in den kleinen Firmen besser jenseits des 50-Minuten-Takts aneignen. Gelernt würde dort erst recht. Denn wer ein oder zwei Hektar Landwirtschaft unter Glasdächern betreiben will – statt erfrorenes Gemüse im Winter vom Land zu holen –, müsse schon in der Vorplanung erhebliche Kenntnisse aus der Wirtschaftslehre, der Geographie, Biologie, Chemie, Physik und Mathematik erwerben, müsse Marktanalysen durchführen und das Konsumentenverhalten erforschen, Wahrscheinlichkeitsrechnungen anstellen, Klima und Wetter einkalkulieren, Bodenbeschaffenheiten untersuchen und sich mit der Zucht von Gemüse befassen, das nicht nur gut aussieht, sondern vor allem gut schmeckt und nährstoffreich ist.

Lehrplankommissionen sind nicht allwissend. Es steht nicht im Lehrplan, wie man unter den Gegebenheiten Spiekeroogs am besten einen Boden herstellt, der nicht nur nahrhaft ist, sondern durch beigemischten Lehm auch noch das Wasser eine Weile hält. Das aber wissen die Insulaner. Mit ihrer Hilfe und ihrem Sachverstand sollen die Projekte Mißerfolge vermeiden.

Gedacht, erörtert, verworfen, aber oft auch getan. Lehrer und Schüler gingen daran, mit der Gemeinde Spiekeroog zusammen ein Bildungs- und Informationszentrum im Nationalpark Niedersächsisches Wattenmeer zu errichten und bekamen schon bald mehr als 12.000 Besucher im Jahr. Sie bauten eine große Solaranlage zur Erzeugung von Brauchwasser für 100 Personen und arbeiteten wiederum mit der Gemeinde zusammen am Bau einer noch größeren Windkraftanlage, die nicht nur zwanzig Kilowatt wie bisher, sondern 200 bis 300 Kilowatt Leistung erbringen soll. Ein Schülershop eröffnete und mußte wieder schließen, um gegen Absahner in den eigenen Reihen vorzugehen. Ein kleines Museum erzielte im ersten Jahr schon 10.000 Mark an Einnahmen. Das Café für Wanderer gibt es inzwischen und mit ihm eine Gewinn- und Verlustrechnung. Heute ist die Hermann Lietz-Schule auf Spiekeroog aus den Untiefen heraus. Sie hat Zulauf, und die Insulaner sind wieder stolz auf sie.

Unter dem Strich haben weniger die Schüler Probleme mit der Ökonomie, sondern eher schon die Lehrer. Nur die wenigsten wollen Gesellschafter oder Geschäftsführer kleiner Satellitenfirmen rings um die Schule werden. Manche sehnen sich zurück an ein richtiges Gymnasium und nach einem Leben als Beamte. Und als ein Schüler einmal eine kleine, aber pfiffige Marktlücke entdeckte – es gibt viele Fahrräder auf der Insel, aber keine Reparaturmöglichkeiten –, eine private Werkstatt einrichtete und die Leute ihre kaputten Räder brachten, der Betrieb zu florieren begann und der Schüler mehr und mehr einnahm, da erschienen einige Lehrer und verboten das Unternehmen: auf diese Weise Geld zu verdienen und die Gewinne in die eigene Tasche zu stecken, sei nicht akzeptabel.

Wenn Pädagogen schon keine Unternehmer sind oder sein wollen: Es wäre weltweit viel geholfen, wenn sie Kinder und Jugendliche, die einen »Fimmel« entwickeln, wenigstens ließen und sie dabei nicht ständig störten. Oder – mit Ivan Illich: »Das meiste Lernen resultiert nicht aus Unterricht. Es ist vielmehr das Resultat der ungehinderten Teilnahme in relevanter Umgebung.«

DIE KINDER DER ARMEN ALS UNTERNEHMER VERSTEHEN

Brasilien, Provinz Minas Gerais, im Mai 1987: Eine Gruppe lateinamerikanischer Pädagogen macht sich anläßlich einer Konferenz in Belo Horizonte mit klapprigen Autos auf nach Betim. Die Straße führt eine Stunde lang zur Rückseite des Reichtums. Im Bairro Santa Lucia halten sie vor dem *Salâo do Encontro Artesanato*, einer »Schule«, die – gepriesen sei's – als Schule nicht mehr kenntlich ist. Die Pädagogen wissen: Brasilianische Primarschulen haben eine Quote an Schulversagern von achtzig Prozent in den ersten vier Jahren. Oft kommen Kinder aus den Favelas nur, um sich die Schulspeisung abzuholen und mit den Familien zu teilen.

Die Pädagogen lassen sich den Salâo zwei Stunden lang zeigen und fahren zurück an ihren Konferenzort. Einige rümpfen die Nase und finden, sie hätten keine *escola comunitaria produtiva*, sondern einen Betrieb gesehen, der auf der Arbeit von Kindern wie Erwachsenen gründe und ökonomisch deshalb erfolgreich sei, weil er schmale Löhne zahle. Andere Pädagogen fordern für ihre Projekte – die Konferenz nähert sich ihrem Ende – lieber Zuschüsse aus Europa. Europa trage gegenüber Lateinamerika historische Schuld, nun müsse es als eine zu melkende Milchkuh behandelt werden.

Der Salâo wirkt, als wenn er zwei Seiten hätte. Man kann ihn in dieser Weise sehen, aber – und das ist ähnlich wie in Akira Kurosawas Film »Rashomon« – auch ganz anders. Für uns stellt sich die Geschichte so dar: Mitte der siebziger Jahre stieg die Lehrerin Noemi Gontijo aus ihrem Job an einer Schule der alten Art aus. Mit ein paar armen Nachbarn und deren Kindern zusammen richtete sie Werkstätten ein, begann, Teppiche und Wandbehänge zu knüpfen und sie auch zu verkaufen. Später kam die Produktion von Möbeln dazu. Und weil Noemi wußte, was Reiche in Minas Gerais schätzen – rustikalen Pomp nämlich für ihre Villen –, und was sie dafür zahlen, besorgten sich ihre Leute Eisenbahnschwellen, Mühlräder, Ochsengeschirre, Wagenräder, Deichseln und schwere Eisenketten, all das, was man braucht, um ländlichen Kitsch zu montieren. Seither bauen sie Hausbars, Bar-Burgen, hochaufgetürmt, die ausladenden Flanken mit Speichen verziert und Ketten behangen, Bars, die man in der Mitte großer Räume plazieren kann. Auf den ersten Blick gleichen sie der ausgeweideten Mechanik einer Windmühle, auf den zweiten erst entdeckt man die Flaschen- und Gläserhalter, Abstellflächen und eingebauten Sitze. Diese Bars sind ein Renner. Und mit ihnen alles, was der Betrieb an wirklicher Kunst produziert: Teppiche in Naturfarben, Wandbehänge in sich nie wiederholenden, großflächigen, phantastischen Mustern.

Aus der kleinen Initiative ist ein mittleres Unternehmen geworden, philanthropisch, mit hoher Professionalität. 350 Menschen von elf bis neunzig Jahren arbeiten dort, und 1000 weitere Nachbarn bekommen kostenlos zweimal täglich zu essen. Die Käufer müssen mit viermonatigen Wartezeiten rechnen. Und jeder, der sein Produkt abholen will, weiß, daß er vorher eine Stunde durch den Betrieb geschickt wird, um mit den kleinen und großen Arbeitern und Künstlern darüber zu sprechen, was sie sich bei der Konzeption und Herstellung gedacht haben.

In dieser Schule gibt es keine professionellen Lehrer, jeder ist Schüler und Lehrer zugleich. Die Vierzehnjährige alphabetisiert den Elfjährigen und der wiederum zeigt Dreijährigen den Umgang mit Hanf und Bast. Finanzverwalter ist ein Neunzehnjähriger, der die Buchhaltung zwar nicht gelernt, für sich aber eine ausgeklügelte, visualisierte Theorie des Kalkulations- und Rechnungswesens entwickelt hat. Die Holzwände seines Arbeitsraumes sind mit übermannshohen Tabellen und Chiffren tapeziert, so hat er den verzweigten Produktionsablauf und die Namen aller Beteiligten vor Augen, dort kann er ablesen, wer gerade was produziert, und welche Zeit er dafür noch brauchen wird. Auch der Lagerverwalter ist Laie, auch er hat nach Versuch und Irrtum eine nunmehr funktionierende Logistik entwickelt; niemand in den Werkstätten sitzt auf dem trockenen, wenn er Nachschub an Wolle, Farben oder Bahnschwellen braucht.

Zu den Regeln dieses Unternehmens gehört, daß sich jeder Teil des Ganzen selbst trägt und nicht zum Zuschußbetrieb wird. Dies gilt auch für den Kindergarten. Dort produzieren die Kinder spielend – ohne die Brutalität der Fabrikarbeit von europäischen Kindern des 19. Jahrhunderts zu spüren – auf kleinen Webstühlen kleine Decken und Behänge. Die Webstühle haben ihnen die Großen gebaut, genauso wie die kleinen Töpferscheiben, auf denen Kindergeschirr geformt wird. Von der Herstellungstechnik bis zur Preiskalkulation lernen sie, was für ihren Betrieb notwendig ist. Die Erwachsenen haben ein Zirkuszelt gekauft, die Kleinen erarbeiten mit Trainern das Programm und geben bezahlte Vorstellungen in den Schulen der Region. Am Straßenrand steht ein ausgedienter Eisenbahnwaggon, dort verkaufen sie, was sie produziert haben. Die vielen Besucher, die im Salâo nach ausgestellten Modellen von Bars, dazu passenden Stühlen und Tischen, nach Betten, Kissen, Wandbehängen oder Keramik Ausschau halten, kaufen den Kindern die Sachen ab – es sind Mitbringsel ohne Wartezeit.

Philippinen, Provinz Luzon, im Oktober 1987: Das Dorf heißt Cardona und liegt am flachen Laguna Lake, nicht weit von Manila. Auf dem See hat sich illegaler Großgrundbesitz ausgebreitet. Reiche haben mit engmaschigen Bambuszäunen hektargroße Flächen abgegrenzt und züchten Fische. Der See gleicht einem Wabenraster. Wachtürme mit bewaffneten Vigilantes markieren, wo das Recht auf Eigentum für die einen anfängt und für die anderen aufhört. Den kleinen Fischern von Cardona bleibt immer weniger Fläche des Sees, die Fänge reichen zum Überleben nicht mehr aus.

Die Lehrerin Purita ist von der Idee besessen, in Cardona eine Schule zu gründen, von der die Kinder und sie selbst leben können. Nicht Fische fangen, sondern Enten und Schweine züchten. Sie lassen sich auf dem Markt gut verkaufen. Die Kinder der Fischer sollen lernen, nicht mehr vom fast versperrten See zu leben, sondern das Land zu nutzen.

Die Lehrerin Purita weiß, daß sie ihre kolonialpädagogischen Vorstellungen über Bord werfen muß. Mögen auch die Aufgabenstellungen einigermaßen bekannt sein, die Lösungswege und Lösungen sind es nicht. Der Mangel an Kapital – die zusammengekratzten Pesos langen gerade für ein Schwein – muß durch ein Mehr an Wissen kompensiert werden. Sie und ihre Kinder müssen lokale Meister im Schweine- und Entenzüchten werden. Sie müssen Züchter und Tierärzte befragen, Bücher lesen, in denen längst nicht alles über Schweine und Enten steht, sie müssen die Tiere beobachten und lernen, wie man Kalkulationen erstellt, die nicht nur Ausdruck von Wunschdenken sind.

Die Konturen der Schweine- und Entenzuchtschule von Cardona werden deutlicher. Alles wird zum Lehrplan: der Bau von Schule und Gehegen, die Marktanalyse, die Versorgung der Tiere, das Marketing, die Investitionspolitik, das Kalkulations- und Rechnungswesen, die Arbeitsorganisation und Selbstverwaltung. Elementare Kulturtechniken können innerhalb des produktiven Zusammenhangs gelernt werden. Es gibt mehr Sinn, Tagebücher über Schweine zu schreiben, wenn es dem Wohlbefinden der Tiere und der Ertragslage dient. Die alten Fächer taugen nichts mehr, jedenfalls nicht so, wie sie ihre Wissensbestände anbieten. Die neuen Fächer, sagt die Lehrerin, sollen sich an den Schlüsselproblemen der Zucht orientieren. Die neuen Schulfächer heißen z.B.: »Wie man Schweine glücklich macht«; denn, so die These der Kinder, glückliche Schweine bekommen viele kleine Schweine, und die kriegen, einmal groß geworden, noch mehr Babys. Also alles über die Psychologie von Schweinen lernen, sie genau beobachten und sehen, daß sie wie du und ich sind, mal eifersüchtig, mal schlecht gelaunt oder zu Streichen aufgelegt, in jedem Fall sensibel. Ein anderes Fach, »wie man möglichst kostenneutrale Fütterungskreisläufe erzielt«, führt auf die Spur der Wasserhyazinthen, die auf dem See in den Grauzonen diesseits der Bambuszäune als Unkraut kleine Felder bilden. »Wasserhyazinthen«, sagt ein Nachbar, »können wir trocknen und den Schweinen verfüttern.« Aber die Enten? Es gibt wie in Thailand einen Fisch, der die Exkremente der Enten für eine Delikatesse hält. Und es gibt Schnecken, die die Exkremente von Fischen mögen. Enten wiederum fressen gern Schnecken. Hausaufgabe: Wie viele Enten können auf einem Teich schwimmen, wenn unter der Oberfläche genügend Sauerstoff verbleiben soll, so daß die Fische an den Exkrementen der Enten nicht ersticken? Wie viele Fische braucht man für wie viele Schnecken und wie viele Schnecken für wie viele Enten? Wo kommen sie her, unter welchen Bedingungen mehren sie sich? Kann forschendes Lernen dieser Art sich mit den Erkenntnissen der philippinischen Lehrpläne begnügen? Nie und nimmer? Eben.

Nichts geht glatt in der schmuddeligen Wirklichkeit. Die Vision am Horizont kann sich in graue Staubschleier auflösen. Schweine können von der Pest dahingerafft werden, die Schnecken vom nächsten Taifun auf Nimmerwiedersehen unter den Schlamm gedrückt werden. Es mag ja sein, daß glückliche Schweine viele Junge kriegen, aber die Frage ist doch, ob Kinder darauf warten können, ohne vorher selbst zu hungern. Wer bringt ihnen bei, unproduktive Zeit zu vernichten und, während das erste Schwein trächtig ist, Erdnußbutter zu produzieren und zu verkaufen? Wer schützt vor der falschen Erwartung des schnellen Gewinns, wer gibt ihnen den langen Atem, wer erklärt ihnen, daß sie wie arme Irre eigentlich nichts anderes mehr tun dürfen, als Tag und Nacht ihrem gemeinsamen Unternehmen zu dienen, daß ein Konzept von *self-reliance economics* mit der großen Idee und dem Begeisterungssturm allein nicht auskommt, sondern in der Größe von Kieselsteinen in Wirklichkeit überführt werden will?

Ein paar Monate später gibt die kleine Schule in Cardona ihren Geist auf. Das eine glückliche, trächtige und bald auch gebärende Schwein, das den Start ermöglichen sollte, konnte samt seiner Nachkommenschaft dem ökonomischen Druck nicht standhalten. Als die kleinen Schweine fett genug geworden waren, nahm sich jedes Kind ein Tier, trieb es zufrieden nach Hause und fand, daß die Schule ihren Zweck erfüllt hatte.

Productive Community Schools zu entwickeln – das ist wie: ein Fluggerät bauen und fliegen lernen. Fehlen Geschick, Zähigkeit und Aufwind, geht es den Beteiligten wie Berlinger, dem Schneider von Ulm. Der Absturz mag steil sein, der Aufprall indes ist meist erträglich, denn entweder landet man wie der

Ulmer im Wasser der Donau oder wie Cardonas Kinder im informellen Sektor, aus dem sie herkommen.

Die Kinder der Armen zu Unternehmern machen? Sie sind es schon; es geht, will man sie fördern, eher darum, an den ökonomischen Ideen zu feilen, ihnen Überblickswissen zu verschaffen und Wege aus dem informellen in den regulären Sektor zu zeigen, dorthin, wo mehr Geld zu holen ist: nicht ein Unternehmen von Armen für Arme, sondern eines gründen, das auf die Kaufkraft der Reichen zielt.

Arme Kinder können sich Kindheit nicht leisten. Millionen von ihnen leben auf der Straße, sorgen für sich selbst und schlafen in Hauseingängen oder unter Büschen. Sie arbeiten auf eigene Rechnung oder schwarz in der Fabrik. Sie gehen mit korrupten Polizisten um und wissen Kunden zu umgarnen. Sie helfen sich untereinander und zahlen Schutzgelder. Sie bilden Banden und gehen auf Beutejagd. Sie üben Selbstjustiz und haben Mitleid. Ihr Spielzeug entwickeln sie selbst. Sie verkaufen Bananen und Drogen, Zeitungen und Chiclets, ernten Baumwolle, putzen Schuhe und schleppen Steine. Ihr Leben ist voll Risiken; sie können an Parasiten krepieren, erschlagen werden oder verhungern. Zugleich ist es voller Abenteuer, besser als die trostlose Hütte, die kein Zuhause sein kann, oder das dumpfe Gefängnis der Fürsorge. Die Kinder der Dritten Welt können mehr als die Kinder der erfundenen Kindheit.

Weniger an den Schneider in Ulm, mehr schon an die Gleitflüge des Otto Lilienthal erinnert die Geschichte von den Straßenkindern von Manila, die sich im Rotlichtbezirk Ermita anschickten, ein Restaurant zu betreiben. Es ist eine Geschichte in Etappen und mit noch offenem Ende.

Wir befinden uns – *im September 1986* – in der

Mabini Street: Anfahrt der Kunden kurz nach 18 Uhr. Jeepneys und Taxen fahren vor. Die Flut kommt von weit her. Es sind die *customers*, die Pädophilen, Homosexuellen, Sextouristen, denen Manila nach Bangkok zum zweiten Mekka wurde. Seit Francis Ford Coppola irgendwo draußen im Dschungel vor Jahren und über Jahre seinen Film »Apokalypse now« abgedreht hat, haben Pädophile in seinem Troß die Dörfer jener Gegend umgedreht und die Kinder zu Prostituierten gemacht. Heute leben in Metro Manila ein paar tausend Kinder auf den Straßen, viele von der Prostitution.

Auflauf: Ein Ehemann zerrt seine Frau fort, die dort auf den Strich geht. Bars, Stehkneipen, Mädchen, Besucher, Kinder. Wir schlendern mit Victor, einem Sozialarbeiter, die Straße entlang, warten, daß wir angesprochen werden. Ein Junge, Diego, begrüßt Victor. Sie kennen sich. Diegos Job ist nicht die Prostitution, er hilft vielmehr Kunden aus den Autos, paßt auf die Wagen auf und bekommt 50 Centavos dafür. Wie die Strichjungen schläft auch er auf der Straße.

Er holt Ronny, einen zweiten Jungen. »Mein Besucher kommt gleich«, sagt Ronny, »er wird drüben auf der anderen Seite auf mich warten.« Drüben ist ein Fast-food-Betrieb, ein Marktplatz für den Kauf und Verkauf von Liebe. Wir reden über die Kunden. »Meiner«, sagt Ronny, »will mich mit nach Frankreich nehmen. Er war schon bei meiner Familie und hat ihr Geld gegeben. Er will mich zur Schule schicken.« Hoffnungen? Worte der Kunden, in den Wind gesprochen?

Wann sind die Zeiten schlecht und wann gut? »Am Wochenende ist bei uns *rush hour*.« Das ist die gute Zeit, sie bringt Geld, und viel vom Geld geht an die Familien. Schlechte Zeiten sind nicht nur am Wochenanfang, sondern auch dann, wenn die Gangs der älteren Kinder von den jüngeren zu viel Schutzgelder verlangen. Was sie mal werden wollen, wenn sie älter seien und die Besucher keine Lust mehr auf sie hätten? »Ingenieur«, sagt der eine. »Im Büro arbeiten«, der andere. Büro: Top Management, ein Mercedes mit Bordtelefon und viel Geld. Wie sie das werden wollen? Na ja, meint Diego, vielleicht wieder zur Schule gehen.

Diego ist Huckleberry Finn, dreckig, verwegen, ein Arbeiter. Ronny ist ein Träumer, sieht lieblich aus, ist sauber angezogen. Beide sind zwölf Jahre alt. Auch die anderen, die später dazukommen, sind – so sagen sie von sich selbst – entweder Arbeiter oder Strichjungen.

»Da drüben ist mein Freund«, ruft Ronny. Wir sagen, er solle rübergehen und ihn herholen, wir würden gern mit ihm reden. Ronny geht. Wir zweifeln, ob der Kunde riskiert, dazuzukommen, aber er macht es. »Was wollt Ihr?« fragt er. »Seid Ihr von der Polizei oder Journalisten?« Nein, sagen wir, wir seien nicht als Journalisten hier und von der Polizei auch nicht. Er, Pierre, kommt aus Lyon, ein schmächtiger Typ, Mitte dreißig, akademischer Abschluß, eigene Firma, viel auf Reisen. »Manila ist mein Traum, die Jungen sind mir am liebsten.« »Du willst Deinen Jungen mit nach Frankreich nehmen?« Pierre dreht sich zu Ronny und faucht ihn an: »Du plauderst zu viel.« Wir sagen, uns sei es schließlich egal, ob er ihn nach Lyon mitnähme oder nicht, er solle sich nicht aufregen.

Wir erzählen Pierre, die Jungen wollten wieder zur Schule gehen und Ingenieur oder sonst was werden, in ein paar Jahren würden sich sowieso keine Pädophilen mehr für sie interessieren. Pierre lacht: »Die würden doch nicht gehen. Die Ermita ist ihre

Schule, das Leben ist ihre Schule. Das hier ist spannender als jeder Unterricht.« Wir insistieren und erwidern, dies klinge alles prima, ändere aber nichts daran, daß Pädophile Pädophile seien und Jungen älter würden. Und daß die im Gegensatz zu ihren reichen Kunden ziemlich wenig Chancen hätten, wenn sie sonst nichts lernen würden. Er müsse sich eine Schule ja nicht so öde vorstellen wie seine damals in Lyon. Frage: »Wie würdest Du hier eine Schule machen, wenn Du ihr Direktor wärst?« Pierre wehrt ab. Aber dann reden er, Victor, die Jungen und wir eine Stunde über die andere Schule in Ermita, die Schule, die auf die Zeit danach vorbereitet. Pierre findet, sie solle ganz flexibel arbeiten. Denn wenn er, der Kunde, seine Jungen morgens mal ins Bett holen wolle, müsse das möglich sein. »Ja, und mach' die Schule nie am Freitag und Samstag«, sagt Diego, »besser am Anfang der Woche.« Also eine Montag- und Dienstagschule aufmachen, eine mit offener Planung, eine, die an den Fähigkeiten der Kinder anknüpft, eine Schule, in der man Geld verdienen und noch etwas dazulernen kann. Das Konzept von der Productive Community School im Red Light District von Manila gewinnt erste, noch undeutliche Umrisse.

Oktober 1987: Kojak ist der kahlköpfige Platzhirsch des Viertels, Chinese, Executive, eine Art Bezirksbürgermeister. Es ist ein später Abend in Ermita. Wir würden, sagen wir, gern eine Veranstaltung mit den Kindern von der Straße machen. »Wie viele Kids braucht Ihr? Jungen oder Mädchen?« Wir erklären Kojak, daß wir keine Sexparty vorhätten und er auch nicht als Zwischenhändler gefragt sei, sondern als Barangay Captain. Wir wollten einen Workshop machen über die Zeit danach. Er sei doch auch der Meinung, daß aus den Kindern später mal was werden solle. Da bräuchten wir seinen Schutz und seinen Sachverstand. Ökonomisch würde sich für ihn nichts ändern, das *protection fee* würde weitergezahlt, und, wenn die Kids mehr verdienten, vielleicht sogar erhöht. Kojak blinzelt und sagt nichts. Wir hocken auf Stühlen neben dem Blue Hawai mit Bierflaschen in der Hand. Drüben aus dem Thriller kommt ein Tourist mit Sally Diaz im Arm, 75 Pesos hat er drinnen der Mamasan abgeliefert, 75 Pesos soll er Sally noch geben. Die Polizisten des Abschnitts verdienen mit, die Hotelangestellten, und Kojak und seine Freunde sicher auch.

Die Mamasan im *Pips* nebenan ist von der Idee begeistert. Ihre Gogo-Tänzerinnen Theresa de la Cruz und Emmy Solajes wollen auf dem Workshop sprechen. Draußen vor der Bar betteln Kindern mit schlafenden Babys auf dem Arm. »Boß«, sagt ein Junge, »ich paß auf Deinen Wagen auf.« Kojak hat sein Bier halb ausgeleert. Er meint, er mache mit.

Nachts gegen drei beraten Kinder auf dem Platz neben dem frequentierten Restaurant Aristocrat, wie sie anderen Kindern über den Workshop erzählen und sie mitbringen könnten. Einige schlagen ein Rad und führen Saltos vor. Sie alle, sagen sie, könnten singen und tanzen. Vor dem Lokal verkaufen sie Blumen oder bieten – »do you want nice girl?« – ihre große Schwester an.

Ein paar Tage später am heißen Nachmittag. Neben der Ermita-Kirche ist Platz für Bänke und Stühle, Mikrophon und Rednerpult. Straßenkinder und Prostituierte, der Priester, Kojak, Sozialarbeiter, Pimps und Polizisten, viele sind gekommen, um Ideen über die Schule für die Zeit danach zu sammeln.

Es ist die Geburtsstunde der Idee vom Straßenkinder-Restaurant: Schule als ein Lokal voller Leben.

Die Kunden, finden die Kinder, kämen von weit her und suchten das Abenteuer. Also müsse man ihnen Abenteuerliches bieten. Essen als Erlebnis: In der kanadischen Ecke des Restaurants würde vielleicht ein Lagerfeuer brennen, und man könnte sich das Steak selbst braten. Italienische Spaghetti könnten Hungrige sich erst durch die Nudelmaschine drehen. Auf koreanischen Matten sitzend würde man den Geruch von selbstgebrutzeltem Bulgogi in der Nase spüren. Ja, und im philippinischen Teil dürfte man sich Fische und Langusten aus dem Becken angeln, da wäre die Auswahl groß – die Philippinen hätten viele, viele Inseln, und überall werde anders gekocht.

Neben dem Restaurant, meinen Teilnehmer, müsse es eine Artistenschule geben und im Restaurant eine Bühne. Hier könnten sie, die Kinder, Akrobatik vorführen, tanzen, singen und Theater spielen. Die East Side Story, die Soap & Jeepney Opera, mit Diego, Ronnie, Sally, Theresa, Emmy und Kojak in den Hauptrollen und den Kunden als Chargen?

November 1987: Der Deutschen Gesellschaft für Technische Zusammenarbeit (GTZ) liegt in Eschborn ein Antrag auf Förderung von Productive Community Schools auf den Philippinen vor. In ihnen, heißt es in dem Antrag, könnten Unternehmer von unten ausgebildet werden, Unternehmer mit soziologischer Phantasie und ökonomischem Wissen. Productive Community Schools würden sich als denkende Betriebe ihren Produkten gegenüber nicht gleichgültig verhalten, sondern in sozialer und ökologischer Verantwortung produzieren und sich an hoher Qualität – nicht an *sub standard* – orientieren. Sie könnten konventionellen Betrieben in der Aneignung notwendigen Wissens überlegen werden und ihre Marktchance wahrnehmen.

September 1990: Auch philippinische Pädagogen schlagen gern Haken, wenn sie auf Unternehmer treffen. Auch unter philippinischen Pädagogen gibt es nicht wenige, die den Markt für Teufelswerk halten. Die Schule als Schule würde sie gern betreuen, weniger aber eine Schule als Betrieb. Nein, sagen wir, die notwendige Besessenheit eines Unternehmers von unten lasse sich nicht delegieren, sie müßten, bitte schön, schon selbst zupacken. Der Diskurs mit und zwischen den Vertretern der philippinischen pädagogischen Zunft zeigt Ecken und Kanten. Sie scheuen den Angriff von unten und vor allem die Risiken, die mit ihm verbunden sind.

August 1991: Die GTZ braucht knappe vier Jahre, um den Antrag zu verdauen, ihn kräftig zu kürzen und die erste Rate zu überweisen. Man sei sich, meint ein wohlwollender Referent, über den Ansatz nicht einig gewesen. Drüben auf den Philippinen versucht die Association for Productive Community Schools (APCS), einen Manager für das Projekt zu gewinnen. Der Manager wird in den nächsten Monaten sein Geld kassieren und nichts bewegen. Gesucht werden besessene Erwachsene. *Who will be the entrepreneur?* Wer ist bereit, *selbst* mit den Straßenkindern zu arbeiten und diese Arbeit nicht zu delegieren? Wer nimmt das Risiko auf sich, mit Kindern ein Restaurant zu eröffnen und es gegen die zahlreiche Konkurrenz zum Erfolg zu führen? Die Investitionsmittel der GTZ reichen, zeigt sich später, nicht vorne und nicht hinten.

Unkenrufe werden laut. Bahay Tuluyan ist ein mildtätiger Verein, der ein Drop-in-Center für Straßenkinder und Kinderprostituierte betreibt. Zwei Mitarbeiter wollen bei der Gründung des Kinder-Restaurants mitmachen und die Kinder betreuen. Der Vereinsvorstand indessen ist zwar erfahren im

Einsammeln von Spenden für sein Unternehmen, er weiß auch, wie man mit Kindern in einem Drop-in-Center umgehen kann, aber Kinder als Unternehmer? Bewahre! Und ein Restaurant, das mit den Restaurants der Mittelklasse konkurrieren will? Ein Kulturschock für Straßenkinder! Für Arme, so scheint eine verbreitete Philosophie zu sein, macht man am besten Projekte, bei denen sie nicht reich werden. Dann fließen Spenden auch leichter und länger.

Februar 1992: Grand Opening am 14. des Monats. *Come and dine at one of the most unusual restaurants in town, Hapag Kalinga!* Der Name bedeute soviel wie *caring banquet*, lädt ein, sich zusammenzusetzen und füreinander zu sorgen. Es sei, heißt es im Prospekt, ein professionell geführtes Restaurant mit philippinischer und internationaler Küche. Aber es sei mehr als das: *It is a street children restaurant where children learn how to be first class entrepreneurs with social responsibility.*

Nein, das kanadische Lagerfeuer ist nirgends zu sehen. Käsefondue wird nicht vor dem Panorama der Schweizer Alpen serviert. Spaghetti gibt es, wenn überhaupt, dann ohne Nudelmaschine. Die Tische sind sauber mit Tüchern bedeckt, Servietten ranken sich kunstvoll auf den Tellern. Die Dekoration wirkt bescheiden, alles ist blitzblank und ein bißchen bieder. Vielleicht wollen das philippinische Familien der Mittelschicht so. Vielleicht wären sie sonst abgeneigt, Hapag Kalinga zu besuchen, würden von Schmuddelkindern ein Schmuddelrestaurant erwarten.

Who will be the entrepreneur? Imee Castaneda hat den Sprung ins kalte Wasser gewagt. In ihrem bürgerlichen Zweitberuf leitet sie eine Abteilung für Business Administration im Trinity College. Jetzt ist sie fast mehr hier – am Rande von Ermita – als dort auf dem weiträumigen Campus. Ihr Kollegium toleriert das Projekt. Luis, Benito, Ana Liza, Eman, Julieta und Michael heißen die Kinder, die zu Unternehmern werden wollen. Sechs sind es jetzt, achtzehn sollen es bald sein. Nachts schlafen sie unter einer Brücke, ein, zwei Kilometer vom Restaurant entfernt. Dort klemmen Bruchbuden und Verschläge wie Schwalbennester zwischen dem stinkenden Fluß und dem Betonbogen. Dort hausen auch Eltern, Geschwister und Verwandte. Dorthin hat es die Bauern ohne Land aus Visayas getrieben. Oben donnert der Verkehr und hinterläßt Schwaden aus trübem Smog.

In Hapag Kalinga öffnen Kinder den Gästen die Tür und sagen »Magandang tanghali po. Tuloy po kayo.« »They sound«, schreibt Nancy T. Reyes später in *The Manila Chronicle*, »a lot better than those perfunctory ‚Good afternoon, sir, m'am...'(sometimes ‚good noon' even) department-store types. By the door they stood, beaming in their new *balintawak* costume, their exitement betrayed – how quickly and with wide smiles they flung open the doors for the guests.«

Drei Generationen arbeiten hier zusammen: Erwachsene, die mit ihrer anfangs noch unbezahlten Arbeit dafür sorgen, daß Hapag Kalinga ohne Probelauf starten kann, Werkstudenten einer nahen Hotelfachschule und die Kinder, die nach einem Jahr die Studenten ersetzen und später das Management des Lokals übernehmen sollen. Zwischen den Öffnungszeiten – am Nachmittag – ist Zeit für das, was noch am ehesten an Schule erinnert. Geübt wird, wie man Bestecke richtig hinlegt, Servietten faltet, die Speisekarte erläutert, die Qualität von Obst und Gemüse, Fleisch, Fisch und Reis prüft, Rechnungen liest und nach und nach das kleine Universum rings um Hapag

Kalinga erschließt. Später wird unternehmerisches Handeln im Mittelpunkt stehen, das langfristige strategische Denken, der Umgang mit Risiken und Konkurrenten. Zwar sind die Kinder keine Anteilseigner, wohl aber am Gewinn beteiligt. Sie sollen später, wenn sie Hapag Kalinga verlassen, über zumindest bescheidene Investitionsmittel für ihr eigenes *mini enterprise* verfügen.

Das Lokal liegt im Stadtteil Malate an der Ecke St. Andres/del Pilar Street. Folgt man der einen Straße zur Manila Bay hin, passiert man nach ein paar Metern das Aristocrat, das Restaurant mit den vielen Tischen und dem noch guten Namen, auch wenn die Bedienung gleichgültig wirkt und das Essen mit dem von Hapag Kalinga nicht mithalten kann. Die andere Straße führt nach Ermita, nur wenige hundert Meter – und Bars und Stundenhotels reihen sich aneinander wie trübe Perlen einer langen Kette.

Der Blick aus dem Lokal heraus indessen stimmt freundlich. Hinter Bäumen ist die ehrwürdige Malate-Kirche zu sehen. Auf dem Vorplatz versammeln sich Hochzeits- und Taufgesellschaften. Die Kinder haben dort und anderswo Handzettel verteilt. Hapag Kalinga könne gut kochen für solche Anlässe, und für Reservierungen möge man doch bitteschön die Nummer 521-54-99 wählen.

Geboten werden vor allem philippinische Gerichte mit wechselnden regionalen Schwerpunkten. *Panama ni Nanay, literally mother's legacy, because this is grandmother's recipe handed down through generations: pork braised in a piquant sauce of soya, vinegar, spices and – a secret ingredient distinctly Hapag Kalinga. Oder: Kayamanan ng Magdaragat, Fisherman's Treasure – a delicious array of the sea's bounty grilled and served with green mangoes and tiny fermented fish.* Gegen den Durst gibt es von der Kalinga Serenade bis zum Kalinga Vegee Sparkler um die sechzig Getränke, darunter viele Frucht- und Gemüsesäfte. Kein Zweifel, essen und trinken kann man gut in Hapag Kalinga.

Eintritt eines untersetzten Polizeioffiziers. Das Restaurant stünde doch nachts leer, nicht wahr? Diebe und Brandstifter hätten es leicht. Vor allem die Rattanmöbel würden rasch brennen. Für Polizisten sei es nachts ein zu schwerer Dienst, immer am Restaurant vorbeizulaufen und aufzupassen, zu schwer vor allem deshalb, weil Polizisten zu wenig Gehalt bekämen und schon tagsüber ständig am Hungertuch nagten. Der Polizeioffizier sitzt inzwischen am Tisch und wird als Fürst bedient. Nach dem Essen ist auch der Handel klar: kein *protection fee*, aber täglich einmal freie Kost für zwei vom Revier. Und bitte: kein Fraß für die Kollegen, sondern ein Essen so fein wie das für die Gäste.

Im Countdown vor der Eröffnung und auch in den Tagen danach sind kleine und große Katastrophen zu überstehen. Der neue Koch muß gleich wieder gehen, weil er den Gashahn aufläßt und das Haus fast zur Explosion bringt. Ein Werkstudent spielt lieber den Callboy, als sich um seinen Dienst zu kümmern. Die Dunstabzugshaube der Küche gibt, kaum installiert, ihren Geist auf. Noch eine Woche vor der Eröffnung wirkt Hapag Kalinga wie eine wüste Baustelle. »We are a survival race«, sagt Elisabeth Marcelino, eine der Förderinnen von Hapag Kalinga. Und weil das stimmt, ist die Baustelle bald nicht mehr da, zieht der Qualm aus der Küche wieder ab, kommt ein neuer Koch. Alles ist Curriculum.

Horst Bauer, in Japan ansässiger Manager, der in Manila zu tun hat und das Lokal mehr durch Zufall und in Erwartung eines einsamen Abends betritt, erlebt, was die eigentliche Qualität dieses Restaurants ausmachen kann: daß hier nicht Kellner mit Kunden, sondern Menschen mit Menschen umgehen, daß man miteinander reden und sich wohlfühlen kann, daß die Kinder die Gäste einbeziehen, als seien sie Teil der *extended family*. Dies ist nicht selbstverständlich, sondern verlangt Pädagogen, die den wilden Charme der Kinder nicht so domestizieren, daß am Ende wohlerzogene Routine übrigbleibt. Gastfreundschaft ist eine Qualität, die nicht von der Höhe des Trinkgeldes abhängen darf.

November 1992: Viele haben in den ersten Wochen geholfen. Studenten der Freien Universität Berlin haben Böden geschrubbt, Fenster geputzt und Werbezettel nach Theaterveranstaltungen verteilt, um Nachtschwärmer anzulocken. Imee's Schwester Florita organisiert die Küche und riskiert den Konflikt mit ihrem seefahrenden Mann. Die junge Psychologin Gladys wirkt als guter Geist der Kinder, sie ist die Haus- nein, eher wohl: die Lokallehrerin. William kontrolliert die Bücher und legt die Stirn in Falten. Amihan Abueva, im Vorstand von APCS und Generalsekretärin der für das Projekt unmittelbar zuständigen Salinlahi Foundation, bekniet ihren Vater – den bedeutenden Bildhauer des Landes und schon zu Lebzeiten ernannten *National Artist* –, sich der Gestaltung von Hapag Kalinga anzunehmen und seine Freunde mitzubringen. Corazon Aquino besucht das Lokal, solange sie noch Präsidentin der Philippinen ist.

Müssen Restaurants, mit einer nur mageren Finanzdecke ausgerüstet, dem raschen Ende zusteuern? Sie müssen nicht. Die Qualität des unternehmerischen Handelns kann sich auch unter den Bedingungen der

Knappheit entfalten. Also gilt es, der Vision nicht abzuschwören, die Fahne der Gastfreundschaft hochzuhalten, authentische regionale Küche anzubieten, in der wechselnden Gestaltung des Lokals die Regionen sichtbar zu machen, Kinder als Künstler zu begreifen und nicht der Versuchung zu erliegen, schlechte *cultural shows* anderer Restaurants durch noch schlechtere zu imitieren.

Hapag Kalinga ist eine Station auf dem mühsamen Weg der Erkenntnis von Pädagogen dieser Welt, daß die soziale Frage nicht nur neu gestellt, sondern mit neuen Versuchen beantwortet werden muß. Nicht, indem sie Spenden sammeln, den Markt meiden und antiökonomischen Affekten anhängen, helfen sie den Armen, sondern indem sie höchstpersönlich die Ökonomie von unten mitentwickeln und Zugänge zum Markt durchsetzen.

Imee Castaneda ist das Herz von Hapag Kalinga. Oft lastet ein Packen grauer Sorgen auf ihrer Seele. Mag sein, daß die nächste Katastrophe gerade eingetroffen ist. Imee weiß, daß ein Lernen in Unsicherheit nicht im rettenden Hafen münden muß. Oft ist das Lokal gähnend leer, wirkt der Kampf um die Kunden aussichtslos. Dann wieder pulsiert das Leben, ist die Welt in Ordnung, wirkt Hapag Kalinga, als sei es immer schon ein Treffpunkt vieler freundlicher Menschen gewesen.

Die Kinder sind das Prinzip Hoffnung. Kein Kulturschock hat sie getroffen. Ihre Schule ist wie Theater und Kino zugleich. Nur sitzen sie nicht und schauen zu, sondern gestalten die Rollen selbst. Manche von ihnen hätten Narben im Gesicht, schreibt Nancy T. Reyes, einige hätten krumme Zähne oder Zahnlücken, Pockennarben an den Beinen und wiesen deutliche Zeichen von harter körperlicher Arbeit an den Händen auf. »Not talent material for a McDonald's commercial. But take a second look. You might catch a confident smile, and an emerging cheerful disposition. The sparkle in their eyes reveal the beauty of their newfound worth. What picture can ever paint that?«

Februar 1993: In der GTZ im fernen Eschborn staut sich der Frust der Referenten. Die Miete, die Hapag Kalinga zu zahlen habe, sei viel zu hoch. »Regarding the situation of Hapag Kalinga«, schreibt Elisabeth Marcelino, inzwischen zur Outstanding Woman in the Nation's Service gewählt, »it has actually improved and picked-up financially this month although December was not so good. The prospects are really good in the coming months since there have been a lot of reservations and there are days now when the place is really full and jumpacked with people. I really think it's just a matter of time and good management.«

Zum vorläufigen Ende der Geschichte tragen dann nicht nur der Hausbesitzer, sondern später auch Fidel Ramos, der neue philippinische Präsident bei. Der Besitzer verlangt Miete in der für örtliche Verhältnisse schwindelerregenden Höhe von umgerechnet zweieinhalbtausend Mark; Fidel Ramos legt den Rotlichtbezirk trocken und treibt das Leben aus dem Stadtteil. Das Problem löst er dadurch nicht. Armut kann man nicht durch Verbote beseitigen. Das Viertel sieht nun aus wie eine abgewrackte Filmkulisse. Hapag Kalinga an der Ecke St. Andres/del Pilar Street gibt es nicht mehr. Sie wollen es, schreibt Imee Castaneda, anderswo neu eröffnen. Den Kindern ginge es gut, sie seien für die Zwischenzeit in neuen Jobs untergekommen, ihr unternehmerischer Elan sei ungebrochen und weiter trainiert würden sie auch.

Die profiliertesten Varianten jener Schulen, von denen man leben kann, sind auch die riskantesten: Kinder und Erwachsene erwirtschaften sich ihren Unterhalt, ohne auf laufende Zuwendungen zurückgreifen zu können. Dies ist schon für Kinder, mehr aber noch für die daran nicht gewöhnten Erwachsenen ein schwieriger Weg, zumal dann, wenn letztere zuvor ein auch nur bescheidenes festes Gehalt bezogen haben.

So werden, wo immer die Idee von produktiven Nachbarschaftsschulen um sich greift, auch sanftere Varianten erprobt. Wie Phoenix aus der Asche ist am Fuß von Manilas Smokey Mountain eine neue Schule für kleine Unternehmer entstanden, die Binting Pangarap Productive Community School, die 1991 mit 14 Dropouts gegründet wurde. Iluminada Woellhaf, die philippinische Frau eines eingewanderten Tischlers, finanziert das Gebäude und kleine Gehälter für die beteiligten Erwachsenen. Die verschiedenen *mini enterprises* der Schule werden ausschließlich von Kindern betrieben: die einen sind Tricycle-Fahrer, andere bedrucken T-shirts, wiederum andere verkaufen Essen in kleinen fahrbaren Straßenküchen. Die Unternehmen werden meist am frühen Morgen oder vom mittleren Nachmittag an betrieben. Zwischendurch ist Zeit, sich zu versammeln, die Geschäfte zu besprechen, kleine Marktanalysen vorzunehmen, zu prüfen, ob die Kids nebenan mehr verdienen als man selbst, sich mit Buchhaltung, Rechtsfragen und Kulturtechniken vertraut zu machen. Oft fällt ein Saisongeschäft an, und es mag sein, daß Joy dann zu Mrs Woellhaf sagt: »M'am, Clarissa won't be coming to the meeting because she got so tired scavening last night«, oder daß Dionisio dem jungen fähigen Manager der Schule, Ronny Oblepias, mitteilt, er sei in den nächsten paar Tagen nicht da, »because I'm called«. Ein

Schiff voller Zement habe angelegt, und er samt Roberto und Speedy würden die Säcke in den nächsten Tagen abladen.

In der Binhing Pangarap Productive Community School trainieren mittlerweile 43 kleine Unternehmer für den großen Wurf: erst halbausgebrütete und als Delikatessen behandelte Enteneier verkaufen, erst am Pier arbeiten, mit Reis handeln, Kaninchen züchten, mit dem Vertrieb von Softdrinks eine Antwort auf das Trinkwasserproblem am Smokey Mountain entwikkeln ... aber dann gemeinsam eine Bäckerei einrichten, das ist das Ziel, eine Bäckerei, die nicht wabbeliges Weißbrot, sondern erstklassige dunkle Brotsorten herstellt und auf die Kaufkraft von Manilas Geschäftswelt zielt. Auch zuvor schon werden kleine Firmen größer, die Korbflechterei der Schule zum Beispiel, die durch Design und Qualität auffällt und 15 Partner vereint.

Productive Community Schools, das könnten 1000 bunte Blumen werden, 1000 Variationen und Versuche, Erfahrungen im Umfang mit der Erkenntnis zu gewinnen, daß es naheliegt, die Kinder der Armen mit ihren unternehmerischen Fähigkeiten nicht schulisch zu dequalifizieren, sondern sie dort abzuholen, wo sie bereits angekommen sind.

Eine Variante besonderer Art streben Grundschullehrer der Provinz Badagry in Nigeria an. Ihr oberster Schulinspektor, Yemi Oyeneye, befand, daß nicht nur zu viele Schüler, sondern auch schlechtbezahlte Lehrer den Unterricht schwänzten, um ihren eigentlichen, nämlich ökonomischen Tätigkeiten nachzugehen – als Taxifahrer, Schneider, Obstverkäufer oder auch Schmuggler über die nahe Grenze nach Benin. So berief er Schulleiter und Lehrer ein, um über die Frage nachzudenken, wie man durch die

Verwandlung von gewöhnlichen Grundschulen in produktive und durch die Entwicklung einer für alle attraktiven Ökonomie die Verweildauer in den Schulen erhöhen, *learning & earning* verbinden und das Einkommen der Beteiligten verbessern könne. Das gemeinsame Brainstorming über unternehmerische Ideen war so ergiebig wie vergnüglich, weil die Lehrer ihren heimlichen Lehrplan nicht mehr zu verheimlichen brauchten, sondern offen darüber diskutieren konnten, wie gut die Geschäfte zum Beispiel mit Bambusmöbeln, Radioreparaturen oder Kokosnuß-Extrakten von ihren Schulen aus laufen müßten, um mehr als die riskante Schmuggelei zu erbringen.

In Brasilien setzt sich Miriam Caetano, eine Sprecherin des Movimento negro, für die Einrichtung verschiedener Varianten der *escola comunitaria produtiva* ein, die sich unter anderem der Herstellung von afro-brasilianischem Spielzeug verschreiben und auf einen noch unerschlossenen ethnischen Markt zielen sollen. In Thailand ist es der Ökonom und Buddhist Apichai Puntasen, der die Variante von ländlichen Productive Community Schools vorantreibt. Für ihn tragen die Schulen des formellen Bildungssektors auf dem Land dazu bei, vorhandene Qualifikationspotentiale zu zerstören. Es geht ihm nicht um Neugründungen außerhalb des verfaßten Bildungswesens, sondern darum, existierende Schulen zu deregulieren. »Informalizing all formal schools in rural areas into productive community schools«, dies sei die wichtigste anstehende Bildungsreform.

Zwei produktive Schulen, die in Nakornrachasima ihre Arbeit aufgenommen haben, zahlen nicht nur Lehrgeld, sondern verweisen auch auf erste Erfolge. Die ökonomischen Aktivitäten werden von einer kleinen Lehrplanreform begleitet, denn Ziel ist es, fachübergreifendes akademisches Wissen auf die Schlüsselprobleme des produktiven Prozesses zu beziehen und zugleich das Erfahrungswissen der Bevölkerung zu nutzen. Die International Community Education Association hat für beide Schulen zusammen 5000 Dollar an Investitionsmitteln bereitgestellt. Die Bumaka-Schule hat eine Baumschule und ein schwimmbadgroßes Becken für die Fischzucht angelegt und mit Viehzucht begonnen. Die Baumschule ist zwei Jahre nach dem Start schon rentabel; der Viehbestand hat sich um mehr als die Hälfte erhöht, die Viehzucht ist trotz fallender Rinderpreise noch gewinnbringend; nur die Fischzucht bringt weniger Bargeld ein, weil die meisten Fische mittags von den Schülern verzehrt werden.

Die Bumaka-Lehrer bemühten sich mit Erfolg, das investierte Geld möglichst rasch in einen *revolving fund* zurückzuzahlen und weitere Projekte zu starten. Dabei vermieden sie zunächst, ihre Schüler zu bezahlen, und mußten lernen, daß Schüler als Unternehmer auch ökonomische Anreize brauchen, um nicht die Lust zu verlieren. Die Gudbost-Schule hatte diese Anfangsprobleme nicht, sie konzentriert sich auf die Hühnerzucht und hatte nach vier Produktionsdurchläufen – vier Generationen von Hühnern – die Anfangsinvestitionen nicht nur erwirtschaftet, sondern genügend Kapital, um, vom Erfolg der Bumaka-Schule lernend, auch eine Baumschule anzulegen. Neue Lehrmaterialien entstehen und werden an andere Schulen verkauft; die Fibeln heißen jetzt nicht »Lesen«, »Schreiben« oder »Rechnen«, sondern »Fischzucht«, »Viehzucht« und »Baumschule«, und in ihnen ist viel zu lesen vom Wie und Warum des Business.

Die Deregulierung von Schulen gelingt natürlich

eher, wenn man nicht Schulen des alten Typs gegen den Strich bürsten muß, sondern neue nach eher unternehmerischem Kalkül gründet. Und angenehm ist es, sich bei diesen Geh- und Flugversuchen eine Weile lang auf feste Gehälter für beteiligte Lehrer zu stützen. Sie müssen nur karg genug sein, um Lehrer zu motivieren, mit Kindern zusammen mehr zu verdienen. Plausibel ist, daß hochbezahlte, verbeamtete Lehrer vermutlich zum Jagen getragen werden müßten, und so wird es noch eine Weile dauern, bis obwaltende Umstände den unternehmerischen Elan dieser Zunft hierzulande befördern.

VISIONEN VERWIRKLICHEN

Am Ende hat es William »Bill« Richards nicht mehr ganz geschafft. Am Ende lag er tot in einer Eistruhe, die sonst vielleicht Fisch und Fleisch barg, ein tiefgekühlter Bill im nordthailändischen Marktflecken Maesalong, der auf Abtransport wartete. Am Ende gab es ein Hin und Her zwischen einer Familie im fernen Australien, von der Bill sich gerade losgesagt hatte, thailändischen Behörden und den Akha, jenem kleinen Volk oben in den Bergen, bei dem Bill zuletzt gelebt und mit dem er gearbeitet hatte. Während es den Thais egal war, wo Bill seine letzte Ruhe finden würde, und seine entfremdete Familie zögerte, für den toten Bill die Überführungskosten zu übernehmen, fanden die Akha es eigentlich ganz selbstverständlich, daß einer nicht in der Fremde begraben werden will, sondern dort, wo auch die Seelen seiner Ahnen sind.

Nun – die Geschichte ist noch nicht lange her – ist Bill wieder aufgetaut und in Australien begraben. Zu seinen Lebzeiten war er ein Arzt, der wie ein kurz geratener Sankt Peter wirkte, dick, weißhaarig, schnaufend und schwitzend und in den Bergen oft auf einen Prügel gestützt. Eigentlich hatte er nur einen thailändischen Freund besuchen und ihn ins Goldene Dreieck begleiten wollen. Als sie aber oben angekommen waren und Bill sah, daß die Berghänge rings um die Dörfer zerrupften Fellen glichen, der Wald niedergebrannt war und der Boden unter der Trockenheit rissig wurde, und als er sah, wie sich die Akha damit quälten, Anpflanzungen über die Monate der Dürre zur nächsten Regenzeit hinüberzuretten und ihnen dabei das Wasser fehlte, da überfiel Bill die Vision wie ein Blitz. Alle, die, als dies geschah, um ihn herumstanden, bemerkten, wie sich seine Stirn runzelte und er keuchte und sich setzen mußte. Und dann meinte Bill, das Problem sei doch wohl, daß die hier oben Wasser auch in der Trockenperiode bräuchten. Und er sagte dem Dorfältesten und den Jugendlichen und der Lehrerin der kleinen Schule und seinem Freund aus Bangkok und allen, die es hören wollten und oft doch nicht verstehen konnten, weil sie weder des Englischen noch gar seines mehr geröhrten als gesprochenen australischen Akzents mächtig waren: Einen Staudamm könne man schlecht bauen, aber drunten in Australien, auf der anderen Seite der Erde, wo die Leute eben doch keine Magneten an den Schuhen trügen und auch nicht ins bodenlose Weltall stürzten, dort habe er ein Bewässerungssystem gesehen, das genau hierher passe. Kleine, Röhren ähnelnde Kanäle würden von zisternenartigen Becken mit Wasser versorgt, ja, das Wasser würde behutsam in kleinen Dosierungen wie durch ein Netzwerk aus Adern pulsieren, und wenn während der Regenzeit das Wasser vom Himmel fiele und von vielen Becken aufgefangen und bewahrt würde, könnten die Pflanzen gedeihen und die Hänge grün werden, und an den Säumen der Felder könne man Hecken und schattenspendende Bäume wachsen lassen.

In der Dörfern der Akha sprach sich herum, daß ein Fremder, mit Wissen und Weisheit versehen, umherwandere und die Hänge betrachte. Bill fand – als er genug gesehen hatte –, daß er, wenn er denn nun vom Arzt zum Wasserbauingenieur wechseln wolle, noch einmal nach Australien zurückmüsse. Er wolle sich dort die Bewässerungsanlagen genauer ansehen, studieren, wie die funktionieren, und herausfinden, ob man sie oben im Goldenen Dreieck ohne Geld, mit örtlichen Materialien und der Kraft junger Männer aus den Dörfern nachbauen könne. Als Bill in Australien seine Hausaufgaben erledigt hatte, verabschiedete er sich von seiner Frau, befand, daß sein Sohn alt genug sei, für sich selbst zu sorgen, packte seine Siebensachen, flog nach Bangkok und von dort nach Chiang Rai und ließ sich von einen Jeep in die Berge bringen.

Die Dorfältesten gaben ihm junge Männer mit, und die begannen, angefeuert von Bill, der mit ersten Brocken der Akha-Sprache, vor allem aber mit Händen, Mimik und ausholenden Bewegungen seines Stocks versuchte, richtige Plätze für Bassins und flache Neigungswinkel für kleine Kanäle zu bestimmen. Morgens um sieben sollte es jeden Tag losgehen, und so geschah es anfangs auch, bis sich herumsprach, daß Bill nicht nur ein Ingenieur aus eigener Kraft, sondern auch ein Arzt von Profession sei. Sonst war ja keiner in den Bergen. Dramatische Fälle wurden ihm angetragen. Man riß ihn nächtens aus dem Schlaf, er war Chirurg ohne Besteck, Geburtshelfer ohne Kreißsaal und praktischer Arzt ohne Apotheke. Dieser Spagat zehrte an seinen Kräften, zerriß Körper und Seele, ließ die Arbeit an den Hängen oft stundenlang warten, weil Bill nachts nicht hatte schlafen können und nun den Morgen verpaßte. Eines Mittags legte Bill sich hin und stand nicht mehr auf. Er hinterließ, samt seinen Mannen, Spuren an den Hängen, röhrengleiche kleine Kanäle und Vertiefungen, einen Torso mit Adern, dem das steuernde Herz fehlte. Ratlos standen Junge und Alte aus den Dörfern davor, beschworen die Geister, baten um Wasser auch in der Trockenzeit und ergaben sich ihrem Schicksal. Das Geheimnis der Vollendung hatte Bill mit in die Tiefkühltruhe genommen.

Memento mori? Ja doch. Visionen können zu Stürzen führen. Das Herz kann stehenbleiben. Eine Fallgrube das Genick brechen. Es kann aber keiner stolpern oder auch sein Ziel erreichen, wenn er sich nicht vorher aufgemacht hat.

Und deshalb handeln auch die folgenden Geschichten von Versuchen, Visionen zur Wirklichkeit werden zu lassen.

DIE VISION VOM AUFGEKLÄRTEN VERBRAUCHER

Name: Duttweiler, Vorname: Gottlieb. Geboren 1888, aufgewachsen in den Arbeitervierteln Zürichs. Der Vater schafft für den Lebensmittelverein der Stadt. Die Mutter sorgt zu Hause für Nüchternheit und gutes Betragen. Manchmal rutscht ihr die Hand aus. Die Magazine und Lager werden zum Spielplatz des Jungen. Er ist ein Träumer, der auf dem Schulweg Ameisen so lange nachschaut, bis er zu spät kommt. Die Schüler der Primarschule im Stadtteil Aussersitz hänseln ihn. Der Junge schlägt zurück, legt sich mit Lehrern an und wird zum Schuldigen vom Dienst. Er ist nach einem halben Jahr im Gesicht so zerkratzt und hat so viele blaue Flecken, daß man ihn in eine andere Schule versetzen muß. Äußerlich ist er kräftig, aber in seiner Seele verwundet, so tief, daß kleine Vorfälle ihn schon in den Gedanken an Selbstmord treiben.

Er fängt sich langsam wieder, nicht inner-, sondern außerhalb der Schule. Er züchtet weiße Mäuse,

Meerschweinchen und Kaninchen und handelt mit ihnen. Sein kleines Geschäft beginnt zu blühen. Später, als er einen Fotoapparat geschenkt bekommt, macht er Aufnahmen von Jungen und Mädchen in Kindergärten und verkauft die Bilder für 50 Rappen das Stück. Auf dem Zürchersee unternimmt er gefährliche Bootsfahrten, verläuft sich in nebligen Bergen und liegt danach drei Monate krank im Bett. In der Sekundarschule fängt er an zu schreiben, erfindet phantastische Geschichten und diktiert sie seiner jüngeren Schwester ins Heft. Mit Lehrern bleibt er auf Kriegsfuß. In seinen Zeugnissen vermerken sie unter der Rubrik »Betragen«, er sei »unaufmerksam«, »unruhig« und »ungebührlich«. Da nimmt ihn der Vater aus der Schule.

Er beginnt – wir schreiben das Jahr 1905 – im Handelsgeschäft Pfister & Sigg als Lehrling. Ein Jahr später stirbt der Vater. Die Verantwortung, für die Familie zu sorgen, fällt zunehmend auf ihn. Er fängt systematisch an zu lernen und konzentriert sich auf Handelsgeographie und Spanisch. In der Abschlußprüfung wird er Zweitbester unter 150 Lehrlingen. Duttweiler bleibt bei der Firma, weiß aber zunehmend, was er wert ist, reklamiert bei den Eignern mehr Selbständigkeit und pflegt bald geschäftliche Beziehungen zu etwa 150 Firmen im In- wie im Ausland. Die wachsenden Gewinne der Firma, die Duttweiler auch seiner Arbeit zuschreibt, führen zum Konflikt. Duttweiler fordert seinen Anteil – 25 Prozent. Die beiden Eigner geraten darüber in Streit. Sigg tritt aus der Firma aus, das Unternehmen heißt nun Pfister & Duttweiler. Auch wenn die Zeiten für die Beschaffung von Waren mit Ausbruch des Weltkrieges schwieriger geworden sind: Duttweilers ungebremstes Temperament treibt die Firma in eine Phase hektischer Expansion. Als 1920 ein neuer Buchhalter eingestellt und dem strikten Realitätsprinzip verpflichtet wird, kommen verheerende Bilanzen auf den Tisch. Schwarze Zahlen erweisen sich als rote. Bei Schulden in Millionenhöhe schlägt bald die Stunde der Wahrheit. In die Liquidation bringt Duttweiler große Teile seines Privatvermögens ein.

Dem Trauma der Schule ist das Trauma des Konkurses gefolgt. Nur: Das zweite Trauma gerät produktiver. Duttweiler geht nach Brasilien und wird Kaffeepflanzer. Dann aber wird seine junge Frau ernsthaft krank. Sie erträgt das Klima nicht. So kehren beide 1924 zurück in die Schweiz.

Was nun folgt, könnte von Stanislaw Lem erfunden sein, wäre es nicht in der Wirklichkeit des schläfrigen Zürich geschehen. Duttweiler, der nun am eigenen Leib erfahren hat, was es heißt, in einem Land der Dritten Welt als Produzent schlechtes Geld für sauer erarbeitete gute Ware zu bekommen, ist schockiert und zornig über die Selbstverständlichkeit, mit der eine Mafia von Biedermännern horrende Preisaufschläge verlangt: fünfzig Prozent dafür, daß der Kaffee über den Ladentisch gereicht wird, 25 weitere Prozent für den Grossisten. Er vergräbt sich in die Datenberge des Statistischen Amtes der Stadt Zürich, durchforstet Tausende von Zahlen, vergleicht die Kleinhandelspreise verschiedener Städte, entwirft Berechnungen und schreibt nun keine Phantasiegeschichten mehr, sondern eher schon einen Kriminalroman in Zahlen. Titel: Wie die Züricher Spezereihändler es schaffen, die Stadt zum teuersten Territorium der Schweiz zu machen und die Bürger dabei ruhig zu halten.

Was der Trust der Spezereihändler im Kleinen versucht – die Preise in die Höhe zu schrauben –, wird weiter draußen im großen Stil praktiziert. Denn auch darüber erregt sich Duttweiler: daß, um die Weltmarktpreise hochzuhalten, Hunderte von Schiffsladungen mit Mais und Weizen verbrannt, Millionen Säcke Kaffee im Meer versenkt, Hunderttausende Tonnen Früchte vernichtet, Schafe samt ihrer Wolle verscharrt und Baumwolladungen zu Straßenbelägen eingestampft werden.

Am Ende seiner Recherchen steht die Erkenntnis, daß die Preise aus dreizehn Gründen überhöht sind: Es gibt viel zu viele Marken für Waren der gleichen Qualität. Die Lagerkosten sind zu hoch. Die Zinsen sind überzogen. Die Ladeneinrichtungen sind zu teuer. Die Mieten für die Läden sind unangemessen. Viele Waren verderben durch zu lange Wartezeiten. Der Bezug von nur kleinen Mengen treibt Frachtkosten und Spesen in die Höhe. Die Fabrikanten von Markenartikeln erlassen Preisvorschriften und sichern sich dadurch hohe Gewinnspannen. Spesen entstehen durch Rabatt- und Rückvergütungssysteme. Die Waren werden auf Wunsch ins Haus geliefert, das macht sie teurer. Der Verkauf dauert zu lange. Er erfolgt nur in kleinsten Mengen. Es wird auf Kredit verkauft.

Duttweiler liest Henry Ford: »Gelten die Dienste den Massen, dann wird sich die Auswahl der Verkaufsartikel auf die billigen hochqualifizierten Gegenstände beschränken, die für neunzig Prozent bestimmt sind, und das Geschäft wird groß werden...« Duttweiler hört von Fords fahrbaren Läden, mit denen seine Arbeiter mit Grundnahrungsmitteln versorgt werden.

Mitte des Jahres 1925 gründet Duttweiler mit Freunden zusammen die Firma Migros. Am 25. August frühmorgens fahren fünf kleine Ford-Laster los, um ihre geladenen Waren unter die Leute zu bringen. Die Wagen führen nur sechs Artikel mit sich: Kaffee, Reis, Zucker, Teigwaren, Kokosfett und Seife. Duttweiler hat die Waren zuvor in großen Mengen gekauft. Die Laster fahren zu 178 Verkaufsstellen und halten dort nur zehn bis fünfzehn Minuten. Sie sind so beladen, daß die Waren von der einen zur anderen Seite durchgeschoben werden können. Nicht nur Waren werden an die Käufer geliefert, sondern auf Flugblättern auch Informationen darüber, warum diese Waren trotz hoher Qualität so billig sind. Die Wagen samt Fahrern wirken wie eine Verbraucheraufklärung auf Rädern, wie mobile Einrichtungen der Erwachsenenbildung.

Duttweiler, der Rechercheur und Erfinder von Naheliegendem, erweist sich mit seinem Ansatz als Preisbrecher ersten Ranges. Mit kleinen Rationalisierungen tritt er eine Lawine los, die klein beginnt, aber mit wachsender Kraft auf die Bastionen der Spezereihändler zurollt. Neun Prinzipien machen Duttweilers Konzept erfolgreich: Es werden nur große Packungen verkauft, damit werden Kosten für die Verpackung und der Verkauf kleiner Mengen drastisch gesenkt. Die Kunden zahlen bar, niemand läßt mehr anschreiben. Es gibt nur abgepackte Waren mit runden Preisen – die Fahrer der Wagen können so leichter rechnen und schneller bedienen. Da es sich um Netto-Preise handelt, entfallen auch Rabattmarken und Rückvergütungen. Es wird nicht mehr nach Hause geliefert. Flaue Zeiten für Personal und Läden entfallen. Die Beschränkung der Warenvielfalt und Sortenzahl beschleunigt den Verkaufsvorgang. Die Ware bleibt – des raschen Durchschiebeverfahrens wegen – immer frisch. Und: Die Wagen fahren zu den Konsumenten, die Einkaufswege werden kürzer, der Absatz erreicht viele und nicht mehr nur wie bei einem Laden die Kunden um die Ecke.

Sind Konsumenten umstürzlerisch im Umgang mit Kaufgewohnheiten? Sie sind es nicht. Man muß ihnen viel erklären. Und so kommt Duttweilers Schreiblust, seit der Schulzeit verdrängt, wieder zu Ehren. Er schreibt sich die Finger wund, um den Kunden – es sind vor allem Hausfrauen – deutlich zu machen, daß sie nur dann, wenn sie zu einer bestimmten, knapp gehaltenen Zeit dort hinkommen, wo die Wagen halten, gute und billige Ware bekommen. »Vergleichen Sie die Preise, berechnen Sie die Differenz pro Monat anhand Ihres Haushaltsbuches!« Wer dies tut, kann hochrechnen, daß der Einkauf bei Migros einer durchschnittlich großen Familie pro Jahr 400 bis 600 Franken erspart. Duttweilers Angebote liegen um 22 bis 45 Prozent unter denen der Konkurrenz.

Die Flugblätter, die über die Fahrer ebenso an die Leute gebracht werden wie über Hausverteiler, unterscheiden sich von üblicher Werbelyrik. Sie setzen auf Sachaufklärung, rechnen Preise vor, erläutern die »Grundsätze des Großverkaufs im Kleinverkauf« und zielen auf den informierten Verbraucher: »*Zeit ist Geld*, für die Hausfrau wie für uns: keine 1/2 Pfund und Pfund-Packungen; 1 oder 2 Kilogramm sind in derselben Zeit verkauft und bezahlt, also *nur 1/4 der Verkaufsspesen*; übrigens ein kleiner Vorrat steht dem Hause wohl an.« Und, schon offensiver: »Nur Waren über Mittel- und beste Qualität gelangen zum Verkauf; täglich werden unsere Verkaufswagen frisch gefüllt, immer frische Ware. Ihre zwei besten Bürgen für die Wahrheit des Gesagten sind: *Die Behörden der Stadt*, die anfangs ablehnten und nach Anhörung unseres Planes, Besichtigung unserer Lager, Waren und

Einrichtungen den öffentlichen Grund der Stadt zur Verfügung stellten; *die scharf wachende Konkurrenz*, die peinlich prüfen wird, was wir hier sagen und was wir hier verkaufen. Wir schließen mit einem *Appell an das selbständige Urteil der Hausfrau*: Entweder siegen die alten lieben Einkaufsgewohnheiten der Frau, die Reklame und die Schlagwörter – oder der erhoffte Zuspruch stellt sich ein, diesfalls können wir die Preise möglicherweise noch ermäßigen, anderenfalls müssen wir diesen ernsthaften Versuch, den Konsumenten zu dienen, aufgeben.« Und noch einen anderen Weg erfindet Duttweiler: statt Anzeigen eine Zeitung in den Zeitungen, in der er nicht nur aufklärt, sondern zugleich angreift und sich auch, wenn ihm danach ist, mal über das Elend der Bergbauern oder über Ostern ausläßt.

Anfangs hoffen die Spezereihändler, die Kunden würden die Lust daran verlieren, zu Zeiten, die ein Fahrplan vorschreibt, und bei jedem Wetter einzukaufen. Dann aber wacht die Konkurrenz auf. Flugblätter werden aus Briefkästen wieder herausgeangelt, Verteiler verhöhnt und mit Steinen beworfen. Kunden von Migros erleben in Läden Schwierigkeiten, bedient zu werden. Eine Dumping-Aktion leitet den offenen Krieg ein. Die Geschäfte senken die Preise bis unter die Herstellungskosten. Duttweiler wird zum Verbrecher gestempelt, ein Totengräber der gesunden Volkswirtschaft sei er, ein Dschingis-Khan und Allesfresser. Die Lieferanten von Migros geraten unter Druck und riskieren, vom übrigen Einzelhandel boykottiert zu werden.

Letzteres wiederum wirkt wie ein Schuß, der nach hinten losgeht. Migros beginnt mit der Eigenproduktion, Süßmost und Schokolade machen den Anfang. Schokolade kostet nun 25 Rappen und nicht sechzig wie bei den Markenführern; Ende der vierziger Jahre wird Migros zum drittgrößten Schokoladenhersteller des Landes. Auch der Absatz von Schachtelkäse aus eigener Herstellung erreicht 1933 ein Drittel der gesamten Landesproduktion. Migros setzt zunehmend auf gesunde Nahrungsmittel – Eimalzin als Alternative zu Kaffee kommt ins Angebot, Zigaretten und Alkohol sind und bleiben verpönt.

Prozesse begleiten den explosiven Aufstieg. Man will Duttweiler zu Preisbindungen veranlassen und Handelsspannen festschreiben, auf die die rationeller arbeitende Migros nicht angewiesen ist. Der Persil-Hersteller Henkel fühlt sich veralbert und klagt, weil Duttweiler ein preiswerteres Waschmittel namens Ohä (= ohne Henkel) herausbringt. Sunlight, den Hersteller von Vim, greift Duttweiler mit dem Putzmittel Päng an. Städte versuchen, Migros am Eindringen zu hindern. In St Gallen wird ein Filialleiter beschossen, werden Migros-Kunden observiert und namentlich notiert, Wagen beschlagnahmt. In Bern muß Duttweiler seine Flugblätter aus der Luft abwerfen lassen, um Kunden über die aktuelle Situation zu informieren.

1933 schließlich – Migros hat inzwischen viele feste Standorte eingerichtet – wird vom Bundeshaus ein Knebelungsgesetz erlassen, das durch Erklärung von Eilbedürftigkeit vor einem möglichen Volksreferendum geschützt wird und Migros verbietet, weitere Filialen zu eröffnen. Damit wird – das Gesetz hält sich zwölf Jahre – Migros ein weiteres Wachstum bis auf wenige Prozente unmöglich gemacht. Der Markt ist von oben außer Kraft gesetzt.

Die Käufer schreckt dies nicht ab. Oft bilden sich Schlangen vor den Läden, weil die Menschen von weither kommen. Die ideologische Auseinandersetzung verschärft sich. In Berlin verüben Nationalsozialisten Anschläge auf Migros-Wagen, verbieten weitere Verkaufsstellen und zwingen Duttweiler zum raschen Rückzug aus Deutschland. Den gegen Migros eingestellten Sozialisten in der Schweiz wird – von Hans Munz – vorgehalten: »Warum habt ihr nur immer die tatsächliche oder vermeintliche Ausbeutung durch die Arbeitgeber auf der Zunge? Warum schweigt ihr – etwa im Zusammenhang mit dem Filialverbot – gegenüber der mindestens so verbreiteten Ausbeutung durch leistungsschwache und dazu auf Monopolstellung ausgehende Detailhandels-Gebilde, unter denen es neben solchen träger Spezierer auch genossenschaftlich organisierte gibt?« Migros wuchs und wuchs weiter. Das Ende dieses Aufstiegs ist auch heute nicht recht absehbar, und doch mündet diese ungewöhnliche Geschichte in eine gewöhnliche. Heute, knappe siebzig Jahre später, ist Migros mit 40 000 Mitarbeitern zum großen Konzern geworden. Ein guter Schuß Gemeinwohl erinnert daran, daß Gottlieb Duttweiler, der 1962 starb, quer zu den Ideologien lebte, ein – wie er selber meinte – »sozialer Kapitalist«, einer, der seinen ökonomischen und sozialen Visionen bis zum Ende nachjagte.

HANDEL STATT HILFE

Anita Perella, Tochter italienischer Einwanderer im südenglischen Littlehampton, wächst – die nahe See riecht nach Salz und die Straße nach Pommes mit Rühreiern – in ärmlichen Verhältnissen auf. Ihre Mutter rackert sich im Café Clifton ab. Anita arbeitet mit, studiert, wird Grundschullehrerin, hängt ihren Beruf an den Haken und zieht – wir befinden uns in der Wende der sechziger zu den siebziger Jahren – auf dem Hippie Trail durch die Welt, treibt Allotria und kommt zurück nach Littlehampton. Ihre Mutter hat inzwischen einen spanischen Nachtklub eröffnet, und dort hockt ein Mann namens Gordon Roddick am Tresen. Anita geht mit ihm, bekommt zwei Töchter und heiratet ihn dann auch. Nicht lange danach erklärt Gordon, er wolle sich nun den Traum seines Lebens erfüllen und von Buenos Aires nach New York reiten. Gordon macht sich auf den Weg. Anita, verheiratete Roddick, eröffnet in ihrer Not einen kleinen Kosmetikladen im nahen Brighton und ist knappe zwanzig Jahre später Herrin über mehr als tausend Läden in 45 Ländern. Diese Zahlen sind deshalb unverbindlich, weil ständig neue Läden in noch mehr Ländern eröffnet werden. Gordon, dessen Pferd den Abhang hinunterstürzt, kehrt zurück, verwaltet das Unternehmen, während Anita wieder in der Welt herumfährt, in den Läden gute Laune verbreitet, mit indigenen Gruppen des Südens Handel treibt, Ideen für neue Produkte sammelt und ihr Geld in Kampagnen investiert – gegen den Tod der Wale oder auch gegen Tierversuche. Sie könne, sagt sie, jetzt das tun, worüber sie früher als Studentenbewegte nur geredet hätte. So einfach ist das?

Näher heran mit der Kamera: Die Mutter Anitas, vom italienischen Lande kommend, wandert als Kindermädchen nach England ein. Sie heiratet Donny, hat einen Geliebten namens Henry und bekommt von ihm zwei Kinder, die sie Donny unterschiebt. Später läßt sie sich, der Clan steht Kopf, scheiden und heiratet Henry, der nach Amerika gegangen war und nun von dort zurückkehrt. Henry stirbt keine zwei Jahre später. Als Anita erfährt, daß nicht Donny, sondern Henry ihr Vater war, ist sie glücklich. Sie konnte Donny nicht leiden.

Das Clifton wird im Stil des Mezzogiorno als *family business* betrieben, von fünf Uhr früh bis irgendwann, Pommes gibt es nach Wahl mit Fisch, Würstchen oder Pie. Touristen fallen am Wochenende ein, und Großmutter muß mehr Kartoffeln schälen als sonst. Henry, noch am Leben, krempelt den Laden, den er Donny abgekauft hat, um: Nun geht es amerikanisch zu mit Glitzertheke und Flipperautomaten, und die jungen Leute von Littlehampton haben ihren Treffpunkt.

Anita Perella besucht den St. Catherine's Convent und handelt mit amerikanischen Comics und Kaugummis aus Henrys Beständen. Sie hilft nach Henrys Tod im Clifton, schafft die Aufnahme ins Gymnasium nicht, besucht statt dessen eine Realschule und danach das College of Education. Lehrerin soll sie werden, während die Mutter inzwischen das Clifton verkauft und einen Nachtklub eröffnet, den sie nicht italienisch, nicht englisch oder amerikanisch, sondern spanisch dekoriert. Anita Perella unterrichtet eine Weile mit Spaß und einem Hang zu ungewöhnlichen Schulstunden, geht aber dann nach Israel in einen Kibbuz, entdeckt den Hippie Trail, landet in Paris, jobbt dort im Archiv der *New York Herald Tribune*, trampt nach Griechenland, arbeitet bei den Vereinten Nationen in Genf, ärgert sich über die Prasserei internationaler Beamter, setzt sich ab nach Tahiti und von dort über die Neuen Hebriden und Neukaledonien nach Australien, fährt weiter über Madagaskar und Mauritius nach Südafrika und endlich zurück nach Littlehampton. Dort sitzt – wir wissen es schon – Gordon am Tresen, und die Mutter findet, er sei Henry so ähnlich.

Gordon hält sich, Anita und den Nachwuchs zunächst mit einem Bilderrahmengeschäft über Wasser.

Dann übernehmen die beiden einen Schuppen mit Namen St.-Winifred-Hotel, überleben die Sommermonate leidlich und fallen im Herbst in ein Loch ohne Touristen. Nächster Versuch: Paddingston's Restaurant mit italienisch angehauchtem Health Food – es sei, resümiert Anita Roddick später, das falsche Restaurant in der falschen Straße in der falschen Stadt zur falschen Zeit gewesen. Nun beschließen die beiden, erstklassige Steaks und Hamburger zu grillen – zu einer Zeit, als dies in Littlehampton noch ungewöhnlich ist. Da läuft der Laden, die junge Szene versammelt sich mit Rockmusik und Parolen gegen die Stadtregierung, die Gordon auf die Tafel mit den Speisen malt. Fast auf der Strecke bleibt das Paar als Paar. Das Privatleben fällt aus. Sie ziehen die Notbremse und verkaufen das Lokal. Gordon bereitet seinen auf zwei Jahre geplanten 5300-Meilen-Ritt vor. Anita sieht sich nach einem Laden um.

Wie man sich in einem südenglischen Kaff durchwurstelt: eine kunterbunte Geschichte, und sie könnte ja auch so weitergehen, wenn nicht ... Wenn nicht was? Eine explosive Mischung, in ihren Anteilen noch kaum erkennbar, braut sich zusammen. Die Zutaten: Anitas Neugier für Menschen anderer Kulturen und anderer Lebensweisen. Anita, die Mega-Klappe, die gerne verkauft. Anitas Abneigung gegen Tierversuche. Anita mit verrückten Ideen und Visionen von der besseren Welt. Anita, die sich für die Hautpflege von Frauen auf Tahiti interessiert und lernt, daß Kakaobutter die Haut von Jungen und Alten auch unter starker Sonne und bei harter Arbeit glatt und geschmeidig hält. Auf ihrer Reise um die Welt hat sie viele Beispiele erlebt, wie einheimische Frauen aus natürlichen Substanzen Mittel für die Haut- und Haarpflege entwickeln – grüne Pampe, die als Shampoo wirkt, oder Innenseiten von Ananasschalen als Conditioner. Anita glaubt, daß natürliche Rohsubstanzen für kosmetische Produkte mindestens genauso taugen wie die Chemie aus der Drogerie von Littlehampton.

Ungefähr zwölf Substanzen dieser Art hat sie in Erinnerung und die Idee, daraus Produkte zu entwickeln und zu verkaufen. Den Laden will sie *The Body Shop* nennen, es ist ein Name, der ihr in den USA an Karosseriewerkstätten aufgefallen ist. Mit Gordon rechnet sie aus, daß ungefähr 4000 Pfund für den Start nötig sind. Anita geht in Jeans und Bob-Dylan-Shirt zur Bank, schwärmt dem Direktor vor, wie toll ihr Projekt sei und wird abgeblitzt. Das zweite Mal geht Gordon mit, er im Anzug mit Mappe und Exposé unterm Arm, sie im Kostüm. Der Bankdirektor redet nur mit Gordon und bewilligt den Kredit.

In der Stadtbücherei versucht Anita Roddick herauszufinden, wie man Kosmetika mixt. Avocado mit Honig und Eiern: Wie hält das denn, ohne daß die Eier faul werden? Sie bittet – Gordon packt inzwischen seine Siebensachen – Kosmetikhersteller um Hilfe und wird abgewimmelt. Sie findet einen Drogisten, der sich an Jojobaöl, Aloe Vera oder auch Kakaobutter herantraut und mit ihr zusammen für 700 Pfund fünfundzwanzig Produkte entwickelt.

Im nahen Brighton mietet Anita in einer Fußgängerzone einen kleinen, feuchten und heruntergekommenen Laden. Sie streicht ihn dunkelgrün, um nasse Stellen zu verbergen und hängt Zaunlatten dort an die Wände, wo sich Wassertropfen bilden. Das Interieur wirkt ländlich, ist aus der Not geboren und wird später Teil des *corporate design*. Anita kauft Plastikflaschen für Urinproben in fünf verschiedenen Größen, füllt sie mit ihren Produkten ab und stellt sie in die Regale. Es sieht nach mehr aus als nur nach fünfundzwanzig Artikeln. Sie will, daß die Kundinnen die leeren Flaschen zurückbringen und nachfüllen lassen. Woher hätte auch das Geld für neue kommen sollen? Das Firmenlogo entwirft ein Designer für fünfundzwanzig Pfund. Gordon meint – nun ist er fast schon weg –, Anita müsse 300 Pfund die Woche umsetzen, um oberhalb der Wasserkante zu bleiben. Falls es nach einem halben Jahr immer noch nicht klappe, möge sie samt Kindern nach Peru kommen und mitreiten.

Kurz vor der Eröffnung des Ladens drohen zwei Bestattungsunternehmer aus der Nachbarschaft mit dem Kadi, ihre Kunden seien irritiert über ein Geschäft mit dem Namen Body Shop. Anita ruft anonym bei der Lokalzeitung an und erzählt die Geschichte von der armen Frau mit den zwei Kindern und dem Mann auf dem Pferd in der Pampa und den bösen Mafiosi, die ihr an den Kragen wollen. Die Zeitung bringt einen großen Artikel, und Anita lernt, daß es billiger ist, im redaktionellen Teil unterzukommen, als Anzeigen aufzugeben.

Am Tag der Eröffnung legt sie Duftspuren auf dem Trottoir. Die führen zu ihrem Geschäft. Drinnen hat sie neben den Flaschen kleine Schilder aufgestellt; dort wird erklärt, was es mit den Extrakten aus Kräutern und Samen, Früchten und Nüssen in den Cremes und Lotions auf sich hat. Die Kundinnen rennen den Laden ein, gucken, schnuppern, prüfen, lesen, fragen und kaufen. Einhundertdreißig Pfund sind am Abend in der Brusttasche von Anitas Latzhose gelandet.

Die Kundinnen kommen nicht nur der Produkte wegen, sie suchen auch persönliche Beratung. Anita erklärt, gibt Tips, redet über die Besonderheiten von Seetang-Birken-Shampoo und Weißdorn-Handcreme und tut alles, um Besucherinnen zu faszinieren und neue in den Laden zu locken. Sie hält Vorträge und zeigt ihre Proben, läßt ihr Geschäft länger auf, wenn sie eine Rechnung nicht bezahlen kann, lernt, ihre Flaschen mit wasserfester Tinte zu beschreiben, weil Kundinnen unter der Dusche sonst nicht mehr wissen, nach was sie gegriffen haben, macht ihren Laden schöner, wird von düsteren Gedanken befallen, wenn niemand kommt, schleppt Kanister und füllt Flaschen ab, schaut nach ihren Kindern und danach, wie sie von der Großmutter betreut werden, arbeitet auch am Wochenende und dankt dem Himmel für den regenarmen Sommer und die vielen Touristinnen, die nun mehr für ihre Hautpflege tun als bei schlechtem Wetter.

Samstags hilft ihre Freundin Adri. Der gefällt der Laden so gut, daß sie nach einer Weile fragt, ob sie nicht einen zweiten aufmachen könne. Am Horizont taucht eine klitzekleine Vision auf – daß das Konzept auch an einem anderen Ort tauglich sei. Die Wahl fällt auf Chichester, das liegt, wenngleich in anderer Richtung, von Littlehampton nicht weiter weg als Brighton. Wieder werden 4000 Pfund benötigt, wieder sperrt sich die Bank. Gordon, der Seriöse, ist nun über alle Berge. Da fragt Anita Roddick Adris Freund, Jan McGlinn, und Jan, der Autos repariert, sagt, er sei willens, das Geld zu leihen, wenn er künftig mit fünfzig Prozent an Anitas Firma beteiligt sei. Zwar schreibt Anita einen Brief an Gordon, ob ihm der Handel recht sei, aber bis sie Antwort bekommt, hat sie den kleinen Vertrag schon abgeschlossen. Seitdem geht es Jan McGlinn wie bei einem Jackpot. Es klingelt in der Kasse, ohne daß er einen Finger rührt. 1991 sind seine 4000 Pfund bereits 140 Millionen Pfund wert. Ein Fehler? Oder doch nicht? Anita Roddick findet heute, daß Jan zu recht eine Gegenleistung forderte und ein Halbe-Halbe-Anteil an zwei Läden damals nicht mehr bedeutete als eben dies.

Ein dreiviertel Jahr nach ihrem Start in Brighton trifft Anita Roddick einen jungen Mann, Mark Constantine, der sich mit fast nichts anderem als mit Kräutern befaßt. Anita und Mark entwickeln zusammen neue Produkte – von der Huflattich- bis zur Honig/Bienenwachs-Lotion – Mark der Tüftler, Anita das Verkaufstalent. Auch Gordon kommt, nachdem sein Pferd abgestürzt ist, früher zurück, füllt die Flaschen ab, hütet das Lager und wird nach und nach zum Logistiker und Manager der Firma. Nachdem immer wieder Kundinnen in den Laden kommen und sagen, erstens fänden sie ihn toll und zweitens würden sie am liebsten auch einen aufmachen, taucht die Idee auf, weitere Body Shops durch Selbstfinanzierung auf den Weg zu bringen. Es ist die Geburtsstunde des Franchise-Netzes: Neben Läden, die dem Roddick'schen Unternehmen gehören, gibt es nun Läden, die von jungen Unternehmerinnen selbständig geführt werden, aber über Produkte und Gestaltung mit dem Mutter-Unternehmen verbunden sind. *Corporate identity* und *corporate design* bleiben gewahrt. Body Shops sollen, wo immer sie sind, kenntlich bleiben. Ausrutscher – Läden in gebeiztem Mahagoni, Läden, in denen jenseits des Sortiments Kunterbuntes verkauft wird – werden korrigiert.

Während die Erfolgskurve bei Firmen mit einer mittelmäßigen unternehmerischen Idee flach beginnt, flach ansteigt und flach enden mag, läuft sie hier auf eine kurze Strecke flach an, um dann fast unvermittelt – einer startenden Rakete ähnelnd – steil nach oben zu führen. 1979 beträgt der Umsatz 278 000 Pfund, 1981 dann schon 828 000 Pfund. 1982 expandiert das Unternehmen mit zwei neueröffneten Läden pro Monat.

Als es 1984 an die Börse geht, wird sein Wert auf acht Millionen Pfund taxiert. Zu den Pointen dieser Entwicklung gehört, daß Anita Roddick ihr Unternehmen nicht, wenigstens eine ganze Weile lang nicht, aus einer auf größere Distanz ausgelegten strategischen Überlegung heraus geführt hat, sondern eher mit dem Blick auf den nächsten Tag, mit einem Instinkt, der sie nicht verläßt, und einem Eklektizismus, der sich als besonders produktiv erweist.

Parfüm in seinen Rohsubstanzen in Plastikflaschen anzubieten, auf Verpackungsschnickschnack und Werbepoesie zu verzichten, ist nicht nur ein rotznasenfrecher Bruch mit der Philosophie großer Parfümhäuser, sondern zugleich (angesichts der enormen Preisdifferenzen) ein wirksamer Angriff auf sie. Kundinnen und später auch Kunden mit Sachinformationen zu versehen, ihnen nicht zu versprechen, was Produkte nicht halten können, setzt auf Aufklärung statt auf Vernebelung und schafft Glaubwürdigkeit. Anita Roddick greift Trends auf, bevor sie manifest werden und verschafft sich damit Vorsprünge: Natur statt Chemie, Recycling statt Müllvermehrung, Nutzung natürlicher Ressourcen, ohne sie zu zerstören.

Kulturelle Vielfalt kann zur Quelle intelligenter Ökonomie werden. Die Erfahrungen von Menschen anderer Kulturen im Umgang mit Körper und Körperpflege lassen sich einbringen. Dem Hippie Trail kann man folgen und auf ihm Vorhandenes entdecken: Pflanzen und Früchte, aus denen Einheimische Salben und Hautöle gewinnen. Paranüsse lassen sich längerfristig nur dann sammeln und zu Body-Shop-Produkten verarbeiten, wenn der Regenwald, aus dem sie stammen, nicht niedergemacht wird.

Indianer wie die nordbrasilianischen Kayapos als Partner im Welthandel? Die Ambivalenz von Tradition und Moderne erreicht dann die Dörfer. Ein kleines Flugzeug, auch wenn es dem Häuptling Paiakan und seinem Volk zur Verfügung gestellt wird, braucht seine Piste, und sie ist wie ein großes Tor zur Außenwelt. Während das Paranußöl fortfliegt, kommen Videokameras an, und das Leben mit Geld ist anders als das Leben ohne. Andererseits gibt es genügend Firmen, die sich wie Bandeirantes und Conquistadores aufführen, die mit den Indianern kein Federlesens machen, sondern das Land hinter riesigen Dämmen ertränken, den Boden aufreißen, großflächige Rinderzucht betreiben und den Wald vernichten. So ist es viel besser, mit den Indianern zusammenzuarbeiten und mit ihnen ökonomische Ideen zu entwickeln, solche vor allem, die die Bewahrung und sanfte Nutzung des Waldes voraussetzen. Der Schutz des Waldes wird dann auch zum Schutz der Indianer.

Trade not aid: Nicht alle Ansätze können gelingen, aber es ist Anita Roddick zu konzedieren, daß die Erfolgsquote ihrer Projekte mit Partnern in Entwicklungsländern höher sein mag als die der Vereinten Nationen. Lehrgeld muß auch sie bezahlen, gleich am Anfang in Indien, in einem Potemkinschen Dorf, das eine nur scheinbar wohltätige Organisation mit dem schönen Namen The International Boys' Town Trust errichtet. Anita, von Mitleid überwältigt, als sie mit indischer Armut konfrontiert wird, werden sieben Jungen- und zwei Mädchendörfer vorgeführt, in denen man die Kinder angeblich schulisch versorgt und sie ein Handwerk erlernen läßt. Ventiliert wird die Idee, dort Footsie Rollers, kleine Massagegeräte für müde Füße, herzustellen, Qualität zu verlangen und einen guten Preis zu zahlen. Die Footsie Rollers werden samt ihrer Geschichte – made in Body Shop's Boys' Town Project – ein Renner, bis, ja bis sich herausstellt, daß die Produkte nicht in den Jugenddörfern, sondern in Klitschenbetrieben jenseits davon und zu einem Preis weit unterhalb des von Body Shop bezahlten hergestellt werden. Seitdem werden die Footsie Rollers ohne Rührgeschichte und ohne das Zahnpasta-Lächeln gezinkter Jugendbetreuer in ganz normalen kleinen Werkstätten fabriziert.

Mit den Jahren wird deutlich, daß soziale Veränderungen, für die die Studentin und Lehrerin Anita Roddick eingetreten ist, besser unterstützt und angeregt werden können, wenn man nicht knapp bei Kasse ist. Gutes kann Gutes bewirken: für Menschen, mit denen The Body Shop in Projekten zusammenarbeitet, und für die Firma selbst. Jeder Laden, so die Philosophie, soll mit seinem sozialen Umfeld Verbindungen halten und kleine Projekte entwickeln, im Ansatz ein kleines Community Education Center sein. Ökonomisch erfolgreich kann man gerade dadurch werden, daß man sich nicht wie ein Gauner unter Gaunern verhält. Und so reinvestiert die Firma einen Teil der Überschüsse in die Bildung und Ausbildung nepalesischer Kinder, den Rechtsschutz von Amazonas-Indianern oder die Renovierung von Waisenhäusern in Rumänien.

Was macht Anita Roddick mit anderen Teilen des erwirtschafteten Geldes? Erstens Kampagnen. Zweitens Kampagnen. Das Netz der Body Shops als Missionsstationen. Ziemlich am Anfang steht die Beteiligung an einer Kampagne von Greenpeace gegen die Verklappung von Chemieabfällen in der Nordsee. Es folgt – wiederum mit Greenpeace – die Kampagne *Rettet die Wale*. Dann macht die Firma ohne Greenpeace weiter, weil deren Sektionen in verschiedenen Ländern sich über die Zusammenarbeit nicht einigen. Die Läden werden zum Träger von Botschaften. Flugblätter und Sammelbüchsen, große Plakate mit Aufrufen und Anfragen in den Schaufenstern: gegen die Gefährdung der Ozonschicht durch FCKW – *Ozone or no Zone?* –, gegen Tierversuche, gegen die Verbreitung von Aids und für die Verwendung von Kondomen, gegen Rassismus und Fremdenfeindlichkeit – »Dein Auto ein Japaner, Deine Pizza italienisch, Dein Kaffee brasilianisch, Dein Shampoo englisch, Dein Urlaub türkisch, Deine Demokratie griechisch, Deine Schrift lateinisch, Deine Zahlen arabisch, und Dein Nachbar nur ein ›Ausländer‹«.

Von den Läden aus die öffentliche Meinung mobilisieren: Am deutlichsten wird dies in der Kampagne *Stop the Burning*, die sich, langfristig ausgelegt, gegen die Vernichtung des Regenwaldes richtet. »In der Rodungssaison 1988«, schreibt Anita Roddick in ihrem Buch *Body and Soul*, »gingen 300 000 Quadratkilometer – eine Fläche, die größer ist als Großbritannien – in Flammen auf. Es war das größte Feuer in der jüngeren Geschichte der Erde.« Die Vernichtung der indianischen Völker, die Zerstörung der Tier- und Pflanzenwelt, der Treibhauseffekt durch freiwerdendes Kohlendioxyd: Die Themen werden visualisiert, in den Läden wird aufgerufen, Fleisch aus Brasilien zu boykottieren und kein Tropenholz mehr zu kaufen. In vier Wochen sammeln die Läden eine Million Unterschriften unter einen Brief an den brasilianischen Präsidenten (es hätte auch der von Malaysia oder Indonesien sein können). 250 Mitarbeiterinnen laden die Postsäcke vor der brasilianischen Botschaft in London ab, das Fernsehen sorgt dafür, daß die Aktion in der brasilianischen Öffentlichkeit bekannt wird. Zugleich wird der Handel mit den Indianern ausgeweitet. Gefragt sind Produkte aus rasch nachwachsenden Pflanzen.

Zum Beispiel Produkte aus Unkraut: Aus Wasserhyazinthen lassen sich nicht nur Möbel herstellen, man kann sie auch zu Papier verarbeiten, in Nepal, wo ein kleiner Familienbetrieb das gesamte Papier der Roddick'schen Firma herstellt, mit der Folge, daß die Wasserhyazinthen, die Nepals Gewässer verseuchen, deutlich abnehmen. Auch Bananenfasern werden gebraucht, und um sie zu gewinnen, werden Bananenstauden gepflanzt, sie wirken gegen Bodenerosion und dienen der Ernährung der Bevölkerung. Mexikanische Indianer stellen für The Body Shop Massagehandschuhe aus Kokosfasern her, Honig und Bienenwachs aus Tansania werden zu Lippenpflegestiften, und das Paranußöl der Kayapo-Indianer verwandelt sich in einen Brazil Nut Conditioner. Über die Body Shops eröffnet sich kleinen Produzenten aus Äthiopien und Namibia, Nicaragua und den Philippinen ein weltweites Netz.

Der kleine Laden in der Fußgängerzone von Brighton ist heute mit 8000 Aktionären, 6000 Mitarbeitern (4000 in Franchise-, 2000 in firmeneigenen Läden) und einem Sortiment von etwa 400 Artikeln zum großen Konzern geworden. Sein Jahresumsatz wird auf eine Milliarde Mark geschätzt. An der Börse sind die überschwenglichen Höhenflüge optimistischem Realismus gewichen. Die Entwicklung in den USA verläuft weniger raketenähnlich. Viele Imitatoren treten auf den Plan, sie machen sich deutlich bemerkbar, besser sind sie aber (noch) nicht, jedenfalls nicht, was unternehmerische Ideen und ihre Umsetzung angeht. Body Shops in Metropolen der südlichen Hemisphäre sind eher ein Widerspruch in sich: Man muß Nußöl nicht erst nach England exportieren, um es dann in Salvador de Bahia oder Jakarta zu verkaufen. Wettbewerber können am Ort gleich gut und billiger sein. Der Verkauf von Flaschen in fünf verschiedenen Größen ist in Brighton sicher ein gutes Mittel gewesen, um mit wenigen Produkten Vielfalt zu erzeugen, und es mag auch – so die Presse – bis heute ein »raffiniert ausgeklügelter Verbraucherservice« sein, aber – memento Duttweiler – große Pakkungen wären billiger und würden weniger externe Kosten verursachen.

Gleichwohl, die Prinzipien der ersten Stunde werden mit Erfolg gehegt und gepflegt: Kundinnen und Kunden können auch heute in allen Läden gebrauchte Flaschen zur Wiederverwendung zurückgeben oder nachfüllen lassen. Nirgendwo wird man Werbung für die Läden finden, es spricht sich auch so herum. Auch heute fehlen Umverpackungen, liegen in allen Shops Ordner mit detaillierten Informationen über die Produkte aus, werden weder Inhaltsstoffe noch Endprodukte an Tieren getestet. Es sei, sagt Anita Roddick, ihr oft so gegangen, daß Behelfslösungen zu Knüllern wurden. »Sie wollen«, antwortet sie 1991 dem *manager magazin*, »wissen, was ich mit so viel Kohle mache, stimmt's? Ich weiß nicht, ob Sie das glauben werden, und wenn nicht, dann ist es mir ehrlich gesagt auch scheißegal: Geld interessiert mich nicht.« Und: »Ich kann eben nicht still auf meinem Hintern sitzen und abwarten, bis die Welt in einem großen Knall auseinanderplatzt. Und genau das predige ich meinen Mitarbeitern immer: Wenn ihr etwas ändern wollt, redet nicht, tut etwas. Und mal ganz ehrlich: Wer denkt schon tagelang über eine Feuchtigkeitscreme nach? Ich nicht. Und das Body-Shop-Team auch nicht.«

Im ganz großen Laden geht es immer noch ein bißchen wie im kleinen zu. Die Mitarbeiter dürfen vergnügt und sollen engagiert sein. Denn am liebsten wäre es Anita Roddick, wenn alle so wie sie selbst wären: nicht verbiestert, nicht langweilig, nicht von der Sorte, die mit Ladenschluß den Griffel aus der Hand fallen läßt, sondern voller Enthusiasmus und Energie. Sie, die Miss Mega-Klappe, hat nach ihren eigenen Worten nie einen Hehl aus ihrer »Verachtung für die Finanzwelt im allgemeinen und besonders für diejenigen Leute gemacht, die obszöne Berge von Geld damit verdienen, daß sie kleine grüne Zahlen auf einem Computerbildschirm hin- und herschieben«. Denn: »Was tragen sie zum Wohl der Allgemeinheit bei? Warum preist man Geschäftsleute, die Geld machen, und nicht solche, die Dinge machen?« Von Unternehmen, die von Männern für Männer konzipiert, in denen mehr kommandiert als kommuniziert wird, hält sie nichts. Zwar liebt auch sie rasche Entschlüsse, aber sie sorgt dafür, daß ihre Firma eine flache Entscheidungspyramide darstellt, und dringt darauf, daß alle ihre Meinung frei äußern und kein Blatt vor den Mund nehmen. Sie sagt, sie würde sich lieber von weiblichen Prinzipien leiten lassen, von Liebe, Fürsorge, Intuition, von Visionen und Leidenschaften.

Die Kosmetikindustrie, findet sie, sei ein Achtzig-Milliarden-Dollar-Geschäft, das auf Lügen aufbaue, Frauen ausbeute und vor allem Müll produziere. Man könne Haut reinigen, glätten und schützen, aber nicht ihren Alterungsprozeß aufhalten. Daran ändere sich auch nichts, wenn man eine Creme statt für fünf Mark pro Liter in einem Dreißig-Milliliter-Designerflacon mit Goldstöpsel für fünfhundert Mark verkaufe. Genau dies ist auch das Ergebnis von Versuchsreihen der Stiftung Warentest – zwanzig Jahre nach der Roddick'schen Erkenntnis.

»Bei The Body Shop«, sagt sie, »ist es unsere an Besessenheit grenzende Vision seit 1984, seit wir an die Börse gingen, eine Kraft zu sein, die auf gesellschaftliche Veränderungen hinarbeitet. Im Grunde sind wir in einem Experiment begriffen, in dem bewiesen werden soll, daß ein erfolgreiches Unternehmen ein ganzes Bündel sozialer Verantwortlichkeiten wahrnehmen und dabei Energie und Mittel für Bereiche abzweigen kann, die mit seiner eigentlichen Handelstätigkeit nicht das geringste zu tun haben.« Der *nuevo hombre* des Body Shop: ein Mensch, der sozial engagiert, umweltbewußt, kundenfreundlich, lebenslustig ist, der mit dem Fahrrad zum Betrieb fährt und nicht vergißt, dort das Licht hinterher wieder auszuschalten.

Nun, oben angekommen und schon zu Lebzeiten zum quirligen Denkmal erklärt, von selbsternannten *ethical investment fonds* sowie dem britischen Tierschutzverein gehätschelt, erlebt Anita Roddick im Sommer 1994 einen Zwischenakt, dessen dramaturgische Figur jeden, den sie zum ersten Mal trifft, emotional schockieren und ein paar Wochen lang zu Alpträumen veranlassen mag: Es ist das Stück vom guten Menschen, der erst auf den Denkmalsockel gestellt wird, um dann zur Zielscheibe zu werden. Auf ihn, den guten Unternehmer, wird plötzlich eingeprügelt, während sich die anderen, die weniger guten Wettbewerber, die Hände reiben.

Um den Akt zu inszenieren, braucht man erstens einen Journalisten, der sich auf die Konstruktion von Skandalen versteht, zweitens ein paar frustrierte ehemalige Mitarbeiter des Unternehmens und drittens ein Argumentationsmuster von der Art: Du hast gesagt, daß du mit den Indianern Handel betreibst; du kaufst aber gar nicht alles bei den Indianern; deswegen bist du eine verdammte Lügnerin. Und wenn die Roddick antworten würde, klar, sie würde gern mit indigenen

Völkern Handel betreiben; sie hätte nie gesagt, daß sie alles bei den Indianern kaufen würde – so viele Paranüsse gäbe es doch gar nicht rings um die Dörfer -; sie würde vielmehr in ihren Läden genügend darüber aufklären, welche Bestandteile neben Paranüssen sonst noch vorkämen: Dann würden die Wadenbeißer bellen, es würde im Blätterwald rascheln, kleine Sherlock Holmes würden mit der Lupe nach technischen Pannen im Betrieb suchen, der Kurswert des Unternehmens würde erst fallen und dann wieder steigen oder auch vielleicht einer Zickzackkurve ähneln. Bemerkenswert dabei bleibt, wer *nicht* geprügelt wird: jene anderen Konkurrenten nämlich, die Parfüm- und Lotionhersteller, die überhaupt keinen Handel mit indigenen Völkern betreiben und auch keine Kampagne gegen die Abholzung des Regenwaldes organisieren, sondern weiter unverschämte Preise für ihre Fläschchen nehmen.

Bleibt noch nachzutragen, daß in diesem Stück die Rolle des Journalisten von John Entine dargestellt wird, der im bis dato unbekannten amerikanischen Journal *Business Ethics* seinen Artikel plazierte, verfolgt von einer im Vorfeld der Veröffentlichung um sich schlagenden Anita; daß sich die Vorwürfe bald als Sturm im Plastikfläschchen entpuppen; daß Peter Webster vom Ethical Investment Research Service vor Journalisten den moralischen Zeigefinger hochhält; daß einzelne *ethical investment fonds* – die es ohne Menschen wie Anita Roddick gar nicht gäbe – schnell ein paar Body-Shop-Aktien verkaufen; daß Ben Cohen, bisher im Beirat von *Business Ethics*, von seinem Posten zurücktritt und seinem Blatt vorhält, auf einen Journalisten mit windigen Recherchen hereingefallen zu sein; daß John Entine beteuert, er hätte das ganze letzte Jahr nicht nur über oder gegen The

Body Shop recherchiert, sondern auch noch geheiratet und seinen Umzug nach Kalifornien bewältigt; daß britische Tierschutzvereine nun plötzlich gegen, grüne Politiker der Insel jedoch für The Body Shop sind; und daß das ganze Sommertheater erst durch den Herbst abgelöst wird und die Karawane weiterzieht. Die Moral von der Geschichte? Als guter Mensch darf nicht verzweifeln, wer wie bei Shakespeare oder in der Commedia dell' arte auch mal für eine kurze Weile in die Rolle des Schurken gezwängt wird.

DIE TEEKAMPAGNE

Angenommen, der liebe Gott hätte wie in früheren Zeiten seine segnende Hand erhoben und in armer Leute Gegend Gutes bewirkt, angenommen, es wäre ein Weinberg entstanden, ein ganz außergewöhnlicher, einer, bei dem alles zusammenkäme, was Kenner sich wünschen – der Boden, das Klima, Rebstöcke und Trauben –, angenommen, der Wein wäre die Nummer 1 unter den Weinen und würde nur hier und nirgendwo sonst wachsen, dann wäre – nicht wahr? – der Weinberg eine Quelle fortwährenden Glücks. Eines Glücks vielleicht im Schweiße des Angesichts derer, die ihn bestellen, die ihn hegen und pflegen und den Wein veräußern. Angenommen, sie blieben gute Menschen und gefeit vor Versuchungen dieser oder jener Art, dann fänden die klitzekleinen Teufelchen, die in unserer Welt noch ihr Unwesen treiben, keine Gelegenheit, sich zwischen den Rebstöcken zu tummeln oder auf den Schultern der Weinbauern zu hocken und ihnen dumme Gedanken einzuflüstern.

Nur drunten im Tal fänden sie möglicherweise

mehr Gehör. Händler würden den Wein kaufen, zu hohen Preisen weiterveräußern und den Berg bald und leider als eine nur endliche Quelle erleben. So würden sie darauf sinnen, aus wenig mehr zu machen, den Wein zu strecken und möglichst kleine Mengen zu noch höheren Preisen loszuschlagen. Die kleinen Teufelchen würden mit Rat und Tat beistehen, und bald entstünde rings um den Berg ein kunterbuntes, wenngleich nicht recht durchschaubares Treiben. Die Händler der ersten Stunde würden versuchen, neue Händler fernzuhalten, zugleich würden sie den Weinbauern am Berg mit ernster Miene vorhalten, die Welt drunten im Tal sei durch Absatzkrisen geprägt, und die Weine sollten doch, bitte sehr, günstiger abgegeben werden.

Woanders gäbe es andere Lagen, längst nicht so gute; der himmlische Zuspruch könnte dort, wenn schon nicht wirklich, so doch werblich behauptet werden und Tropfen veredeln, die von den Teufelchen nicht selbst gepanscht werden könnten. Ungefähr so könnte es zugehen, und am Ende wüßten wir nicht mehr, wie das gottgewollte Original einmal mundete.

Unsere Geschichte spielt aber nicht rings um einen heimatlichen Weinberg, sondern in einer Landschaft viel weiter weg, in Darjeeling am Fuße des Himalaja. Es mag wohl sein, daß der liebe Gott auch hier gewirkt hat, aber nicht ganz ohne Fehl, denn einerseits wächst hier der beste Tee der Welt, andererseits fiel er nicht vom Himmel, vielmehr ließen ihn die Engländer vor ungefähr hundertfünfzig Jahren anpflanzen. Sie waren damals die Herren, und für ihre Untergebenen bedeutete es besonders viel Mühe und Arbeit, an steilen Hängen kleine Teeblätter von Büschen zu zupfen, sie zu trocknen und zu Tal zu schaffen. Immerhin: Darjeeling First oder Second Flush,

Finest Tippy Golden Flowery Orange Pekoe 1, einen dreiviertel Teelöffel gestrichen und aufgebrüht pro Tasse, dazu zwei, drei Tropfen Milch und ein klein wenig Zucker – das, so sagen Kenner oben in Darjeeling, gebe einen unvergleichlichen Geschmack, kein Assam- oder Kenia-Tee könne hier mithalten.

Schwenk in die jüngste Vergangenheit, Mitte der achtziger Jahre. 12.000 Tonnen Darjeeling Tee gibt der Landstrich im Jahresdurchschnitt her, davon werden 10.000 Tonnen exportiert. Das ist nur ein Klacks, gemessen an der jährlichen Gesamtmenge des weltweit produzierten Tees. Aber es ist eben der Tee aller Tees. Drunten im Tal, in Kalkutta, wird er versteigert, dann verschifft und weiterverkauft zu ziemlich hohem Preis und, weil es so wenig von ihm gibt – hokuspokus –, vermehrt. Aus 10.000 exportierten Tonnen werden 40.000 Tonnen, aus Darjeeling Tee wird »Darjeeling Tee«, vermischt mit minderen Sorten – so sagt die Darjeeling Planters Association. Sechs Teelöffel Darjeeling-Teeblätter in die Kanne gegeben, ergeben Darjeeling Tee. Vier Teelöffel Darjeeling mit zwei Teelöffeln einer schlechteren Sorte gemischt, mögen immer noch wie Darjeeling schmecken; vielleicht merken teetrinkende Laien selbst dann nichts, wenn drei zu drei oder zwei zu vier gestreckt wird. Klitzekleine Teufelchen sind nicht nur rings um Weinberge, sondern auch anderswo geschickt am Werk.

Wird überall gestreckt? Nein, nein. Aber zum Beispiel in Mini-Packungen verkauft. Kunden zahlen dann nicht nur mehr, weil Teebeutel, Schächtelchen und Döschen ihr Geld kosten und zu Buche schlagen, weil Lagerkosten und Vertrieb teurer werden, sondern nicht selten auch deshalb, weil man Kleinstmengen zu höheren Preisen losschlagen kann, ohne daß es auffällt. Mindere Tees jenseits des Distriks von Darjeeling kann man auch durch Aromatisierung adeln, Parfümwolken vernebeln dann den mäßigen Geschmack und schaffen bei Kerzenschein und Kandiszucker freundliche Illusionen. Auch lassen sich geringere Erträge in Teeplantagen durch den Einsatz von Chemie steigern, dann aber sind die Teeblättchen manchmal mit Rückständen geladen, die die zugelassenen Grenzwerte übersteigen.

Der bundesrepublikanische Teemarkt Mitte der achtziger Jahre ist von betulicher Art, die Händler vermeiden, sich auf die Füße zu treten, es geht ein bißchen zu wie unter den Spezereihändlern in Zürich vor der Zeit Duttweilers. Auftritt der Projektwerkstatt Teekampagne GmbH. Sie bietet an: First, später auch Second Flush Darjeeling-Tee, FTGFOP1, rückstandskontrolliert.

Wie kommt es zur Idee der Teekampagne? Neil Churchill, amerikanischer Forscher in Sachen *entrepreneurship*, meint, daß für eine gute Idee im Schnitt etwa 50.000 Einzelteilchen an Informationen verarbeitet werden müßten und daß es an die zehn Jahre dauere, bis die Idee ausgereift und für eine erfolgreiche Umsetzung gut sei.

Die Ideengeschichte der Teekampagne gleicht einem Puzzle, das sich über die Jahre zusammensetzt. Ein Studium an der Wirtschaftshochschule im schweizerischen St. Gallen steht am Anfang, der Einkauf in einem der Migros-Läden – die Tafel Schokolade für 40 Rappen. Duttweiler gerät in den Blick: Seine Auffassungen über Produktwahrheit und hohe Qualität, seine Suche nach einem günstigen Preis-Leistungs-Verhältnis werden zu Teilen des Puzzles.

Später: Besuche in Tansania und anderen Ländern der Dritten Welt. Die Preise dort – für Kaffee, Tee, Kakao, Bananen oder Zucker – liegen bei höchstens einem Zehntel der Preise in Mitteleuropa. Warum? Wegen der Fracht- und Verpackungskosten oder der Handelsspannen? Das Puzzle gewinnt langsam Konturen.

Der Teeverkauf zum Beispiel ist in Deutschland verschwenderisch organisiert. Teuer sind nicht Fracht oder Versicherung, sondern das Verpackungsmaterial für Kleinpackungen und der aufwendige Vertriebsweg. Also Material sparen und einen einfachen Vertriebsweg finden?

Wie steht es mit der Haltbarkeit der Ware? Sie ist wichtig, wenn Verbraucher von Klein- auf Großpackungen umsteigen sollen. Die Händler sagen, der Tee halte zwei oder drei Jahre. Hielte er auch nur ein Jahr, würde es reichen, wenn die Kunden ihren Jahresvorrat kauften – in Großpackungen mit hohem Preisvorteil. Und die Sortenvielfalt? Wenn viele Sorten viele Umstände bereiten und ihr Vertrieb damit teuer wird, wie wäre es mit nur einer Sorte? Sind Verbraucher dazu zu bewegen, aus 140 Sorten Tee nur eine zu wählen und sie ein Jahr lang zu trinken? Die Antwort: Ja, wenn man den besten Tee der Welt nimmt; und der – da ist sich die Fachwelt einig – wächst an den Südhängen des Himalaja. Das Puzzle vervollständigt sich. Was ist – in Konsequenz – dann anders an der Idee der Teekampagne?

Erstens: Der Verkauf von einer Sorte vereinfacht die Abwicklung, hält den Apparat klein und macht es leichter, sich kompetent mit diesem Produkt zu befassen. Vielfalt im Sortiment führt leicht zu Dilettantismus im Detail.

Zweitens: Die Teekampagne bricht mit der Auffassung, Tee sei nur in kleinen Portionen verkäuflich.

Sie erzielt vier Fünftel ihres Umsatzes mit Ein-Kilo-Packungen. Sie spart damit entscheidend an Verpackungsmaterial.

Drittens: Sie teilt nicht die Auffassung, die Ware müsse in Läden das ganze Jahr über ständig verfügbar sein. Nein, man kann den Tee auch in jährlich wiederkehrenden Kampagnen verkaufen, dadurch Großeinkäufe tätigen und erheblich Lagerkosten sparen. Die Käufer selbst halten Vorrat und brauchen die Zins-, Lager- und Vertriebskosten des Händlers nicht teuer zu bezahlen.

Die Teekampagne verkauft von Anbeginn an 100 Prozent Darjeeling. Dies nützt den indischen Produzenten. Denn je informierter Konsumenten darüber sind, daß es außer Darjeeling-Tee auch noch »Darjeeling-Tee« gibt, je mehr sie darauf dringen, unverfälschte Qualität zu erhalten, desto eher werden Fälscher vom Markt vertrieben, desto höhere Preise werden die Inder für ihren Tee erzielen. Trübe Mischungen zerstören die Preise für das hochwertige und arbeitsintensiv produzierte Original; bleibt der Tee dank kritischer Konsumenten aber ungestreckt, dann konkurrieren die Händler um bescheidene 12.000 Tonnen, dies steigert den Wert des Tees. Die Inder waren hier jahrelang in der Defensive und der Tea Board schon bereit, bei nur sechzig Prozent Darjeeling-Anteil das Darjeeling-Schutzzeichen zu gewähren, seit 1993 erst wird das Signet nur noch für wirklich reinen Darjeeling vergeben.

Die Teekampagne klärt über die Chemierückstände im Tee auf. Er soll möglichst rückstandsarm sein. Und so können sich Kunden durch Betrachtung der Rückseiten der Teepackungen beispielsweise davon überzeugen, daß in der Gruppe der 13 gemessenen Chlorwasserstoffpestizide Lindan statt der zugelassenen Höchstmenge von 0,5 mg/kg nur mit 0,001 mg vertreten ist oder Methoxychlor statt mit 10,0 mg mit weniger als 0,001 mg – gemessen vom öffentlich bestellten und vereidigten Sachverständigen Dr. Michael Scheutwinkel in Berlin.

Wieder sind es – wie bei Migros oder The Body Shop – eher simple Ideen, die zu Durchbrüchen führen. Sie sind auch, für sich genommen, nicht neu. Daß Großpackungen billiger sind als kleine, haben Waschmittelfirmen und -käufer schon früher entdeckt und die Kleinpackungen der fünfziger Jahre vom Markt verschwinden lassen. Reinheitsgebote und Rückstandskontrollen gibt es auch anderswo. Die Trägheit Etablierter reicht, um mit einfachen Ideen viel Terrain zu erobern.

Ausgangsfrage ist: Wie kann man den Tee produktgerecht und zugleich so billig wie möglich handeln? Konventionen verstellen eher den Blick. Es gilt, das Pferd zum Konsul zu machen, die Sicht von der Welt zu verändern und dies auch Verbrauchern mitzuteilen. Das unternehmerische Risiko der Teekampagne lag anfangs vor allem darin, Käufer davon zu überzeugen, ihren Jahresbedarf an Tee in Großpackungen zu kaufen. Den Tee im privaten Haushalt auf Vorrat zu halten – allein diese Erkenntnis führt bereits zu erheblichen Preisvorsprüngen gegenüber Händlern, die an Klein- und Kleinstpackungen festhalten und – statt Konventionen in Frage zu stellen – lieber am Design und an der Werbelyrik tüfteln.

Die Teekampagne ist aus der Freien Universität Berlin heraus gestartet worden, auch als ein Versuch, mit Studenten in Ernstsituationen zu lernen, den Markt als Schule zu begreifen. In der Firma gilt das Prinzip transparenter Hierarchie. Sie hat 1994 zwölf feste Mitarbeiter und 29 weitere, die rings um die

Kampagnen – zwischen drei und neun Monaten – dabei sind und zwischen 16,50 und 20,50 Mark die Stunde verdienen. Die Arbeit mit Studenten gleicht einem kleinen Geschenk für die Konkurrenz. Denn Studenten sind keine Profis, ihr Streben nach Selbstverwirklichung mag anders beschaffen sein, als es der Logik eines Unternehmens entspricht. Ideen können sich in alle Richtungen verlieren und dann doch wieder bei Weihnachtsdosen für Tee landen. Fehler werden gemacht, die naheliegend sind, wenn man Anfänger ist, und die die Wettbewerber entzücken. Ein guter Ökonom kann andererseits nicht werden, wer sich dem Streß des Marktes entzieht und nur akademisches Wissen anhäuft, sondern einer, der sich daran gewöhnt, kleine und mittlere Katastrophen zu meistern, Kärrnerarbeit auf sich zu nehmen und über der Frage zu tüfteln, wie man Kunden rationell und dennoch individuell betreuen kann. Die Teekampagne hat 1985, als sie begann, 3,5 Tonnen Tee verkauft, 1993 waren es 340 Tonnen, und es hätten noch viel mehr sein können, wenn es nur darum gegangen wäre, ein Team unkonventioneller Profis gegen etablierte Schlafmützen antreten zu lassen.

Wichtiger als ein Lernen aus Fehlern ist der Erkenntnisgewinn, der sich auf eine Analyse der Übersetzung von unternehmerischer Idee in ökonomische Praxis gründet. Anfangs beispielsweise war das Prinzip Kampagne zeitlich definiert und auf die Monate Oktober bis Dezember bezogen. Der Tee wurde und wird in Berlin in über sechzig Depots vertrieben, in kleinen Läden mit den Namen »Haut & Haar« oder »Heller Engel«, »Kleinholz« oder »Packesel«, die den Tee ohne Aufschlag und doch zum eigenen Nutzen verkaufen. Denn es kommen mehr Kunden als sonst. Noch viel mehr kleine Läden wollen Depot werden, weil die Teekampagne diese Läden unter anderem durch gemeinsame Werbung unterstützt, sie auf Plakaten, durch Zeitungsanzeigen und Informationsblätter bekannter macht und Käufer anlockt, die oft nicht nur den Tee, sondern auch etwas vom übrigen Angebot kaufen. Was hier geschieht, gleicht dem bionischen Prinzip: Bausteine der Natur werden niemals nur für eine einzige Funktion verwendet, sondern in einem Geflecht gegenseitiger Nutzungen.

Schon bald, noch zu Zeiten der Mauer, begann aber auch der Versandhandel Richtung Westen, er expandierte rasch mit heute über 110.000 Kunden, überholte den Depot-Verkauf bei weitem und verwies auf eine gegenüber dem Depot-Konzept andersartige Erkenntnis: Während es nämlich bei stationärem Verkauf um so kostengünstiger zugeht, je schneller er abgewickelt wird, wird der Versand billiger, wenn man feste Kosten über die Zeit von Oktober bis April verteilen kann. Nehmen dann aber nicht die Lagerkosten zu? Nein, man kann viel davon einsparen, wenn man den Rhythmus der Teetransportschiffe so einrichtet, daß sie selbst zum Lager werden. Das Kampagnenprinzip definiert sich, die Erfahrungen aus dem Versand einbeziehend, nunmehr eher über die Menge des Tees, der zum Verkauf steht.

1993 liegt die Menge unter der des Jahres 1992. Warum? Die Teekampagne verweigert in Indien die Annahme von 75 Tonnen bestelltem Tee wegen zu hoher Belastungen durch Ethion, Dicofol und Tetradifon. Mit Tetradifon zum Beispiel wird die Rote Spinne bekämpft; weil dieses Mittel für Menschen gesundheitsschädlich sein kann, wurden niedrige Grenzwerte festgesetzt mit der Folge, daß viele Tees in ihren Werten nun darüber liegen. Angesichts dieser Situation werden von der Teekampagne im Dezember

1993 Anzeigen unter der Überschrift »Ausverkauft« geschaltet: »Wir machen keine Kompromisse in der Qualität – auch um den Preis, zu früh ausverkauft zu sein.« Und weiter: »Verbraucherschutz heißt für uns auch: Wir suchen nach Chemie! Für die Rückstandsanalysen haben wir ein aufwendiges Kontrollsystem entwickelt. Damit ertappen wir immer wieder Erzeuger bei dem Wechsel von einer ›Chemiefamilie‹ zu einer anderen«. Die indischen Produzenten zeigen Wirkung, ziehen Konsequenzen daraus und gehen mit der Chemie vorsichtiger um, denn dies hat es bisher noch nicht gegeben – eher im Gegenteil. Der Verband des Tee-Einfuhr- und Fachgroßhandels kündigt noch im Rundschreiben 1/1988 an, regelmäßig gegen Firmen vorzugehen, »die in auffälliger Weise auf Besonderheiten ihres Angebotes in bezug auf Analytik und besondere Qualität wie Rückstandsarmut oder Rückstandsfreiheit deutlich hinweisen«. Er bittet die sehr geehrten Damen und Herren bei dieser Gelegenheit »im Gesamtinteresse der Branche und zur Aufrechterhaltung eines gutes Images des Tees« dringend darum, vorliegende Ergebnisse von Rückstandskontrollen »nicht für Hinweise zu benutzen, daß Ihre Tees besonders schadstoffarm oder ständig rückstandskontrolliert sind«. Die Verwendung solcher Hinweise in der Werbung schaffe ein »bestimmtes Negativimage«. Vernebelung der Verbraucher durch Desinformation. Erst langsam gewinnt die Erkenntnis an Raum, daß die Verbraucher die Offenlegung von Rückstandskontrollen honorieren.

Auch Inder sind nicht immer Engel. Auch ihre Teufelchen setzen sie Versuchungen aus, zum Beispiel der, den raren First Flush mit Restbeständen aus der Regenzeit vom letzten Jahr zu mixen. Glaubwürdigkeit muß aufgebaut und geprüft werden. *Ethic pays* – auch für Produzenten. Objektive Daten über Rückstände sind besser als zum Beispiel Behauptungen, man würde »Bio-Tee« verkaufen. Mehrere »Bio-Tees«, die die Teekampagne untersuchen ließ, hatten Chemierückstände, die die amtlichen Grenzwerte deutlich überschritten. »Biologisch angebaut« heißt, selbst wenn Produzenten nicht das Blaue vom Himmel erzählen, noch lange nicht, daß der Boden rein ist; oft ähnelt er nach jahrzehntelangem Mißbrauch einem chemischen Tank. Dort, wo die Rückstandswerte und die Geschmacksqualität stimmen, kauft die Teekampagne von Plantagen, die als Bio-Gärten anderswo teuer gehandelt werden. 1994 sind es bereits 56 Tonnen. Verkauft wird dieser Tee bisher ohne Aufpreis und ohne Aufhebens in der Werbung.

Kleine Neulinge am Markt werden von schläfrigen Fürsten am Anfang kaum wahrgenommen. Machen sie sich dann wie im Fall der Teekampagne rascher als erwartet bemerkbar – 1986 wurden 13 Tonnen, 1988 schon 85 Tonnen Darjeeling verkauft –, dann heißt es, hier seien universitäre Spinner ohne Praxiserfahrungen am Werk. So billig – mit Preisen bis zu vierzig Prozent unter denen der Konkurrenz – könne niemand anbieten, ohne den eigenen Konkurs zu inszenieren. Wenn aber die Pleite nicht kommt, sondere die kleine Firma blüht und 1991 dann schon 150 Tonnen verkauft, ist die Ruhe einiger Fürsten gestört. Die Teekampagne wirbt nicht mit den klassischen Mitteln, sie kommt ohne Hochglanzprospekte und teure Anzeigen aus. Aufmerksamkeit erreicht sie über Argumente, die die Praxis des etablierten Teehandels angreifen: daß beispielsweise die Teepreise in Deutschland überhöht seien oder viel Geld für Kleinpackungen verschwendet werde.

Der Mangel an Wettbewerb hat zur Folge, daß

auch viele Verbraucher uninformiert bleiben. Wie läßt sich den möglichen Kunden erklären, welchen Preisvorteil die Teekampagne bietet? Die Teekampagne unternimmt den Versuch, ihn an einem komplexen Sachverhalt, nämlich der Entwicklung der *terms of trade* für Entwickungsländer, anschaulich zu machen. Diese Länder exportieren überwiegend Rohstoffe, deren Preise der Tendenz nach fallen, während die Preise für den Import industrieller Fertigprodukte steigen. Die Schere zwischen Export- und Importpreisen – die *terms of trade* – öffnet sich zum Nachteil der Entwicklungsländer. Dagegen – sagt die Teekampagne – wolle sie im Kleinen etwas tun. Sie überweise einen Betrag zusätzlich an das Land, Indien, aus dem sie den Rohstoff, den Tee, beziehe. Der Anschaulichkeit halber überweise sie einen Betrag, der dem indischen Lohnanteil im Tee entspreche. Sie verdoppele den Lohnanteil für das Land Indien, sei gleichwohl weitaus billiger als die Konkurrenz und verdeutliche dadurch die Vorteile des Teekampagnenprinzips.

Die Fürsten zitieren nun ihre Anwälte, und die wiederum bemühen die Gerichte. Zum Anlaß wird die Praxis der ersten Jahre, 1985 bis 1987, den doppelten Lohnanteil für das Land Indien zu überweisen und damit im Süden, im Dörfchen Punalal, den Bau eines Wasserspeichers und einer Baumschule zu finanzieren.

Der Versuch, die Kunden darüber zu informieren, scheitert an den Paragraphen des deutschen Wettbewerbsrechts. Das nämlich sieht nicht vor, Auskunft über die sozial sinnvolle Verwendung erwirtschafteter Überschüsse zu geben. Der Teehandel prozessiert gegen die Teekampagne und läßt ihr verbieten, »wörtlich oder sinngemäß« mit diesem Hinweis zu werben: »Wir überweisen den indischen Lohnanteil ein zweites Mal. Der Anteil indischer Löhne beträgt bei einem Kilogramm Darjeeling etwa drei Mark. In unserem Verkaufspreis sind weitere drei Mark je Kilogramm zusätzlich enthalten.« Dies verstoße, befindet das Landgericht Hannover im Februar 1988, gegen die guten Sitten, sei emotionalisierende Werbung, appelliere an das Mitgefühl und die soziale Hilfsbereitschaft der Kunden. Die Firma mache sich dieses Gefühl »für eigennützige Zwecke planmäßig zunutze«, ohne daß ein sachlicher Zusammenhang mit den Eigenschaften des angebotenen Tees bestünde. Daß die Teekampagne gerade nicht spenden will, sondern das ökonomische Argument der *terms of trade* anführt, bleibt vom Gericht unberücksichtigt. Das Finanzamt – in seiner Auffassung von kaufmännischem Verhalten gegenüber Produzenten der Dritten Welt nicht minder ignorant als das Gericht – sagt, die Überweisung des doppelten Lohnanteils nach Indien sei die Überweisung eines Gewinns, und der sei zu versteuern – auch im nachhinein. Statt doppeltem Lohnanteil ein halber doppelter Lohnanteil, der Rest für den deutschen Fiskus? »Das ist das ›Aus‹ für den doppelten Lohnanteil«, teilt die Teekampagne mit. Seitdem gibt die Teekampagne lieber mehr Geld für höhere Teequalität aus. Das hat die Marktpreise erkennbar in die Höhe getrieben und die Erzeuger erfreut.

Eine kleine Pointe im nachhinein: Diejenigen, die damals den Prozeß gegen die Teekampagne goutierten, setzen sich nunmehr das fromme Hütchen des *Transfair*-Siegels auf, lassen Kunden einen Aufschlag für die Plantagenarbeiter bezahlen und betreiben damit genau die »emotionalisierende Werbung«, die sie der Teekampagne untersagen ließen.

Ein zweiter Prozeß geht verloren: Die Teekampagne darf sich nicht mehr über die problematische

Qualität aromatisierter Tees auslassen, darüber, daß die »Veredelung« einfacher Teesorten durch künstlich hergestellte Aromen zum Vorteil der Teehändler und zum Nachteil der Verbraucher gereiche. Streit entsteht über den Sprachgebrauch des deutschen Lebensmittelrechts, den Begriff des »naturidentischen Aromas«. Das volle Himbeeraroma beispielsweise enthält mehr als 200 Komponenten. »Naturidentisches Himbeeraroma« ist der Rechtslage nach jedoch schon die synthetische Herstellung nur einer Hauptkomponente, es ist also weder Natur noch identisch, es ist das Himbeerbonbon, das an Himbeere erinnert und dennoch mit falschem Geschmack auf der Zunge liegt. Ist das »Aroma« aromatisierter Tees künstlich hergestellt oder nicht? Der normale Verbraucher höre bei »künstlich hergestellt« nur »künstlich«, argumentiert der Teeverband, und dies, pflichtet das Gericht bei, sei keine Verbraucherinformation, sondern unzulässiger Vergleich mit der Konkurrenz, egal, ob die Aussage stimme oder nicht. So wird der Teekampagne untersagt, ihren Text über aromatisierte Tees weiterhin zu verbreiten.

Im Windschatten der Teekampagne versuchen mittlerweile mehr als zwanzig Imitatoren ihr Glück. Schon 1987 verkauft eine Firma täuschend ähnlich aufgemachte Packungen unter der Bezeichnung »Tee Kampagne«, 1988 unter »Teeaktion, Darjeeling First Flush«, obwohl es First Flush in jenem Jahr nicht gibt. In Imitation der Teekampagne und mit einem Sinn für Lyrik bietet eine Teehandels-Kette Anfang der neunziger Jahre *Darjeeling in Between* an. Im Prospekt zur Ernte von 1990 heißt es: »In Between nennt der Teepflanzer die Zeit zwischen den Saisonhöhepunkten First Flush und Second Flush. Die in dieser Zeit gepflückten Tees haben einen wirklichen Zwischencharakter. Zum Teil fallen die Partien noch recht ›grün‹ aus, sind zartblumig und mild. Es fehlt die Spritzigkeit der First Flush Tees und das nussig ausgeprägte Aroma der Second Flush Tees. In Between – das ist die Verbindung von Polaritäten. Er ist nicht scharf und auch nicht bitter. Eher mildaromatisch und weich.« Recherchiert man in Darjeeling vor Ort, fällt die Wirklichkeit nüchterner aus: Nach dem First Flush benötigt der Teebusch eine Ruhepause, er schläft. Von den Teearbeitern wird er dann gereinigt und gekämmt. Heraus fallen harte Blätter und ganz wenige weiche. Es sind die Reste. »Der Tisch wird saubergemacht«, sagt Mr. Tamang, Oberinspektor der West Bengal Tea Development Corporation und Manager der staatlichen Bio-Plantage Singell. Manche Plantagen würden die Büsche auch einfach mit dem Messer bearbeiten. Aus dem Abfall würde ziemlich schlechter Tee für den Hausgebrauch der Plantagenarbeiter gemacht. Ungefähr fünfzehn Prozent der weichen Blätter würden aufpoliert und verkauft. Diese Krümel nun als das Beste aus beiden Ernten anzubieten, sei Märchenerzählerei. Schlafenden Büschen ließe sich keine Ernte entlocken, dies sei wider die Natur.

Die Imitatoren der Teekampagne, es sind zumeist Firmen, die auch viele andere Teesorten vertreiben, handeln sich einen Virus ein. Denn wenn sie Darjeeling Tee wirklich unter Verwendung von Großpakkungen, in zeitlicher Begrenzung und knapper Kalkulation verkaufen, konkurrieren sie mit sich selbst, mit dem teuer angebotenen übrigen Sortiment. Die Kunden wählen die kleineren Packungen und anderen Teesorten zunehmend ab, und die Händler, deren Gewinnspannen gerade aus dem Verkauf teurer Kleinmengen resultieren, steuern einer selbst inszenierten Krise zu.

Die Firma Ökotopia bietet ihre Tüten 1988 als »Darjeeling Aktion, First Flush« an und kupfert auch die Sätze auf der Rückseite der Teekampagnen-Pakkungen ab. Was anderen Firmen noch als marktübliche Skrupellosigkeit unterstellt werden kann, gerät im Fall von Ökotopia zur schlechten Pointe. Auch Ökotopia ist an der Freien Universität entstanden, ein leicht mißratener Vorläufer der Teekampagne. Anfang der achtziger Jahre wurde die Firma im Kreuzberger Mehringhof gegründet. Sie wollte unter den Bedingungen des Marktes ein Stück Utopie in der Ökonomie umsetzen. Ihr ging es nicht um Ausbildung im konventionellen Sinn, nicht um praktischen Umgang mit dem Kalkulations- und Rechnungswesen, sondern darum, neue Ideen am Markt durchzusetzen, sich auf diesen spannenden und lebendigen Prozeß einzulassen und also unternehmerisch zu handeln. Die Idee der Teekampagne gehörte dazu. Mit dem Ende der Aufbauarbeit und nunmehr einer Million Umsatz wuchs die Begehrlichkeit von Studenten, die Firma ohne ihren universitären Teil fortzuführen. Die Teekampagne und ihr Erfinder wurden hinausgedrängt, das Konzept sei in einem Professorenhirn entstanden, typisch universitär, unpraktikabel und illusionär: Die Kunden verlangten nicht *eine* Teesorte, sondern ein Sortiment, und auch nicht große, sondern kleine Packungen. Die basisdemokratischen Entscheidungsstrukturen erlaubten diesen Coup. Eine kurzsichtige Entscheidung, denn damit wurde der Versuch einer Ideenwerkstatt Universität ausrangiert. Seither dümpelt Ökotopia vor sich hin. Effizienz bedeute, so die implizite Behauptung der Zurückgebliebenen, Ausbeutung und Verrat an Ideen. Die Alternative – Franz Oppenheimer läßt grüßen – bestünde darin, die Formen des Umgangs untereinander zu verändern. Ein

Jahr später ist die Gruppe heillos zerstritten. Ihre Mitglieder wechseln häufig, sind schlecht bezahlt und maulen über die überlegene Arbeit des 1985 neu gegründeten Unternehmens Projektwerkstatt.

Auch andere haben Mühe mit dem Konzept der Teekampagne: einige Dritte-Welt-Gruppen und -Läden. Für letztere, die Waren mäßiger Qualität zu hohen Preisen anbieten (und in diesen Preisen ein gutgemeintes Doping mit Spendengroschen einbauen), stellt die Teekampagne eine kaum nachvollziehbare Konstruktion vor allem deshalb dar, weil sie *im* Markt antritt und ihn nicht zu meiden sucht. So wirft man ihr vor, was sie ist und sein will: daß sie wie eine richtige Firma operiere und beispielsweise ihren Tee zu Marktpreisen einkaufe, und das, oh Schreck, auch noch »an der Börse« – gemeint ist wohl: auf der wöchentlichen Tee-Auktion in Kalkutta. Den Gewinn drüben würden nur die Plantagenbesitzer und Auktionäre einstreichen, dies dürfe man nicht zulassen. »Unsere Gewerkschaften«, hält Sujoy Srimal von der Equitable Marketing Association dagegen, »stehen längst Gewehr bei Fuß. Sie holen sich ihren Teil vom Gewinn. Und das tun sie ganz alleine. Europäische Besserwisser wollen und brauchen sie nicht.«

Falsche Zuschreibungen sind lästig und kleben wie Kaugummi an Schuhsohlen. Wohl verzichten die Gesellschafter der Firma auf private Ausschüttungen, daraus aber die Konstruktion abzuleiten, alle erwirtschafteten Überschüsse *müßten* als Spenden abgeführt werden, ist abwegig. Das Beispiel von Anita Roddick zeigt, daß man viel Geld verdienen und – in freier Entscheidung – damit auch Nützliches bewirken kann. Der Teekampagne steht es als Firma völlig frei, mit erwirtschafteten Beträgen Rücklagen zu bilden, sich eine größere Computeranlage anzuschaffen, neue unternehmerische Ideen umzusetzen oder etwas für die ökologische Balance des Distrikts Darjeeling zu tun.

ÖKONOMIE UND ÖKOLOGIE VERBINDEN

Die Veranschaulichung des *terms of trade*-Arguments haben die Teefürsten, das Gericht und das Finanzamt abwürgen können, die Philosophie und das Engagement der Teekampagne aber nicht. Ein Teil der Gewinne wird für ökonomisch überlebensfähige Initiativen ausgeschüttet. Es sind keine Spenden (die die vorhandene Ökonomie töten würden), sondern Versuche, Markt und Ökologie miteinander zu verbinden. Zwischen 1985 und 1994 hat die Teekampagne 623.756,25 Mark dafür ausgegeben. Anfangs wurde auf Empfehlung der Aktionsgemeinschaft Solidarische Welt das indische Dorfentwicklungsprojekt Dale View in Punalal unterstützt. Seit 1992 geht es vorrangig um die Wiederaufforstung Darjeelings.

Mit 67.000 Mark wird ein Pilotprojekt durchgeführt. Weitere 300.000 Mark dienen der Wiederaufforstung von ganz Darjeeling. Ganz Darjeeling? Ein wenig schwingt die Hoffnung mit, Katalysator zu sein und eine Initialzündung zu bewirken. Um die ersten Anstrengungen einer ökologischen Rekonstruktion zu illustrieren, lohnt ein genauerer Blick auf diese Region: Die Hügel Darjeelings sind einem der Achttausender, dem buckligen Kanchenjunga, vorgelagert. Dort oben liegt Schnee, türmt sich das Eis, aber auf den Hängen weiter unten breiten sich keine Matten undurchdringlichen Regenwaldes aus, jedenfalls in Darjeeling nicht, die Landschaft sieht vielmehr zerrupft aus, so, als hätte der mächtige Yeti große Ziegen zur Weide geschickt. Meist sind die Bäume mit Stumpf und Stiel herausgerissen, nur kleine, ausgelichtete Gehölze blieben stehen. Wer Fotos von lächelnden Teepflückerinnen inmitten wohlgestutzter Teebüsche aufnehmen will, muß aufpassen, daß er nicht zu viel aufs Bild bekommt: die zersiedelten Hänge, die Bodenerosion oder kahlgeschlagene Bergkämme zum Beispiel.

Vor hundert Jahren, meinen die Manager der Teeplantagen, sei die Welt noch in Ordnung gewesen. Der Wald und die Teebüsche hätten gemeinsam den Boden festgehalten. Sie hätten das Wasser gespeichert und für die Trockenzeit vorgesorgt. Heute stehen die Teebüsche wohlgeordnet, aber ziemlich allein auf weiter Flur, sieht es rings um die Felder eher karg aus, nicht, weil etwa hochalpine Verhältnisse herrschten, sondern weil hier mehr und mehr Menschen leben und Holz schlagen, um Häuser und Hütten zu bauen und Feuer zu machen.

Noch fünfzig weitere Jahre, sagen sie, und der Boden sei weg. Darjeeling, zumindest das Darjeeling, was nicht niet- und nagelfest ist, könnte abgespült werden und in den Flüssen zum Meer hin treiben. Schöne Aussichten? Sonntags treffen sich im Club der Teepflanzer im Ort Darjeeling Pächter, Besitzer und Manager der Plantagen, von denen es etwa neunzig gibt. Tee wird getrunken, Billard gespielt und mit der Zukunft gehadert. »Wir alle wissen«, sagt Ms Aban Madan vom Vorstand der Darjeeling Planters Association, »daß etwas geschehen muß. Wenn einer von außen käme, könnte endlich etwas in Gang kommen.«

Auch wenn dort der beste Tee wächst: Die Region ist krank. Es geht ihr nicht anders als den vielen Regionen dieser Welt, in denen der Kahlschlag zu Ketten lokaler Katastrophen führt. Die Katastrophe an den steilen Hängen Darjeelings geschieht nicht spektakulär, sondern eher still und stetig. Vom Oberboden auf den Feldern ist schon viel abgeschwemmt. Die darunter liegenden Schichten wirken ausgewaschen und steinig. Bergrutsche reißen Büsche mit in die Tiefe. Die Felder weisen viele Lücken auf, ohne Boden können die Büsche nicht überleben. Der Ertrag der Ernte sinkt, und um die Verluste zu verringern, sind große Mengen an Dünger nötig.

Und noch etwas bedrückt die Gemüter: Die Teebüsche sind überaltert. In naher Zukunft müssen sie durch neue ersetzt werden. Aber die Pflanzer haben große Angst davor, sie auszuwechseln und an die fünf Jahre zu warten, bis die Blätter der jungen Büsche mit Gewinn gepflückt werden können.

Der Ort Darjeeling liegt im Distrikt Darjeeling, und der befindet sich auf einer Höhe zwischen 600 und 2000 Metern. Darjeeling heißt bei den Gurkha eigentlich Gurkhaland, und das kommt daher, daß seine Bewohner Freistaatgelüste hegen und auf einen Autonomiestatus dringen, der sie nicht weiter verpflichtet, ihr Geld an die indische Regierung abzuführen. Weil aber die indische Regierung dies nicht will und weil sie den Gurkha auch nicht zugesteht, daß sie, wie die Gurkha finden, eine eigene Sprache – Gurkhali – haben, sondern meint, die Sprache dieser Region sei Nepali – und Nepali habe man doch schon anerkannt –, und weil die Zentralregierung von einem eigenen Bundesstaat mit Namen Gurkhaland, eigenen Ministern und eigenem Parlament nichts hält, rumort es dort oben, und es rutschen nicht nur Hänge ab, es werden auch wilde Reden gehalten, Regierungskontrakte öffentlich verbrannt sowie schwarze Fahnen der Trauer und grüne des Trotzes gehißt. So ragen immerhin dünne Fahnenstangen hoch, wo eigentlich Bäume wachsen sollten.

Die Teearbeiter Darjeelings sind nicht nur gewerkschaftlich, sondern auch ethnisch gut organisiert. Dies ist der eine Grund, warum es ihnen trotz bescheidener Löhne deutlich besser geht als den Fabrikarbeitern im Tal. Der andere Grund mag darin liegen, daß zur Peitsche der indischen Regierung auch das Zuckerbrot gehört und mehr Geld in die Region fließt. So haben die Familien der Teearbeiter – nimmt man als Beispiel die Namring-Plantage – Anspruch auf Häuser, die von der Plantage gestellt werden, die Schulbildung soll kostenlos sein und im Primarbereich alle Kinder erreichen, die medizinische Versorgung ist ambulant wie stationär zu gewährleisten, und jede Familie hat ein vererbbares Recht auf einen Arbeitsplatz in der Plantage. Dies alles ist im *Terms and Conditions Booklet* der Darjeeling Planters Association genau vermerkt, und es fehlt auch nicht die Menge an Feuerholz, die die Plantage jedem arbeitenden Bewohner zukommen lassen muß.

Samstag, 25. Juli 1992: Auf der Veranda des Gästehauses der Namring-Plantage versammelt sich ein Dutzend Abgesandter. Es sind die Führer jener Menschen, die dort leben und arbeiten. Die Plantage ist ungefähr achtzehn Kilometer lang und fünf Kilometer breit – ein grünes Band in schöner Hanglage. Die Menschen leben in kleinen Dörfern, die Dörfer liegen zwischen den Teefeldern, es sind Streusiedlungen mit buntbemalten kleinen Holzhäusern und Gärten ringsum.

Gespräch über die nahe Natur und die weite Welt. Von Europa kommt die Kunde, daß die Teetrinker nicht nur reinen Tee schätzen, sondern sich auch Sorgen um die Landschaft machen. Das hänge, meinen die Abgesandten, ja auch beides miteinander zusammen. Das Ungeziefer, das den Teebüschen zusetze, habe seine natürlichen Feinde verloren. Die natürlichen Feinde seien nicht mehr da, weil ihnen der Unterschlupf fehle. Und wenn es die natürlichen Feinde wieder geben solle, müßten sie Nahrung finden, jenes Ungeziefer eben, das jetzt noch mit chemischen Mitteln bekämpft werde. Diese Geschichte erinnert an die von unseren Blattläusen, die die Marienkäfer weniger zu fürchten brauchen als die Giftspritze des Gärtners.

Weniger Chemie setzt mehr Natur voraus. Und guten Tee wird es in Darjeeling künftig nur geben, wenn der Boden nicht weiter zu Tal geht, sondern gehalten und nach und nach wieder vermehrt wird: also Bäume, Büsche und Gras pflanzen, Barrieren aus Hecken errichten, Unkraut zwar jäten, aber liegen und kompostieren lassen, auf Herbizide verzichten, organischen Dünger produzieren und vor allem die Wiederaufforstung betreiben. Und sich nicht unkontrolliert vermehren: Gegen die Geburtenexplosion und ihre Folgen, den Raubbau an Boden, Bäumen und Hecken, kommen Neuanpflanzungen nicht an, und die Lady Bird Beetles, die Marienkäferchen Darjeelings, müßten ihre Arbeit wieder einstellen.

Die Teekampagne will, erfahren die Abgesandten, einen Teil der Überschüsse nach Indien zurückfließen lassen, um hier in mehreren Plantagen die Wiederaufforstung zu unterstützen und auch den Start kleiner Projekte zu ermöglichen. Diese Projekte könnten vielleicht das Einkommen von Familien verbessern und die ökologische Rekonstruktion der Plantage fördern. Dies hätten sie noch nie erlebt, sagen die Gurkha, daß Europäer hierher kämen, um mehr Geld ins Land zu bringen, als sie für den Tee hätten zahlen müssen. Die Abgesandten freuen sich und lassen sich vom Management bestätigen, daß das Management nicht gedenke, sich in die Angelegenheiten der Abgesandten einzumischen, sondern lediglich anrege, von den Bewohnern der Plantage ein unabhängiges Gremium wählen zu lassen. Dies Komitee könne dann notwendige Maßnahmen koordinieren, über Anträge und über die Verwendung der Mittel befinden.

Die Diskussion führt bald zu der Erkenntnis, daß das Geld – es handelt sich um die 67.000 Mark, die in Berlin bereitliegen – nicht einfach als Spende an Antragsteller übergeben, daß vielmehr ein *revolving fund* gebildet werden solle. Aus ihm könne man zinslose oder zinsgünstige Kredite beziehen. Die müsse man, darüber würde das gewählte Gremium mit scharfem Auge wachen, auch wieder zurückzahlen. So würde, meinen die Abgesandten, die Bank nicht leer, sondern immer wieder voll, und andere Familien könnten später dann auch ihre Anträge stellen. Dieses Verfahren sei besser als die Praxis von Politikern, die mit Spenden Wählerstimmen kaufen und die Seelen der Menschen verderben würden.

Die Abgesandten trinken Tee, sie bevorzugen die späte Ernte des Herbstes, einen Tee, der nicht bitter wird, auch wenn man ihn lange ziehen läßt. Sie wollen heim in ihre Dörfer. Die Abgesandten sind Männer. Wo denn ihre Frauen seien? Die Abgesandten lachen. Einer meint, die Frauen hätten sie abkommandiert. Ja, ja, sie hätten nichts dagegen, daß auch die Frauen kommen.

Über den Bergen haben sich dunkle Wolken zusammengezogen. Schwerer Regen geht nieder. Schlammiges Wasser schießt über die steilen Hänge hinunter, sucht sich Bachbetten und mündet in reißenden braunen Strömen.

Dienstag, 28. Juli: Die Plantage verfügt über mehrere Grundschulen. Die delegierten Lehrer der

Schulen treffen sich. Es wird Tee gereicht. Die Sonne sticht, hinter den Kämmen tauchen erste Wolkenschwaden auf. Die Schüler sollen und wollen mitmachen, die Lehrer auch. Die Schule soll dort stattfinden, wo Bäume geplanzt und gehegt werden.

Ein Vorschlag wird erörtert: Wenn jedes Kind beispielsweise zwanzig Bäume pflanzt und auch dafür verantwortlich ist, daß sie die ersten Trockenzeiten überleben und nicht von Tieren gefressen werden, wenn Kinder die Bäume in den ersten Jahren schützen, dann, ja dann müßten sie auch etwas davon haben. Man könne ja beispielsweise sagen: Von den zwanzig Bäumen sind fünfzehn Teil des Waldes, der lange leben soll, und fünf von einer Art, die sich nach wenigen Jahren ökonomisch nutzen läßt. Die fünf könnten dann, wenn die Kinder für alle zwanzig Bäume gut gesorgt hätten, in ihren Besitz übergehen. »Halt«, sagt ein Manager, der aus Kalkutta stammt, da habe er nun doch Bedenken. Denn zu den tribalen Rechtsauffassungen der Gurkha gehöre auch diese: Wer für sich einen Baum pflanze, in dessen Besitz gerate auch der Boden ringsum. Die Runde endet in diesem Punkt ohne Beschluß, aber mit der Meinung, daß doch bitte das zu wählende Komitee darüber weiter nachdenken möge.

Mittwoch, 29. Juli: Nun sind die Frauen da. Ja, ihre Männer hätten alles erzählt. Und sie, die Frauen, hätten auch schon viele Ideen für kleine Projekte. Zudem wollten alle Bäume pflanzen, das seien sie der Zukunft ihrer Kinder schon schuldig. Auch sie diskutieren über Bäume, die langsam wachsen und lange leben sollen, und solche mit kürzerer Lebensdauer und einem unmittelbaren Nutzen. Man könne beide Arten pflanzen und Ökologie mit Ökonomie verbinden.

Die Frauen sind selbstbewußt. Dies sei, sagt der indische Professor Chakraborty später drunten im Tal, auch kein Wunder. Die Gurkha hätten früher matriarchalisch gelebt, erst die britischen Kolonialherren hätten diese Tradition als unpassend empfunden und versucht, die Verhältnisse umzudrehen. Ganz und gar? Wohl nicht.

Freitag, 31. Juli: Das große Treffen beginnt am Nachmittag. Menschen aus allen Dörfern der Plantage, Erwachsene und Kinder, sind gekommen. Die Herren Abgesandten haben sich schon früh eingefunden, aber die Männer sind nun in der deutlichen Minderheit. Familien und Nachbarn haben in den letzten Tagen Ideen entwickelt über die kleinen Projekte und den großen Wald, den es zu pflanzen gilt. Sie unterscheiden zwischen selbstauferlegter Pflicht – mehr Wald muß her – und ökonomisch verlockender Kür, den kleinen Projekten.

Ideen für Projekte? Gruppen melden sich zu Wort. Der Ideen sind viele: Da sei zum Beispiel der Maulbeerbaum, der von Seidenraupen geschätzt werde; man könne ihn pflanzen, Kokons züchten und sie an Seidenhersteller weiterverkaufen. Oder: Kindergärten für Teebüsche seien nicht nur wichtig, mit ihnen könne man auch Geld verdienen. Oder: Wenn wieder mehr Wald da sei und er das Wasser besser speichern könnte, würden die Quellen mehr hergeben, sie könnten dann Rohre legen und Gemüse produzieren. Oder: Darjeeling habe ein gutes Klima für Heilpflanzen. Die Briten hätten schon davon gewußt. Später seien die Pflanzen in Vergessenheit geraten. Sie, die Bewohner Darjeelings, könnten Felder mit Heilpflanzen anlegen, freie Flächen seien genug da, und Abnehmer zahlten gute Preise. Oder: In der Umgebung wüchsen viele Orchideen, sie könnten gesammelt und gezüchtet werden.

Frage: Wie die dann später ins Tal und in die großen Städte kämen, ohne vorher zu welken? Antwort: Dies sei eine richtige Frage, eine Lösung wüßten sie auch nicht gleich. Aber: Sie könnten ja Schweine und Geflügel züchten und Fischteiche anlegen und die lokalen Märkte beliefern. Schließlich: Die Apfelsinen Darjeelings seien zwar klein, aber sehr gut im Geschmack und würden gute Preise erzielen. Viele würden gern Apfelsinenbäumchen pflanzen.

Ein Konsens zeichnet sich ab: Die Bäume des Waldes sollen von allen gemeinsam gepflanzt werden, auch für Feuerholz stellt die Plantage eine Fläche zur Verfügung. Die Apfelsinenbäumchen und das Gemüse können in den Gärten wachsen, die zu jedem Haus gehören. Über dies alles, sagen sie, möge das zu wählende Komitee weiter befinden.

Ein Fest zum Abschluß. Tänze und Gesänge der Gurkha. Der Gurkha? Schon. Aber ein bißchen indischer Schmelz und westlicher Rock und Pop sind auch dazwischen. »Wir gucken uns Videofilme mit indischen Stars an«, sagt ein Mädchen, »und dann bringen wir uns alles selbst bei.« Es herrscht großes Gedränge. Der Himmel bleibt klar an diesem Abend. Die Mondsichel sieht aus, als sei sie leicht nach unten gekippt. Ein Priester im nahen Tempel schlägt den Gong.

Am Tag danach, auf der rumpelnden Fahrt ins ferne Tal, stoppt der Wagen, weil eine Horde Affen am Wegesrand sitzt. Dies seien, meint der Fahrer, die Affen des Königs Hanoman aus der Ramayana-Geschichte. Sie würden von den Lastwagenfahrern verehrt. Und richtig. Ein Sattelschlepper, mit dicken Stämmen beladen, hält. Der Fahrer füttert die Affen mit Popcorn, und es bleibt zu hoffen, daß Hanoman auf ihn wie auf alle anderen Wagen aufpassen wird, dann vor allem, wenn es – wie auf der Herfahrt – gilt, die Stelle zu passieren, an der ein Bergrutsch die Straße in die Tiefe riß und nur ein schmaler, glitschiger Fahrstreifen übrigblieb.

Januar 1994: Acht Plantagen gesellen sich hinzu und wollen mit dem Wiederaufforstungsprojekt beginnen. Das Goethe-Institut Kalkutta assistiert mit einem Workshop. Im Projekt arbeiten lokale Partner mit der International Community Education Association zusammen. Die Leitung hat Professor Ramlal Parikh von der Gandhi Universität in Ahmedabad übernommen. Die Ausgangssituation ist klar: Die Bodenerosion hat dramatische Ausmaße angenommen, Erdrutsche reißen immer mehr Lücken in die Teeplantagen. Die Teeproduktion ist zunehmend gefährdet. Es lassen sich regionalklimatische Veränderungen ausmachen – Wassermangel während der Trockenzeit, Anstieg der Temperaturen bei gleichzeitiger Abnahme der Geschmacksqualität des Tees, Zunahme von Moskitos auch in höheren Regionen.

Ziel ist es, dem für die nächsten zwanzig bis fünfzig Jahre vorausgesagtem Kollaps der Teeproduktion in diesem Gebiet entgegenzuwirken und dazu beizutragen, die ökonomische Existenz der Bevölkerung Darjeelings zu sichern. Die Wiederaufforstung wird als Investition verstanden. Zwischen Menschen und Bäumen sollen ökonomische Verbindungen gestiftet werden. Die ökonomischen Anreize sollen so beschaffen sein, daß nicht nur die Anpflanzung, sondern auch die Pflege und ökologisch verträgliche Nutzung der Bäume im Blick bleibt. Community Education bedeutet hierbei, mit den in der Region lebenden Familien in einen Dialog zu treten, auf Schlüsselprobleme – wie die Gewinnung von Brennstoffen und Baumaterialien oder die Suche nach Nebenerwerbstätigkeiten – einzugehen, das Bewußtsein über die

Zusammenhänge zwischen Abholzung und dem sich anbahnenden ökologisch-ökonomischem Desaster zu entwickeln und zu stärken und Kinder wie Erwachsene als wesentliche Träger eines Wiederaufforstungsprojektes zu gewinnen. Nicht Spenden, sondern Investitionen, nicht milde Gaben, sondern Initiativen, aus denen sich überlebensfähige Ökonomie von unten entwickeln kann; die Teekampagne als Zündfunke für neue ökologisch-ökonomische Entwicklungen.

Ein solcher Versuch weist in die Richtung des Professors Muhammad Yunus aus Bangladesh. Der erregte sich – knappe zwanzig Jahre sind das her – über die praktische Unwirksamkeit von Theorien der Armutsbekämpfung. Seine These: Es fehlt nicht an unternehmerischen Fähigkeiten der Armen, sondern am Zugang zu Krediten. Yunus richtet eine kleine Bank mit dem Namen Grameen ein und verleiht zunächst sein eigenes Geld, kleine Beträge in Taka, der Landeswährung, die umgerechnet etwa zwischen zwanzig und 150 Mark liegen, rückzahlbar bei einem Zinssatz von zehn bis zwölf Prozent in wöchentlichen Raten über einen Zeitraum von bis zu fünfzig Wochen. Als Sicherheit verlangt er Selbstdisziplin, Mut und den Willen, hart zu arbeiten.

Der Erfolg ist umwerfend. Nur in zwei Prozent aller Fälle klappt die Rückzahlung nicht, während sich die übrigen Banken in Bangladesh mit einem Zinssatz von 13 bis 16 Prozent mit einer Mißerfolgsrate von siebzig Prozent bei Krediten für landwirtschaftliche und neunzig Prozent für industrielle Projekte abmühen. Reiche, meint Yunus, würden Pleiten auf leichtere Schultern nehmen als Arme und sich deshalb weniger anstrengen. Und unter den Armen sind es wiederum 92 Prozent Frauen, denen die Grameen-Bank mehr zutraut als Männern. Die Geldgeber der Bank, zu denen mittlerweile auch die Regierung gehört, wissen, welch geringes Risiko sie eingehen. Die Bank betreut mittlerweile 1,4 Millionen Kreditnehmer, die mit jeweils einem Betrag von umgerechnet etwa vier Mark als Anteilseigner beteiligt sind. Die Kunden sind über gewählte Gremien an der Kreditvergabe beteiligt, sie vor allem sind es, die vernünftige Regeln aufstellen und auf deren Einhaltung dringen. Bangladesh zählt 68.000 Dörfer, in ungefähr der Hälfte davon hat die Bank bereits Vorhaben gefördert. Die Idee breitet sich aus. Auf den Philippinen unternimmt Benjamin T. Montemayor ähnliches, und auch Länder wie Kenia, Äthiopien und Sri Lanka nutzen die Erfahrungen. Das ökonomische Potential der Armen, darauf hat de Soto in Peru eindringlich verwiesen, existiert längst. Wer mehr Markt will, muß auch die Barrieren, mit denen sich der etablierte ökonomische Sektor vom informellen abschirmt, beiseite räumen.

DIE FESTUNG EUROPA SCHLEIFEN

Die Festung Europa wird fallen, so oder so. In ihre Konstruktion ist das Ende bereits eingebaut. Die Viren heißen Protektionismus, Dequalifizierung und Wettbewerbsunfähigkeit. Wir haben die Wahl, ob wir Opfer sein wollen oder lernen, auf die eigenen Füße zu fallen.

Noch gibt es die Festung. In ihrer Innenwelt geht es drunter und drüber. Die Wälle werden nicht über Nacht geschleift, aber sie erodieren. Die *International Herald Tribune* zitierte den am Massachusetts Institute of Technology lehrenden Ökonomen Rüdiger Dornbusch mit der Prognose, Deutschland befände sich erst am Anfang des Abstiegs; und der Kommentator Olaf Leitner sorgt sich in einem Berliner Stadtjournal darum, ob wir nun »die Rache der armen Länder an den reichen, eine neue Kolonialzeit« erleben, eine mit umgekehrten Vorzeichen. Deutlich wird, daß sich die soziale Frage nicht nur im Verhältnis von reichen und armen Ländern, sondern mit zunehmender Schärfe auch innerhalb Europas stellt.

VOM REICHEN SÜDEN UND VOM ARMEN NORDEN

Während die reale Wirtschaftsleistung in Westdeutschland zwischen 1985 und 1992 um 25 Prozent zunahm, stieg sie in China im gleichen Zeitraum um

102, in Südkorea um 98, in Thailand um 93, in Taiwan um 82, in Malaysia um 63, in Singapur um 62 und in Indonesien um 57 Prozent. *Look East* heißt für südostasiatische Länder, aus der Geschichte des japanischen Aufstiegs zu lernen und zu begreifen, daß unternehmerischer Spürsinn langfristig angelegt sein muß. Der Erfolg der Japaner begann, weil sie Visionen entwickelten und amerikanische und europäische Technologien nicht nur übernahmen, sondern in langwieriger Tüftelarbeit verbesserten und sie in qualitativ hochwertige und preisgünstige Produkte verwandelten. Will man dies, bedarf es eines Typus anwendungsorientierter Forschung, der auf die Optimierung von Produktionsprozessen und Produktentwicklungen zielt. Heute ist die japanische Wirtschaft zweimal so groß wie die deutsche und erreicht etwa sechzig Prozent der Größe der amerikanischen. Noch konturierter wird das Bild, wenn man den Zyklus der Anlageinvestitionen betrachtet. 1990 investierte Japan 620 Milliarden Dollar in neue Anlagen und Anlagegüter, während sich die Deutschen mit 240 Milliarden Dollar begnügten. Die Japaner investieren gegenwärtig alle fünf Jahre den Gegenwert einer gesamten Jahresproduktion.

Ein defensives Amerika und ein mit Selbstabhalfterung befaßtes Europa müssen sie nicht fürchten. Zwischen Tokio und Jakarta liegt ein Markt von 600 Millionen Verbrauchern, die in raschem Tempo die Einkommensleiter erklimmen und für japanische Produkte empfänglich sind. Fürchten müssen die Japaner allerdings die Wettbewerber aus eben jener Region, die größer werdende Schar kleiner Tiger.

Im Unterschied zu jener Zeit, als Japan seinen ökonomischen Aufstieg einleitete, ist heute modernste Technologie auf dem Weltmarkt zu haben. In Taiwan oder Südkorea unterstützen die Regierungen angesichts des Arbeitskräftemangels im eigenen Land die Auslagerung lohnintensiver Fertigungen in neue »Billiglohn«-Länder. In Thailand und Indonesien entstehen so Fertigungsstraßen für Textilien und Schuhproduktionen in einem für Europa kaum vorstellbaren Ausmaß. Das Kugellagerunternehmen Minebea verlagert – 1994 – Teile der Produktion von Thailand nach China. Die Technologie ist mobil geworden und einfach in der Bedienung, so daß notwendige Kompetenzen leichter erworben werden können. Der Abbau einer Fabrik in Taiwan und ihr Wiederaufbau in Indonesien dauert ungefähr sechs Wochen. Man erinnere sich: Die Bundesrepublik der sechziger Jahre handelte anders, holte unter unwürdigen Bedingungen Gastarbeiter ins Land und versäumte die historische Chance, die Produktion ins Ausland zu verlagern und in aufnehmenden Ländern wie etwa der Türkei Beschäftigungseffekte zu induzieren. Westliche Investoren, die nunmehr und endlich nach Indien, Vietnam, China, Brasilien, Südafrika und vielleicht auch nach Botswana oder Madagaskar drängen, handeln vernünftig, und es ist entwicklungspolitisch sinnvoll, wettbewerbsfördernd und verbraucherfreundlich, wenn ihre Ideen nun leichter als früher von Einheimischen aufgegriffen und fortentwickelt werden können.

Zwei Voraussetzungen sind hier für die Entwicklungsländer von großer Bedeutung: Erstens muß ihre Politik weltmarktorientiert sein. Zweitens muß das unternehmerische Potential des informellen Sektors dieser Länder freigesetzt werden. »Wir hatten«, resümiert der Direktor des indischen Instituts für Außenhandel, »einen nach außen extrem abgeschirmten Markt.« Die Schritte der Industrialisierung sollten nach der Unabhängigkeit des Landes von den Briten geschützt werden, heraus kamen bürokratische Wucherungen und die Korruption des Beamtenapparates. Die Umkehr der indischen Politik, mithin auch die Förderung des Wettbewerbs und die Förderung von Auslandsinvestitionen, leitete den Aufschwung ein. Bereits ein Jahr nachdem die indische Börse für Investoren von draußen geöffnet wurde, waren von ihnen fast 400 Millionen Dollar investiert worden.

Auch auf den Philippinen, jenem Geflecht aus aufgeblähter Verwaltung und wettbewerbsfeindlichen *big families* mehren sich Stimmen wie die des Kommentators Napoleon G. Rama, der im *Manila Bulletin* 1992 forderte: »Let's make the Philippines a tiger nation!« Schließlich hätten sie das gleiche Klima, lägen in derselben Region, gehörten demselben Menschenschlag an, hätten ebenfalls Chinesen samt konfuzianisch-ökonomischen Denken innerhalb ihrer Grenzen und dazu noch mehr Land und mehr natürliche Ressourcen als viele ihrer Nachbarn. Auch seien die Erfolgsformeln der anderen bekannt, »the market economy, production for export, get the government off the back of businessmen, privatization of government corporations, lower interest rates, out with monopolies, competitiveness, an open door to investors, a pro-democratic West foreign policy, production of high value agricultural products, an optimistic attitude«. *Pro-democratic West foreign policy* meint: mit List und Geduld Schlupflöcher zu finden, um in die Festung Europa oder in andere Festungen einzudringen. Und: »Let's abandon the old policy of making the poor rich by making the rich poorer. In the tiger countries, nobody must become rich at the expense of other people. The formula is to make everyone rich – the poor, the middle-class and the already rich. It's the latter that make the investments to create jobs.« Der Internationale Währungsfond hat ausgerechnet, daß bis zum Jahr 2000 mehr als 400 Millionen Asiaten das Wohlstandsniveau heutiger Europäer erreichen werden.

Mittlerweile empfiehlt die UN-Wirtschaftsorganisation Cepal auch den Lateinamerikanern, sich stärker am asiatischen Modell zu orientieren. Mit anderen Worten: Sie sollen nicht weiter auf westliche Hilfe spekulieren, sondern den eigenen Augiasstall ausmisten. In den siebziger und achtziger Jahren sind nach Schätzungen von Experten bis zu 400 Milliarden Dollar dem Kontinent durch Kapitalflucht entzogen worden. Die brasilianische Zeitung *O Globo* berichtete, daß etwa die Hälfte der brasilianischen Auslandsschulden illegal über die Grenzen gebracht und in der Schweiz oder anderswo deponiert wurden, Gelder, die gestohlen oder hinterzogen wurden. Ex-Präsident Collor de Mello soll – man erinnere sich noch an seine Anti-Korruptions-Fanfaren während des Wahlkampfs – in seiner kurzen Amtszeit mehr als zehn Millionen Mark an Schmiergelder für die Vergabe von Staatsaufträgen kassiert haben. Vorteilsnahme und staatlicher Schlendrian wirken zusammen. Brasilianische Staatsfirmen erbrachten 1991 nur zwanzig Prozent des Bruttoinlandsproduktes, während auf sie sechzig Prozent der Lohn- und Gehaltszahlungen des Landes entfielen; die privaten Unternehmen erwirtschafteten hingegen bei vierzig Prozent der Gehaltssumme achtzig Prozent des Bruttosozialprodukts.

In Lateinamerika wird zwar noch über den Weg gestritten – ob man wie in Asien zunächst die exportorientierten Produktionsbereiche konkurrenzfähig machen solle, oder ob es besser sei, die Grenzen für Importe schlagartig zu öffnen –, aber nicht über das Ziel, sich dem Weltmarkt zu stellen. Die Formel heißt nun exportorientierte Modernisierung, sie löst jene lange Phase der Importsubstitution ab, die mit in die Schuldenkrise führte. Lateinamerikas Avantgarde hat sich in der *Reunion Latinoamericana de Exportadores Existosos* ein Forum geschaffen, es sind vor allem die mittleren Firmen mit hochwertigen Produkten, die erfolgreich auf Nischen im Weltmarkt zielen. Die neue lateinamerikanische Politik zieht Investoren an; der Zustrom an Kapital aus dem Ausland verdreifachte sich innerhalb der Jahresspanne von 1991/92 auf über vierzig Milliarden Mark.

Eine richtige Politik auf der Makro-Ebene kann aber nur gelingen, wenn das unternehmerische Potential auf der Mikro-Ebene freigesetzt wird, wenn jene hohen und viele Initiativen fressenden administrativen Barrieren entfernt werden, die Lateinamerikas Unternehmer von unten, die Unternehmer des informellen Sektors in der Illegalität halten; wenn sich unternehmerische Initiative von unten und damit ein enormes ökonomisches Potential voll entfalten kann.

Während die Amerikaner und Briten Anfang der neunziger Jahre das investitionsfreudige Klima in Asien nutzten, verschliefen die deutschen Investoren die nacheinander abfahrenden Züge, äußerten sich viele Jahre lang abschätzig – »die können doch nur kopieren« –, gaben sich der Fehleinschätzung hin, daß billige Waren auch billige Qualität bedeuteten und lachten diejenigen aus, die schon Mitte der achtziger Jahre darauf verwiesen, daß Länder wie Thailand oder Indonesien bald ihren *take off* erleben würden. Zu den frühen Warnern gehörte der Premierminister Malaysias: Würden die Europäer nicht in Südostasien investieren, könnten sie in naher Zukunft mit Produkten geschlagen werden, die Firmen anderer

Länder in dieser Region herstellten und von dort aus überallhin exportierten. Es geht auch ohne Firmen anderer Länder: Das 1986 gegründete singapurianische Unternehmen Excel ist mit technisch vorzüglichen CNC-gesteuerten Bearbeitungszentren und niedrigen Preisen mittlerweile tief in die Hochburg des deutschen Maschinenbaus eingedrungen.

Nun reagieren die Deutschen reichlich spät oder betreiben wie der Bundeskanzler mit seiner China-Reise 1993 Dumping; um größere Aufträge nach Hause zu bringen, werden sie von deutscher Seite hoch subventioniert. Auch wie der kommentierende Helmut Schmidt darauf zu setzen, daß sich die Idee eines neuen Wirtschaftsblocks, der *American Pacific Economic Cooperation* (APEC) nicht verwirklichen ließe, weil Asien den Zuwachs an amerikanischen Einfluß scheue, dürfte sich als Fehleinschätzung herausstellen. Asien will die APEC schon deshalb, um mehr Gewicht in die Verhandlungen mit Vertretern der europäischen Festung einbringen zu können. Asien will Europa vom Wachstumsmarkt ausschließen, wenn die Europäer den Asiaten den Marktzugang weiterhin erschweren. In der Konsequenz wird die Festung teurer, aber nicht erfolgreicher.

Zu den lange gehegten Fehleinschätzungen der Europäer gehört auch die, daß Entwicklungsländer moderne Technologien nicht einsetzen könnten, weil sie nicht in der Lage seien, sie herzustellen und genügend erfahrene Mitarbeiter bereitzustellen. Moderne Technologien zeichnen sich aber gerade dadurch aus, daß sie mobil sind und man sie auf dem Weltmarkt samt Service einkaufen kann, daß sie immer benutzerfreundlicher und einfacher in der Bedienung werden. Ein Blick auf Asiens Bildungssysteme und die Lernbereitschaft seiner Absolventen zeigt, daß der Mythos vom Bildungsmonopol des Nordens unhaltbar ist. Die technische Intelligenz des Südens ist hochmotiviert, erstklassig qualifiziert und – man nehme Ingenieur-Stunden in Indien – um ein Vielfaches billiger als in Deutschland. Und weil das so ist, wächst bei uns beispielsweise der Inlandsmarkt für Elektrogeräte schneller als die Inlandsproduktion, baut die Textilindustrie ihr Personal ab, gesteht die Chemieindustrie ein, daß sie den Preiswettbewerb bei Basischemikalien oder einfachen Kunststoffen mit Ländern wie China oder auch Mexiko bereits verloren habe, vertreibt der »Export*welt*meister« Deutschland mehr als sechzig Prozent seiner Exporte nurmehr innerhalb der Festung Europa.

Die Reaktionen auf die Krise? Zwei problematische Antworten sind verbreitet: Die erste: »Wir müssen unsere Errungenschaften verteidigen.« Zum Beispiel die hohen Löhne, das soziale Netz und den Umweltschutz. Wie? Die Antwort: durch Protektionismus. Den deutschen Steinkohlebergbau mit zehn Milliarden Mark jährlich stützen, weil die Preisschere zwischen importierter und heimischer Steinkohle immer größer wird und eine an die 300 Mark kostende Tonne deutscher Kohle auch im nächsten Jahrzehnt um 230 Mark teurer sein wird als die Kohle des Weltmarkts? Was heißt schonender Umgang mit natürlichen Ressourcen, wenn die Halden der Ruhrkohle Ende 1993 auf knappe zwanzig Millionen Tonnen gestiegen sind? Und zeugt es nicht von ökonomischem Schwachsinn, wenn durch diese Halden Mittel von 2,3 Milliarden Mark gebunden werden? Die Insassen der Festung Europa krallen sich fest.

Je höher die Wälle, desto tiefer der Absturz. Die Kosten für den Erhalt der Festung sind hoch, weil die Finanzierung unwirtschaftlicher Zusammenhänge der

Unterhaltung schwarzer Löcher gleicht; die Finanzmasse schwindet, und keiner sieht sie mehr. »Nationale« Entwicklungen haben – siehe seinerzeit zum Beispiel Argentinien – gezeigt, daß strukturkonservierende Maßnahmen zur Verarmung führen. Geschützte Industrien verlieren an Innovationskraft und wirtschaften immer offenkundiger ineffizient. Genau deshalb wirken Autos in Indien aus heimischer Produktion wie Fossile aus den dreißiger und vierziger Jahren, sie werden nach Öffnung der Grenzen so wenig überleben wie der Trabi nach der Wende. Nun wird oft behauptet, man brauche Übergangszeiten und Lernchancen für die eigene Industrie. Schutzzölle seien dann nicht Dauerlösungen, sondern im Sinne des Friedrich List zeitlich limitierte Instrumente, um den Übergang zum freien Markt zu ermöglichen. Nur: Wir würden gern die Fälle sehen, in denen Schutzzölle wieder aufgehoben wurden. Die Geschichte deutscher Subventionspolitik ist voll von gegenteiligen Beispielen.

Schutzzölle auf Dauer bewahren nicht den Reichtum eines Landes, sondern den Reichtum der Reichen. Träge Reiche wollen Protektionismus, nationale Wirtschaftspolitik schützt die dicken Fische. Deutschland kann sich diese Politik schon deshalb nicht leisten, weil es als rohstoffarmes Land einen hohen Teil des Sozialprodukts über seinen Außenbeitrag, den Exportüberschuß, erwirtschaften muß. Damit ist es besonders gefährdet für Vergeltungsmaßnahmen anderer Länder.

Das Argument, deutsche Produkte wären im Vergleich auch deshalb teurer, weil wir so viel für Ökologie ausgäben, ist immer häufiger Selbstbetrug. Denn in vielen der neu auftretenden Länder ist die eingesetzte hochmoderne Technologie bereits umweltfreundlicher als bei uns, und auch dort, man nehme Taiwan als Beispiel, wachsen ökologische Bewegungen. Wenn zudem die Handelsschranken fielen, könnten auch Klitschenbetriebe des informellen Sektors eher auf dem formellen antreten, Investitionen tätigen und mit Auflagen zum Umweltschutz besser umgehen. Dort wo hohe Wertschöpfungen getätigt werden, kann man Anteile davon in den Umweltschutz investieren, durchaus auch aufgrund von Auflagen internationaler Partner und als Regel des *level playing field*.

Protektionismus wird von Verbrauchern bezahlt und mittlerweile von den auf europäischer Ebene zusammengeschlossenen Verbraucherverbänden auch scharf kritisiert. So fordern sie die Europäische Gemeinschaft auf, Schutzmaßnahmen beispielsweise gegen den Import von Autos, *CD*-Geräten, kleinen Farbfernsehern, Videorecordern samt Kassetten, Fotokopierern, Computerdruckern und Agrarerzeugnissen aufzuheben. Protektionistische Maßnahmen – hier: die Kosten für den Erhalt von Arbeitsplätzen – werden auch von den Arbeitslosen über viel zu hohe Preise mitfinanziert. Statt die Einkommen der Arbeitsplatzbesitzer weiter zu erhöhen, wäre es besser, die Preise zu drücken – durch Anerkennung des Weltmarkts – und damit beispielsweise Lebensmittel erschwinglicher zu machen. Protektionismus hilft kurzfristig denen, die über Arbeitsplätze verfügen. Die Arbeitslosen werden doppelt benachteiligt.

Protektionismus führt zu offenem Dirigismus, zu rigiden Kontrollen der Devisen, der Importe, der Grenzen. Wer Waren aussperrt, riskiert, daß Menschen kommen und nicht-legalisierte Migrationsbewegungen den informellen Sektor des eigenen Landes rapide vergrößern. Auf dem informellen Sektor gelten dann zwar realistische Preise, die Kontrolle durch den Staat aber wird obsolet. Mit der Besitzstandswahrung Wohlhabender befaßt, entgleitet ihm die Chance, ein für alle geltendes faires Regelwerk zu entwerfen und durchzusetzen.

Das zweite Argument lautet: »Wir müssen aufholen.« Gemeint ist der vergebliche Versuch, durch bloße Rationalisierung den Wettbewerbsvorsprung der anderen zu egalisieren. Mag auch die neue Maschine vorzüglich sein, das teure Umfeld bleibt. Die deutsche Textilindustrie ist ein gutes Beispiel dafür, wie der Versuch, durch die Investition in kapitalintensive Technologie zu rationalisieren, dem Rennen zwischen dem Hasen und dem Igel gleicht. Der Igel ist immer schon da. Der Untergang wird aufgeschoben, aber nicht verhindert.

Gemeint ist ein Aufholen ohne Phantasie, das *me too*, eine Jagd auf Erste ohne Visionen. Wenn Japaner in den USA in den letzten Jahren Werke für 1,5 Millionen Fahrzeuge bauten und zeigen, daß Qualität *und* kostengünstige Produktion nicht nur innerhalb Japans möglich sind, dann heißt Aufholen für General Motors, Ford oder Chrysler, das Management der Japaner unter die Lupe zu nehmen und ihm nachzueifern. Wenn die Deutschen Spitzenpositionen lediglich in der Anwendung von Mikroelektronik, nicht aber in der Systementwicklung einnehmen, dann lautet die Quintessenz des Generalsekretärs des Verbandes deutscher Elektrotechniker, daß man möglichst frühzeitig ein möglichst detailliertes Wissen darüber brauche, was komme, denn wer die Besonderheiten von in Entwicklung befindlichen Elektronik-Bausteinen auch nur ein halbes Jahr später als die Konkurrenz kennenlerne, gerate in einen unaufholbaren Rückstand. Nacheifern mit schnellem Blick auf das, was andere erfinden – das war's? Riskiert der Imitator und Käufer integrierter Schaltungen dann nicht, daß in naher Zukunft auch noch Montagehilfen, Fertigplatinen und ganze Gerätschaften mitgeliefert werden und deutsche Spitzenpositionen in der Anwendung von Chips dahinschmelzen wie der Schnee im Frühjahr? Man rennt hinterher und nicht vorneweg, wenn es an Ideen mangelt. Und ist ziemlich spät dran, wie die Siemens AG, die nun endlich verstanden hat, daß sich Telefonvermittlungssysteme auch in Vietnam herstellen und verkaufen lassen.

Je schneller wir uns darauf einstellen, daß Wirtschaftspolitik als Weltinnenpolitik zu verstehen und jedweder Hegemonialbereich aufzulösen ist, desto besser. Das Realitätsprinzip Weltmarkt vertreten heute die Schwellenländer. Sie definieren die Normalität des Lohn- und Preisgefüges. Deutschland muß sich mit seinen unternehmerischen Ideen dem Markt unter Normalbedingungen stellen. Geschieht das nicht, wird das Land bald zur abgeschlagenen Provinz. Mag sein, daß sich auch Europa, vom Realitätsprinzip eingeholt, besinnt – auf realistischem Niveau und also weiter unten. Dieser Prozeß wird eine Weile dauern und von vielen Verwerfungen begleitet sein. Zunächst wird die Zahl der Arbeitslosen weiter wachsen und der informelle zweite Arbeitsmarkt mit unversteuerten niedrigen Löhnen expandieren. Unternehmerische Initiativen aus Not werden zunehmen. Nach und nach werden wir aus der warmen Badewanne ins kühle Wasser wechseln. *Entrepreneurship* heißt: wieder schwimmen lernen. Je mehr Menschen dies können, desto weniger Katastrophen werden sie erleben.

Der informelle Sektor in Lateinamerika oder Asien, so die zentrale These Hernando de Sotos, bilde ein riesiges Reservoir von Unternehmern, die hart trainiert seien und mit äußerster Knappheit wirtschaften könnten. Der informelle Sektor begünstige Innovationen und Imitationen. Auch Imitationen seien eine wesentliche Quelle unternehmerischen Handelns, die Schule des Marktes in den Entwicklungsländern. Wenn diese Länder darangingen, die Grenzanlagen zwischen dem formellen und informellen Sektor abzubauen, würden nicht nur Barrieren fallen, sondern ganze Dämme brechen, weil dann Millionen gut vorbereiteter Unternehmer antreten und nicht nur den Reichen ihres Landes, sondern den Reichen dieser Welt Paroli bieten könnten. Rezession als Dauerabonnement für Europa heißt dann ja nichts anderes, als daß weltweit viel mehr Unternehmer als zuvor im Wettbewerb stehen und die Gewinnspanne sinkt – oder, übersetzt, die soziale Umverteilung von Reichtum besser funktioniert. Wenn sich Länder wie Indonesien auf diesen Weg begeben und zugleich wirksame Maßnahmen der Geburtenkontrolle entwickeln, folgt der Erfolg auf dem Fuße und kann dann nur noch durch regierungsamtliche Vetternwirtschaft gebremst werden.

INTELLIGENTE ASKESE

Werden nach und nach die Armen reich und die Reichen arm? Herrscht nun weltweit Sozialdarwinismus? Nein. Wir wiederholen: Die harte Arbeitsleistung der Armen erhält endlich ihre Chance. Und: Wenn alle auf der Welt den Standard der Europäer wollten, bekäme ihn niemand. Unser Planet läßt das nicht zu, und wenn, dann nur im raschen *show down*. Der Standard und Ressourcenverbrauch der reichen Länder liegt zu hoch.

Es gilt, beim relativen Abstieg – statt in Wut und Fremdenhaß zu verfallen – die Qualität intelligenter Askese zu entdecken. Und auch für die Aufsteigenden ist – freiwillig oder veranlaßt – Müßiggang vonnöten. Die Tage der Zügellosigkeit im Umgang mit natürlichen Ressourcen sind gezählt. Markt muß man nicht so verstehen, daß immer neue Bedürfnisse herausgekitzelt werden und wir Sklaven einer sich rascher drehenden Konsumspirale werden. Markt birgt die Chance des aufgeklärten und sparsamen Umgangs mit knappen Ressourcen.

Gefragt sind qualitativ hochwertige, ausgereifte, einfache, langlebige Produkte. Gefragt ist maximale Qualität für *die* Hose, *die* Waschmaschine, *die* elektrische Birne, *den* Fernsehapparat. Modernstes Wissen ist notwendig, um einfachste Lösungen zu finden und nicht ständig High-Tech-Schrott zu produzieren. Nicht das wechselnde Äußere, vielmehr der Kern des Produkts ist wichtig. Nicht auf die Akkumulation von High Tech kommt es im Leben an, sondern auf High Quality. Gefragt sind Gerätschaften hochentwickelter Einfachheit, die nicht nur lange – möglichst lebenslang – halten, sondern so gebaut sind, daß sie kostensparend gepflegt und repariert werden können. Wer weniger kaufen muß, kommt auch mit weniger Verdienst aus. Intelligente Askese bedeutet, sich lieber einmal ein erstklassiges Produkt zu kaufen als nacheinander viele zweitklassige, bedeutet, davon entlastet zu sein, in kürzer währenden Abständen nach Neuem zu gieren, nur weil die Produktfassade *out* und eine neue *in* sein soll. Es ist das in seiner Grundkonzeption so einfache wie hochentwickelte Auto, das ohne fossile Energiequellen auskommt, und dessen auf Wiederverwendung angelegte Verschleißteile in großen Abständen und mit leichten Handgriffen ausgetauscht und überholt werden können. Verblassen würde dann die in Schrottbergen mündende Vorstellung, ständig »neue« Automodelle mit veränderten Marginalien in Serie zu geben.

Wenn Jugendzeitschriften der *Bravo*-Art sich im wesentlichen damit befassen, was *in* und was *out* ist, wenn Lehrer das Phänomen modischer Obsoleszenz nicht zum hartnäckigen Thema machen, wenn Eltern vor ihren *Masters of the Universe*-, *Turtles*- oder *Nintendo*-fixierten Kindern kapitulieren, dann ist angesagt, was der Brasilianer und große Pädagoge Paulo Freire mit *conscientizaçâo* meint, ein Bewußtwerdungsprozeß, bei dem Erwachsene sich und ihre Kinder davon überzeugen, daß Lebensqualität nicht durch die Anhäufung von immer mehr High-Tech-Produkten zustandekommt, sondern beispielsweise dadurch, daß Menschen die neue Sprachlosigkeit überwinden, Nachbarschaften wiederentdecken, Gefühle ausdrücken oder künstlerisch und unternehmerisch tätig werden. Unternehmer als daseinsbereichernde Künstler schaffen keine Müllhalden, treiben die Warenproduktion nicht hoch, sondern tummeln sich in nicht-zerstörerischen Bereichen.

Die Europäer, in den langen Zeiten der Prosperität zu Prassern geworden, könnten auf einem Markt der Vielfalt und Vernünftigkeit mit gutem Beispiel vorangehen. Auf dem Weg zu mehr Schlankheit könnten sie, aus ihrer Kultur schöpfend, zu Erfindern und Förderern jener Produkte und Dienstleistungen werden, die der Überproduktion und dem Verschleiß von Ressourcen Einhalt gebieten, so, daß Lebensqualität nicht geschmälert, sondern erhöht wird.

Wäre das Handeln der Europäer stärker von dieser Klugheit geprägt, könnten die Menschen der aufstrebenden, noch von Nachwirkungen des Kolonialismus gezeichneten Länder auch leichter die Reste jenes *inferiority complex* abstreifen, der sie in die Konsumspirale und die Fixierung an *western style* treibt. Die nicht-europäischen Kulturen enthalten genug Potentiale, um Lebensqualitäten von je besonderer Art und Attraktivität zu entwickeln, so daß unternehmerische Initiative der Zukunft im tertiären, aber auch – man denke an Philosophie und Religion – im quartären Sektor aus der kulturellen Vielfalt schöpfen und ihr dienen könnte. Da tauchen dann Perspektiven auf, die faszinierender sein können als bisherige Leitsätze von der Art »meins ist größer als deins« oder »auch haben«. Intelligente Askese bedarf der Bildung, des umfassenden Weltverständnisses, des Ziels, sein eigenes Leben zu unternehmen, zu sich selber zu finden und neugierig auf Reisen zum Mittelpunkt der Welt zu sein.

Unternehmer, die sich der Einsicht von der Endlichkeit natürlicher Ressourcen beugen, sind nicht weg vom Markt, sondern vorne dran, wenn sie sich auf die Entwicklung einer so verstandenen High Quality konzentrieren. Sie können dabei auf die Dialektik der Aufklärung setzen, auf das wachsende Unbehagen jener noch an Verschleiß glaubenden Kunden, die wenigstens schon an der Wiederverwendung von Verpackungen interessiert sind und darüber informiert werden können und wollen, wo sie jeweils das beste aller Produkte erwerben und mit ihm möglichst lebenslang zufrieden sein können.

Die Sackgasse, aus der wir herausfinden müssen, ist bekannt: Auch bei noch höherem Konsum würde es immer weniger Arbeitsplätze geben, weil immer perfektere Maschinen immer mehr menschliche Arbeit übernehmen. Gefragt sind unternehmerische Initiativen in anderen Bereichen, Initiativen von Künstlern, einfallsreichen Wissenschaftlern, Philosophen und Querdenkern. Sie müßten jene Nieten ablösen, die nicht nur wettbewerbsscheu, sondern auch noch mausgrau in ihren Vorstellungen darüber sind, wie man die Welt so gestalten könnte, daß sie nicht zum zivilisatorischen Schrottplatz wird. Gesucht ist der *citoyen* als Unternehmer und Künstler. Er kann von der Sozialkultur der Armen lernen, von dem, was Jean Ziegler den Sieg der Besiegten genannt hat, kann verlorengegangene soziale, emotionale und intellektuelle Qualitäten zurückgewinnen, sich und anderen sinnstiftende Tätigkeiten ermöglichen.

Europa im Niedergang? Die Krise enthält die Chance der Läuterung. Wir, weiter unten angekommen, würden nicht nur weniger verdienen, sondern auch weniger bezahlen und hätten mehr Zeit für eine vergnügliche und produktive Bescheidenheit.

LITERATUR

Bovard, James: The Fair Trade Fraud. St. Martin's Press, New York 1991.

Goebel, Peter: Erfolgreiche Jungunternehmer. Moderne Verlagsgesellschaft, München 1990.

Häsler, Alfred A.: Das Abenteuer Migros. Migros-Presse, Spreitenbach 1985.

Höhler, Gertrud: Spielregeln für Sieger. Econ, 5. Aufl., Düsseldorf/Wien/New York/Moskau 1992.

Lutz, Christian: Der Brückenbauer. Das Denken Gottlieb Duttweilers dargestellt anhand seiner Schriften. Edition M, Zürich 1988.

Moss Kanter, Rosabeth: When Giants Learn to Dance. Simon & Schuster, New York 1989.

Munz, Hans: Das Phänomen Migros. Die Geschichte der Migros-Gemeinschaft. Ex Libris, Zürich 1973.

Ogger, Günter: Nieten in Nadelstreifen. Droemer Knaur, München 1992.

Oppenheimer, Franz: Theorie der reinen und politischen Ökonomie. Reimer, Berlin 1910.

Porter, Michael E.: Nationale Wettbewerbsvorteile. Droemer Knaur, München 1991.

Riesterer, Peter: Gottlieb Duttweiler in Wort und Bild. Migros-Genossenschafts-Bund, 2. Auflage, Zürich 1989.

Eine Brücke in die Zukunft. Jubiläumsschrift des Migros-Genossenschafts-Bundes 1925 - 1955.

Roddick, Anita: Body and Soul. Econ, Düsseldorf/Wien/New York/Moskau 1991.

Sahlmann, William A.; Stevenson, Howard H.: The Entrepreneurial Venture. Harward Business School, Boston 1991.

Schumpeter, Joseph: Theorie der wirtschaftlichen Entwicklung. 8. Auflage, Duncker & Humblot, Berlin 1993.

Soto, Hernando de: Marktwirtschaft von unten. Orell Füssli, Zürich/Köln 1992.

Timmons, Jeffry A.: New Venture Creation. Irwin, 4. Aufl., Boston 1994.

Winkler, Vinzenz: Coop und Migros. Ruegger, Chur, Zürich 1991.

QUELLEN

Asian Business
Asian Wall Street Journal
Bangkok Post
Business
Business Week
Development and Cooperation
Far Eastern Economic Review
The Economist
Le Figaro
Frankfurter Allgemeine Zeitung
O Globo
Handelsblatt
Harvard Business Review
International Herald Tribune
The Jakarta Post
Karriere
Manager Magazin
Manila Bulletin
The Manila Chronicle
The Manila Business Journal
The Nation Business Midweek
Natur
Newsweek
The Observer
Ökotest
Der Spiegel
Stern

Süddeutsche Zeitung
Der Tagesspiegel
Wall Street Journal
Warta Ekonomi
Washington Post
Die Welt
Wirtschaftswoche
Die Zeit

ÜBER DIE AUTOREN

Günter Faltin, Prof. Dr., geboren 1944 in Bamberg. Studium der Wirtschaftswissenschaften in St. Gallen und Tübingen, Dissertation über Milton Friedman's Konsumtheorie in Konstanz. Seit 1972 wissenschaftlicher Assistent an der Universität Bielefeld, seit 1977 Professor für Wirtschaftspädagogik an der Freien Universität Berlin. Studienaufenthalte in Tansania, auf den Philippinen, in Indien, Indonesien, Laos, Thailand und Birma; 1986 DAAD-Gastprofessor an der Thammasat Universität in Bangkok, 1988 bis 1990 Aufbau eines auf Theorie/Praxis-Transfer angelegten Instituts (UNISERV) an der Universität von Chiang Mai, Nordthailand. 1980 Gründungsmitglied des Handelsunternehmens Ökotopia. 1985 Gründung des Unternehmens Projektwerkstatt mit der Teekampagne. Schwerpunkte in der Lehre: Theorie/Praxis-Transfer, Universität und entrepreneurship. Veröffentlichungen zu den genannten Themenbereichen. 1984 bis 1988 stellvertretender Vorsitzender der Deutschen Aktionsgemeinschaft für Bildung, Erfindung und Innovation, Sektion Berlin.

Jürgen Zimmer, Prof. Dr., geboren 1938 in Gadderbaum bei Bielefeld. Abitur in Salem. Mit einem Stipendium der Studienstiftung des Deutschen Volkes Studium der Rechtswissenschaft, Psychologie und

Pädagogik in Hamburg, Freiburg und München. Von 1965 an wissenschaftlicher Mitarbeiter im Max-Planck-Institut für Bildungsforschung Berlin, ab 1971 Leiter des Arbeitsbereichs Vorschulerziehung im Deutschen Jugendinstitut München mit der Konzipierung und wissenschaftlichen Begleitung der bundesdeutschen Kindergartenreform. Ab 1978 wissenschaftlicher Rat und Professor an der Universität Münster, ab 1979 ordentlicher Professor an der Pädagogischen Hochschule und später der Freien Universität Berlin; Gründung des Instituts für Interkulturelle Erziehung. Seit 1965 Mitarbeit in verschiedenen Gremien, darunter im Deutschen Bildungsrat, in der Deutschen UNESCO-Kommission, bei OECD/CERI, als Berater der Stiftung Volkswagenwerk. Anfang der achtziger Jahre Leitung des Bildungsressorts der Hamburger Wochenzeitung *Die Zeit*. Seit Ende der siebziger Jahre verstärkt Beratungstätigkeit und Projektentwicklungen in vielen Ländern Asiens, Lateinamerikas und Afrikas - in den Bereichen *community education* und *entrepreneurship*. Gastprofessur an der Universität von Såo Paulo/Brasilien; Vizepräsident der International Community Education Association, einer bei der UNESCO akkreditierten Organisation, der zur Zeit über achtzig Länder angehören. Zahlreiche Veröffentlichungen zu den genannten Themenbereichen.

Lewis Carlson · Frank Unger

Highland Park

oder die Zukunft der Stadt

Mit einem Beitrag von Henning Voscherau
Mit 8 Abbildungen

280 Seiten
Gebunden mit Schutzumschlag
DM 39,90
ISBN 3-351-02425-8

Highland Park verdankt wie Detroit seine Blütezeit dem Aufstieg der industriellen Massenproduktion. Ford und Chrysler brachten Arbeit und Wohlstand für Weiße und Schwarze. Als die Firmen die Stadt verließen, entzogen sie ihr die finanzielle Basis. Rassismus und Gewalt eskalierten. Die Wohlhabenden flüchteten ins Umland, die City wurde zum Getto der armen Afroamerikaner. Drogenhandel und Bandenkriege ließen die Mordrate hochschnellen: aus »Motor City U.S.A.« wurde »Murder City U.S.A.«.

Lewis Carlson und Frank Unger analysieren die Ursachen und Folgen dieser Entwicklung. Weiße und schwarze Bürger erzählen von ihrem Kampf gegen den Verfall und von ihrer Suche nach neuen Perspektiven für sich und die Stadt.

Henning Voscherau signalisiert am Beispiel Hamburgs, inwieweit sich analoge Probleme heute in deutschen Metropolen auftürmen. Sie zu lösen ist Aufgabe der ganzen Gesellschaft, denn die größer werdende Kluft zwischen Reichen und Armen, zwischen »Gewinnern« und »Verlierern« kann unsere Demokratie gefährden.

Diane Ackerman

Der Mond bei Wal-Licht

und andere Abenteuer mit Fledermäusen, Krokodilen und Pinguinen

349 Seiten
Gebunden mit Schutzumschlag
DM 34,00
ISBN 3-351-02416-9

Menschen sind seit jeher von Walen fasziniert. Von ihrer unglaublichen Größe, ihrem ausgeprägten Sozialverhalten, dem Geheimnis ihrer unerforschten Intelligenz. Der Wal ist ein Symbol der Verbundenheit mit der Natur, ja dem Kosmos.

Die Wunder unserer Erde sind seltener geworden. Von einigen erzählt Diane Ackerman. Vor Hawaii taucht sie in das tiefblaue Reich der Meeresriesen, um den unterseeischen Gesängen zu lauschen und den »Mond bei Wal-Licht« zu sehen. Sie ist dabei, wenn 20 Millionen Fledermäuse auf ihrem nächtlichen Ausflug durch die weite Öffnung des Bracken Cave, einer Höhle in Texas, ziehen – eines der schönsten Naturschauspiele. Die Autorin geht auf Reisen in die Antarktis, um dort eine Pinguin-Kolonie zu beobachten. Und sie freundet sich mit Krokodilen in den Sümpfen Floridas an.

Es ist immer die Perspektive der Tiere, aus der auf die menschliche Welt gesehen wird, um uns ein neues Verhältnis zur Natur zu eröffnen. Faszinierend und lyrisch, wissenschaftlich genau und fesselnd erzählt – ein kluges Buch, das uns die Wunder der Natur in ihrer Einzigartigkeit und Zerbrechlichkeit vor Augen führt.

Luis Cañón

Pablo Escobar – El Patrón

Leben und plötzlicher Tod des Kokainkönigs

Mit 20 Abbildungen

396 Seiten
Gebunden mit Schutzumschlag
DM 44,00
ISBN 3-351-02422-3

Zehn Millionen Dollar hatte die CIA auf den Kopf von Pablo Escobar gesetzt. Diese gewaltige Summe kommt nun nicht mehr zur Auszahlung, denn der weltmächtigste Drogenboß ist tot. Die Polizei hat dem Leben des in Kolumbien geliebten, verehrten, gehaßten und von noch Mächtigeren benutzten Mannes in Medellin überraschend ein Ende gesetzt. Der Blutzoll dafür war hoch, mehr als 400 Polizisten fielen im Laufe der Jahre bei der Jagd auf Don Pablo.

Wer war Escobar? Luis Cañón, führender kolumbianischer Zeitungsredakteur, hat unter Einsatz seines Lebens ausführlich recherchiert. Er beschreibt den Aufstieg aus den sprichwörtlich einfachen Verhältnissen und enthüllt die Ursachen für seinen plötzlichen Tod. Er schildert den rücksichtslosen, international geführten Kampf um die Macht und deckt atemberaubende Verbindungen zu den Großen dieser Welt auf.

In den Armenvierteln Medellins genoß Escobar wegen seiner sozialen Wohltaten breiteste Unterstützung, in den Drogenzentren nordamerikanischer und europäischer Großstädte waren Zehntausende auf seinen Schnee angewiesen. Längst ist die Lücke, die durch seinen Tod entstanden war, geschlossen, aber der Einblick, den Cañón hier ermöglicht, macht erschauern.